예수처럼 부처처럼

성경과 무문관의 우연한 만남

예수처럼 부처처럼
– 성경과 무문관의 우연한 만남

초판 발행일 2017. 9. 29
1판 4쇄 2020. 5. 19

글쓴이 이영석
펴낸이 서영주
총편집 서영필
편집 손옥희, 김정희 **디자인** 송진희
제작 김안순 **마케팅** 서영주 **인쇄** 영신사

펴낸곳 성바오로
출판등록 7-93호 1992. 10. 6
주소 서울특별시 강북구 오현로7길 20(미아동)
취급처 성바오로보급소 **전화** 944-8300, 986-1361
팩스 986-1365 **통신판매** 945-2972
E-mail bookclub@paolo.net
인터넷 서점 www.**paolo**.kr
www.facebook.com/**stpaulskr**

값 18,000원
ISBN 978-89-8015-899-7
교회인가 서울대교구 2017. 5. 24 **SSP** 1051

ⓒ 이영석, 2017

이 도서의 국립중앙도서관 출판시도서목록(CIP)은 서지정보유통지원시스템 홈페이지(http://seoji.nl.go.kr)와 국가자료공동목록시스템(http://www.nl.go.kr/kolisnet)에서 이용하실 수 있습니다. (CIP제어번호 : CIP2017025341)

> 이 책은 저작권법의 보호를 받으므로 무단전재와 무단복제를 금합니다.
> 이 책 내용의 전부 또는 일부를 재사용하려면 반드시 저작권자와 성바오로출판사의 동의를 얻어야 합니다.

성경과 무문관의 우연한 만남

이영석 글

들어가며

"좁은 문으로…."

"문이 없는데…."

이 글을 여기까지 쓰는 데 꽤 오랜 시간이 걸렸습니다. 원래 책은 아니었습니다. 16년 전 불교 철학 석사 논문을 준비하면서 고승高僧들의 어록들을 편집한 「경덕전등록」과 「벽암록」, 그리고 「무문관」 등으로 마음공부를 시작했고, 그 느낌과 깨우침을 일기 형식으로 조금씩 적어 두었습니다. 어느 날은 하루에 한 번, 어느 날은 일주일에 한 번, 또 어느 날은 한 날에 한 번, 때로는 몇 달에 걸쳐 한 번 적어 둔 것이 어느새 상당한 분량의 노트가 되었습니다. 그중에 「무문관」無門關 부분만 다듬어져 이렇게 책으로 탄생했습니다.

어설픈 내용이 보완되기까지 또 얼마나 시간이 흐를지는

모르겠습니다. 다만 가톨릭교회의 수도자이자 사제로서, 동시에 불교 철학을 전문적으로 공부한 학생이자 선생으로서 제 일상에 한줄기 빛을 비추어 준 예수와 부처의 삶과 사랑을 이런 모습으로 여러분과 나누고자 합니다.

「무문관」에 펼쳐진 침묵의 지혜가 성경 말씀에 한줄기 신선한 빛을, 성경에 표현된 사랑의 말씀이 「무문관」의 48가지 공안公案에 생명의 물을 조금이나마 제공할 수만 있다면 이 얼마나 흥미로운 일이겠습니까? 서로 다른 신앙을 지닌 사람들을 하나로 이어 주는 것은 교리가 아니라 종교 체험이기 때문입니다.

그리스도교와 불교의 문법은 많이 다릅니다. 하지만 지금 여기서 어떻게 살 것인가에 관한 '삶의 기술'ars vitae에 대해서는 겹치는 부분이 꽤 있습니다. 겹친다고 해서 동일한 가르침이라는 것은 결코 아닙니다. 그리스도교는 그리스도교 고유의 주어와 술어로, 불교는 불교 특유의 목적어와 보어로 삶의 내용과 형식을 풀어 나가니까요.

그렇다고 문법에 너무 끌려 다녀서는 핵심을 놓치기 십상입니다. 우리말로 소통할 땐 자유자재이지만, 영어를 할라치면 그놈의 문법 생각에 언제나 꽉 막혀 버린 경험이 누구에게

나 있을 테니까요. 문법을 굴려야지 그것에 굴림을 당해서는 노예의 삶을 벗어날 수가 없습니다.

노예의 삶으로부터 벗어나기 위해 여행을 떠난 두 친구가 있습니다. 그리스도교 신자인 한 친구는 길이 좁고 문도 좁다(마태 7,13)고 말하고, 불교 신자인 다른 친구는 길이 너무 넓어서 문이 아예 없다大道無門고 말합니다.

진리로 통하는 입구에 서서 서로 달리 표현합니다. 왜 이렇게 다를까요? 아마도 그리스도교 신자는 진리를 인격적인 사랑과 자비의 측면에서, 불교 신자는 비인격적인 지혜의 측면에서 바라보기 때문일 것입니다.

그런데 여기에는 역설이 숨어 있습니다. 사람의 눈으로 바라볼 때, 사랑과 자비가 흘러넘치는 인격적 존재에게로 다가가는 길은 당연히 넓고 문은 활짝 열려 있어야 합니다. 하느님의 사랑과 자비는 우리가 생각하는 것보다 훨씬 크고 넓으니까요. 그러니 당연히 문이 없는 것이나 진배없다고 말해야 합니다.

반면 냉철한 비인격적 지혜로 나아가는 길은 마땅히 좁고 험하고 문도 좁아야 합니다. 깨달음의 여정은 그리 만만한 것이 아니니까요. 그런데 이 두 친구는 거꾸로 표현하고 있습니다.

이 세상에는 두 종류의 문, 곧 '진리로 드나드는 문'과 '일상으로 드나드는 문'이 있습니다. '진리의 문'으로 들어가려면 엄청난 경쟁을 해야 합니다. 자신과의 경쟁입니다. 이 경쟁은 얼마나 자신을 버리고 비우고 낮추느냐에 따라 승부가 가려집니다. 그래서 이를 '수련 또는 수행'practice이라고 부릅니다. 자신을 비우고 낮추는 수행을 꾸준히 연습exercise할 때 진리의 문은 점점 커지고 넓어집니다. 그래서 비록 좁고 낮긴 하지만 낙타마저도 이 문을 드나드는 데 아무런 어려움이 없습니다. 그러니 애당초 문이 없이 뻥 뚫린 것이나 마찬가지입니다.

'일상의 문' 역시 좁고 낮긴 매한가지입니다. 이 문으로 들어가기 위해서도 엄청난 경쟁이 필수적인데, 타인과의 경쟁이 대부분입니다. 그래서 자신을 채우고 높이고 내세우려고 안간힘을 다합니다. 그러다 보니 좁고 낮은 문이 점점 더 비좁은 문이 되어 버립니다. 그러니 문이 없이 꽉 막힌 벽이나 마찬가지입니다.

두 친구가 마주한 '좁은 문'과 '무문'無門은 어디에 있는 문일까요?

좁고 험난한 길이건 크고 널찍한 길이건 이 길은 마음으로 통하는 입구와 연결되어 있습니다. 그 입구에는 문이 하나 있는데, 같은 문이지만 사람에 따라 크게도 작게도 보이고, 심지어는 없는 듯이 보입니다. 문이 없다는 말은 모든 것이 마음으로 통하는 입구이기에 '누구나' 드나들 수 있다는 의미이기도 하지만, 마음으로 통하는 입구가 완전히 봉쇄되어 '아무나' 드나들 수 없다는 말이기도 합니다.

예수와 부처가 전한 '삶의 기술'의 핵심은 마음입니다. 물론 헛된 망심妄心이 아니라 진실한 진심眞心입니다. 허나 헛된 마음속에 진실한 마음이 애초부터 머물고 있으니 그냥 마음이라고 해도 무방할 것입니다.

마음은 전할 수도 없고 전해 받을 수도 없는 것이지만, 그 마음에 이르는 길 위에서 제가 경험한 깨우침을 일상의 언어로 가벼이 적어 보았습니다. 아마도 우리 각자가 서 있는 삶의 자리와 역사가 다르기에 여러분들의 경험과 언어와는 많이 다를 것입니다. 너무 흉보지 마시고 그저 가볍게 읽고 살며시 뒤돌아 가시기 바랄 뿐입니다.

끝으로 두 가지 고백을 합니다. 우선 제가 감히 깨달은 사람이라고 말씀은 못 드립니다. 진리를 깨달은 사람은 결코 말과 글을 사용하지 않습니다. 어쩌면 깨닫지 못했기에 낯 두껍게 말과 글로 자신의 경험을 표현할 수 있는 것일 겁니다. 다만 삶을 존중하고 사랑하는 한 인간으로서 아직 깨닫지 못한 이들끼리 서로의 경험을 진술하고 겸손하게 나누어 조그마한 도움이라도 주고받자는 소망을 지니고 있을 뿐입니다.

깨달음 경험의 본질이 무엇인지는 적절한 언어로 설명할 수가 없습니다. 하지만 한 개인의 경험이 어느 정도 설득력이 있으려면, 그 경험을 표현한 말과 글이 '진리의 문'을 자유자재로 드나드는 깨달은 자나 '일상의 문'을 투박하게 드나드는 깨닫지 못한 자 모두가 이해할 수 있어야 할 것입니다. 그 순간, 두 가지 문은 우리 마음 안에서 하나가 될 것입니다.

다른 하나는 저는 '인가認可'를 받은 적이 없습니다. 그리스도교에는 선禪에서 말하는 인가라는 제도가 없습니다. 이냐시오의 영신수련 피정에 '면담' 또는 '영적 대화'라는 제도가 있습니다만, 이는 진리가 스승에게서 제자로 이어지는 선의 사자상승師資相承의 면모와는 근본적으로 다릅니다.

진리의 체험이 확인되면 스승은 제자의 깨달음을 인가합니다. 이 확인은 선문답을 통해 이루어지기 때문에 선 수행에서 선문답은 반드시 필요합니다.

하지만 저는 선문답을 한 적도 인가를 받은 적도 없습니다. 게다가 뛰어난 선지식을 찾아뵌 적도 없습니다. 다만 석사와 박사 과정을 함께 공부한 스님들과 길상사에 들렀다 우연히 마주친 법정 스님으로부터 차 한 잔 얻어 마시며 무無 자 화두에 관해 몇 마디 나눈 경험과 봉암사에 들렀다 수좌 적명 스님으로부터 덕담 몇 마디 주워들은 것이 저의 선문답의 전부입니다.

그렇다 보니 제 경험은 혼자 묻고 혼자 답하는 '혼자 놀기'에 지나지 않습니다. 그래서 경험을 나누는 것이 어설프기 짝이 없지만, 20년 넘게 수도 생활을 견뎌 온 뻔뻔함에 기대어 봅니다.

다만 복음서의 구체적인 장면 안으로 직접 들어가라고 초대한 이냐시오의 관상 기도가 몸에 익은 덕분에 「무문관」의 48가지 공안 속으로 들어가 등장인물 그 자체가 되는 것이 그리 낯설지 않았습니다. 그래서 감히 지난 16년간의 짧은 경험이 직접 몸으로 행한 실참實參이요 직접 체득한 실오實悟였다고 스스로 위로해 봅니다.

차례

들어가며

"좁은 문으로…."　　　　　　　　　　　5
"문이 없는데…."

1　"주님을 어디에 모셨는지 모르시나요?"　　21
　"무無!"

2　"오른뺨을 맞으면 왼뺨도…."　　　　　29
　"뺨을 맞으면 손뼉 치며 웃어라."

3　"불행하여라, 너희 눈먼 인도자들아!"　　36
　"손가락을 잘라 버려라."

4　"세상은 나를 보지 못하겠지만
　　너희는 나를 보게 될 것이다."　　　　43
　"그런데 왜 수염이 없지?"

5	"자캐오야, 얼른 내려오너라." "올라가지도 않았는데요."	50
6	"영원한 생명을 받으려면 무엇을 해야 합니까?" "꽃 한 송이 들어 보이며…."	56
7	"다시 볼 수 있게 해 주십시오." "아침은 먹었는가?"	63
8	"행복하여라, 마음이 가난한 사람!" "허공과 바다를 자유자재로 달린다."	70
9	"나는 책임이 없소." "너 때문에 성불하지 않았는데…."	77
10	"포도수가 떨어졌구나!" "그렇게 취하고선…."	85
11	"평화가 아니라 칼을 주러 왔다." "안에 누가 계신가?"	93

12 "나는 너희를 더 이상 종이라고 부르지 않겠다."   100
    "주인장 계시오?"

13 "주님께서 계셨더라면 죽지 않았을 것입니다."   107
    "마지막 한마디를 아는구나."

14 "신을 벗어라."   114
    "머리에 신어라."

15 "가라 하면 가고 오라 하면 옵니다."   122
    "이 밥통 같은 놈!"

16 "저 사람은 어째서 눈먼 사람으로 태어났습니까?"   129
    "온몸으로 보아라."

17 "어찌하여 저를 버리셨나요?"   138
    "내가 버린 것이 아니라 네가 나를 버린 것이다."

18 "내가 진리를 말하기 때문에 너희는 나를 믿지 않는다."   145
    "삼麻 세 근!"

19	"하늘의 새와 들에 핀 꽃을 보아라." "평상심을 지니고…."	153
20	"산이여, 들려서 저 바다에 빠져라." "두 다리조차 들어 올리지 못하면서."	160
21	"저희가 아버지를 뵙게 해 주십시오." "마른 똥 막대기!"	167
22	"주님, 이 사람은 어떻게 되겠습니까?" "문 앞의 찰간이나 넘어뜨려라."	175
23	"와서 보아라!" "본래면목本來面目을."	183
24	"호수 저쪽으로 건너가사." "말이나 침묵에 걸리지 않고 자유롭게…."	191
25	"보아도 보지 못하고 들어도 듣지 못한다." "사구四句를 떠나 백비百非를 끊었기에."	199

| 26 | "두 죄수도 십자가에 못 박았는데, 오른쪽과 왼쪽에." | 207 |
| | "일득一得 일실一失!" | |

| 27 | "어떻게 말할까, 무엇을 말할까 걱정하지 마라." | 214 |
| | "마음도, 부처도, 물건도 아니다." | |

| 28 | "요한은 타오르며 빛을 내는 등불이었다." | 222 |
| | "훅 불어 꺼 버려라." | |

| 29 | "잠잠해져라. 조용히 하여라." | 229 |
| | "다만 마음이 움직일 뿐!" | |

| 30 | "하느님 나라를 무엇에 비길까?" | 236 |
| | "마음이 곧 부처다." | |

| 31 | "쟁기에 손을 대고 뒤돌아보지 마라." | 243 |
| | "곧장 가라!" | |

| 32 | "여인아! 네 믿음이 참으로 크구나!" | 251 |
| | "채찍의 그림자만 보고도 달리는 명마名馬처럼." | |

33   "진리가 무엇이오?"   259
    "마음도 아니고 부처도 아니다."

34   "하느님은 사랑이시다."   267
    "마음은 부처가 아니고 지혜는 도가 아닌데…."

35   "너 어디 있느냐?"   274
    "어느 것이 진짜냐?"

36   "나 때문에 울지 말고 너희와 자녀들 때문에 울어라."   281
    "말이나 침묵으로 대하지 말고."

37   "많은 일을 염려하고 걱정하는데,   288
    필요한 것은 한 가지뿐이다."
    "뜰 앞의 잣나무!"

38   "낙타가 바늘귀로…."   295
    "머리도 몸도 통과했는데
    어째서 꼬리는 통과하지 못하지?"

| 39 | "기도할 때에 빈말을 되풀이하지 마라." | 302 |
| | "말에 떨어져 버리니…." | |

| 40 | "죄 없는 자가 먼저 돌을 던져라." | 309 |
| | "물병을 걷어차 버리든지." | |

| 41 | "무거운 짐 진 자 나에게 오라." | 316 |
| | "이미 가벼워졌는데…." | |

| 42 | "이 죄인을 불쌍히 여겨 주십시오." | 323 |
| | "저는 어째서 그렇게 할 수 없나요?" | |

| 43 | "아버지의 아들이라 불릴 자격이 없습니다." | 331 |
| | "그럼 무어라고 부르겠느냐?" | |

| 44 | "지팡이 외에는 아무것도 가져가지 마라." | 339 |
| | "있으면 주고 없으면 뺏겠다." | |

| 45 | "나에게 의심을 품지 않는 이는 행복하다." | 346 |
| | "석가와 미륵이 그의 종이니…." | |

| 46 | "나는 포도나무요 너희는 가지다." | 354 |
| | "온 세계가 너와 하나다." | |

| 47 | "이미 늙은 사람이 어떻게 또 태어날 수 있겠습니까?" | 362 |
| | "지금 어떻게 죽겠느냐?" | |

| 48 | "나는 길 잃은 양들에게 파견되었다." | 370 |
| | "그 길이 어디에 있습니까?" | |

1

"주님을 어디에 모셨는지 모르시나요?"

"무無!"

이사를 할 때면 깨닫게 되는 사실은 쓸데없이 많은 것을 소유하고 살았다는 것입니다. 저는 4~5년마다 공동체를 이동하는데, 그때마다 남기고 갈 것과 가지고 갈 것, 그리고 버릴 것을 구분합니다. 그렇다면 죽음이라는 곳으로 이사를 떠날 때, 우리는 무엇을 남기고 무엇을 가지고 또 무엇을 버리고 갈까요?

실제로 죽음이라는 먼 곳으로 떠날 때, 우리가 가지고 갈 것도 또 버리고 갈 것도 없습니다. 다만 무엇인가를 남기고 갈 뿐입니다. 영원히 돌아오지 못할 곳으로 떠나는 순간, 그 사람이 남기고 간 것을 통해 그가 어떤 삶을 살았는지 극명하게 드러냅니다.

예수의 무덤은 비어 있습니다. 무덤을 막았던 돌은 치워져 있고, 무덤 속에는 죽은 예수를 감쌌던 수건과 아마포만 놓여 있었을 뿐 텅 비어 있습니다. 비어 있는 무덤을 보고 막달레나와 베드로는 예수의 부활을 받아들이지 못합니다. 그런데 예수가 사랑하던 제자 요한은 보고 믿습니다.

비어 있는 무덤이 어떻게 예수가 부활했다는 표징이 될 수 있을까요? 그 이유는 비어 있지만 충만하기 때문입니다. 비어 있는 무덤 속에는 한평생 비어 있는 삶을 살아온 한 사람의 인생으로 충만합니다. 말 그대로 '텅 빈 충만'입니다.

예수의 삶은 처음부터 끝까지 그 자체가 비어 있는 삶이었습니다. 비어 있는 마리아의 태를 빌려서 태어났고, 비어 있는 구유를 빌려 첫 밤을 보냈으며, 죽을 때조차도 비어 있는 남의 무덤을 빌려 묻혔습니다. 하루하루 일상에서도 언제나 자기 의지와 자기 이권과 자기 사랑이라는 돌을 멀리 치우고 비운 채 오직 하느님의 사랑과 이웃을 향한 자비심만을 곁에 두고 살았습니다.

요한은 비어 있는 무덤 안에서 사랑으로 충만한 예수의 삶을 읽어 갑니다. 그래서 보고 믿게 됩니다. 예수는 살아온 방식 그대로 죽었고, 살아온 방식 그대로 부활했다는 것을 말이죠.

세상 모든 사람은 살아온 방식으로 죽고 살아온 방식으로 부활합니다. 불교에서는 윤회합니다. 세상에 남겨져 있는 살아온 모습을 보고 남겨진 이들의 마음속에서 온전히 부활하던지 윤회합니다. 그 사람이 세상에서 개의 모습으로 살았다면 개의 모습으로 부활합니다. 그 사람이 뱀의 모습으로 살았다면 뱀의 모습으로 윤회합니다.

예수는 그가 살아온 방식인 자기 비움의 방식으로 죽었고, 그래서 무덤이 비어 있을 때 요한은 스승의 부활을 믿게 됩니다. 텅 빈 무덤은 바로 예수가 살았던 충만한 삶의 표징이었던 것입니다.

그런데 이른 새벽 예수가 묻혀 있는 무덤을 누구보다도 먼저 찾아간 막달레나는 텅 빈 무덤을 보고 울면서 말합니다. "누가 주님을 무덤에서 꺼내 갔습니다. 어디에 모셨는지 모르겠습니다."(요한 20,2)

그녀는 살아 숨 쉬는 예수의 삶을 찾은 것이 아니라, 싸늘하게 죽어 있는 예수라는 인물의 몸뚱이를 찾습니다. 그녀는 비록 예수를 사랑했지만, 비어 있는 무덤 속에 가득 차 있는 예수의 삶과 메시지를 읽지는 못합니다. 사랑은 눈을 뜨게 하지만 동시에 눈을 멀게 만들기 때문입니다.

눈이 먼 막달레나처럼 어느 승려가 조주 스님에게 묻습니다. "개에게도 불성佛性이 있습니까?" 조주 스님이 말합니다. "무無."(무문관 제1칙)

"개에게도 불성이 있느냐?"는 물음은 "불성이 어디에 있느냐?"는 말입니다. "그 불성을 나에게 보여 달라."는 생트집입니다. 마치 죽어 있는 예수의 몸뚱이를 보여 달라며 울고 있는 막달레나처럼 불성이라는 것을 내 눈 앞에 보여 달라는 요구입니다.

텅 빈 무덤 속에 예수의 몸뚱이가 없는 것처럼 불성이라는 것은 그 어디에도 없습니다. 눈으로 보는 모습, 귀로 듣는 소리, 이 한 생각 이전의 우리 마음은 텅 비어 있으니까요.

하지만 텅 빈 무덤 속에 예수의 삶이 충만한 것처럼 텅 빈 마음 역시 불성으로 충만합니다. 시작도 끝도 없고 헤아릴 수도 없으며 볼 수도 만질 수도 없는 불성이지만, 너와 나의 삶 속에서 풍부하게 경험되는 것이 불성이기도 합니다.

불성은 찾는 것이 아니라 경험하는 것이고 직접 살아가는 것입니다. 마치 텅 빈 충만을 경험한 사람만이 텅 빈 충만을 알아보듯이 말입니다. 그 경험의 본질이 어디에 있는지, 그리고 어떤 것인지를 우리는 적절한 언어로 설명할 수가 없습니다. 그래서 무無입니다.

이 '무'는 '있음'有의 반대인 '없음'을 뜻하는 것이 아닙니다. 진리는 '있다'라고 말한다고 해서 있고, '없다'라고 말한다고 해서 없는 것이 아닙니다. 진리는 긍정적으로 진술한다고 존재하고 부정적으로 진술한다고 사라지는 것이 아닙니다.

진리는 유무有無의 상대적 공간에서 벌어지는 개념적 사유와 논리로부터 아득히 멀리 떨어져 있는 자유 그 자체입니다. 진리는 일체의 분별로부터 자유자재합니다.

게다가 '유'라고 부르든 '무'라고 부르든, 혹은 다른 이름으로 부르든 불성 자체에는 아무런 영향을 미치지도 못하고 어떠한 변화가 생기지도 않습니다. 불성은 유와 무를 초월한 진리 그 자체이자, 유무를 뛰어넘은 도道 그 자체이고, 차별과 분별심으로 대변되는 개념적 사유를 끊어 버린 바로 '그것'입니다. 유와 무라는 분별에 갇힌 마음으로는 결코 진리 가까이에 다가설 수 없습니다. 그래서 '무' 이 한마디가 선禪으로 들어가는 첫 번째 관문이 된 것입니다.

하느님은 '무'無로부터 세상을 창조합니다. 이 '무'는 '있음'의 반대인 '없음'이라고 하는 개념을 초월한 '무'입니다. 하느님은 존재 자체이자 전체이기에 하느님의 외부에 따로 무언가가 존재할 수도 없을뿐더러 '무'라는 실재가 따로 존재하는 것도 아닙니다.

하느님을 떠나서는 아무것도 존재할 수 없다는 의미로 '무'로부터의 창조입니다. 게다가 하느님 안에서 유와 무의 차별은 힘을 잃어버리기에 '무'로부터의 창조라고 하든지 '유'로부터의 창조라고 하든지 하등 상관이 없습니다. 창조는 하느님 '밖'에서 일어나는 외적 행위가 아니라 하느님 '안'에서의 내적 활동이니까요.

하느님 안에서의 창조는 하느님이 본질적으로 비어 있는 존재이기에 가능합니다. 비어 있기에 삼라만상이 그곳에 자리할 수 있는 것입니다. 자기를 비우고 자리를 내주는 것을 사람들은 사랑이라 이름 지어 부릅니다. 그것도 조건이 없는 사랑 말이죠. 무조건적 사랑이기에 유와 무의 차별뿐만 아니라 선과 악, 아름다움과 추함, 크고 작음의 어떠한 차별도 없이 그 안에서 모든 것이 충만한 것입니다. 말 그대로 텅 빈 충만이자 '무'로부터의 창조입니다.

예수가 자기 비움의 삶을 산 것도 다름 아닌 무조건적인 하느님의 사랑에 사로잡혔기 때문입니다. 예수와 하나 되는 세례를 받은 그리스도인들(갈라 3,27)도 그 사랑에 사로잡혀 예수처럼 자기 비움과 하나가 되어야 합니다. 그리고 일체의 차별이 사라지고 어떠한 조건도 없는 사랑, 즉 '무'와도 하나 되어야 합니다.

누군가의 말처럼 1톤의 아이디어보다 1그램의 실천이 훨씬 더 엄중합니다. 자기 비움의 삶이 무엇인지, 그리고 불성이 무엇이고 어디에 있는지를 개념적으로 생각하고 따지는 것보다 그것들을 직접 체득하고 살아가는 것이 훨씬 더 무겁습니다.

죽어 있는 몸뚱이보다 우리 각자의 온몸 속에서 살아 숨 쉬고 있는 삶이 훨씬 더 소중합니다. 그래서 텅 비어 있지만 충만한 것입니다.

개에게 불성이 있을까요? 죽은 예수는 어디에 있을까요? 유무의 상대석 공산에 갇힌 개념적 사유로는 도저히 밋볼 수 없는 진리이자 삶의 진실입니다. 텅 빈 충만을 직접 경험하지 못한다면, 어쩌면 그 어디에서도 진리를 찾을 수 없을지 모릅니다.

우정

이삿짐 무겁다는 친구 푸념에
슬며시 건네는 맥주 한 잔
잔이 비워질수록
우정은 채워지고
비어 있어 찾아들고
무無이기에 자리하네.

2

"오른뺨을 맞으면 왼뺨도…."

"뺨을 맞으면 손뼉 치며 웃어라."

　오른뺨을 맞았는데 왼뺨마저 내어 주는 사람이 우리 중에 과연 몇이나 될까요? 속옷을 뺏으려는 자에게 겉옷까지 내어 주는 사람은 어떨까요? 짐을 지고 천 걸음 가자고 요구하는데, 이천 걸음을 가 주는 사람은 또 어떤가요? 만약 그런 사람들이 있다면 그들이 사는 세상은 도대체 어떤 세상일까요? 오른뺨을 맞으면 왼뺨마서 내밀고 원수를 사랑하고 용서하는 세상이 있다면, 그곳이 곧 천국이니 따로 먼 곳에 있는 천국에 가려고 애쓸 필요가 없을 듯도 합니다.

　예수는 이런 삶으로 우리를 초대합니다(마태 5,38-42). 하지만 그는 자신의 가르침대로 행동하지 않았습니다. 경비병이 뺨을 때렸을 때, 예수는 "왜 나를 치느냐?"(요한 18,23)며 항의했으니까요.

그렇다고 사람들은 예수를 향해 말과 행동이 다르다느니, 겉과 속이 다르다느니 하면서 비난하지 않습니다. 예수는 다른 쪽 뺨을 내어 주기 보다는 자기 목숨을 전부 내어 주었기 때문입니다.

예수는 왜 우리를 이런 삶으로 초대하는 것일까요? 다른 뺨을 내어 주고 옷을 벗어 주고 이천 걸음을 같이 걸어가는 나의 행동이 상대에게는 아무런 영향을, 또는 아무런 변화를 가져오지 않을지도 모릅니다. 내가 목숨을 내어 준다면, 조금은 더 큰 영향을 미칠 수도 있을 것입니다. 하지만 이것은 온전히 그 사람의 선택이고 결단일 뿐 내 마음대로 할 수 있는 영역이 아닙니다.

다른 뺨을 내어 주라는 초대 직후에 나오는 '원수를 사랑하고, 박해하는 자들을 위하여 기도하라.'(마태 5,44)는 초대도 마찬가지입니다. 사랑을 받은 원수가 변할지, 내가 기도한 사람이 성장할지는 아무도 예견할 수 없습니다.

그렇지만 분명한 것 한 가지는 다른 뺨을 내어 주고 옷을 벗어 주고 이천 걸음을 같이 걸어가기를 선택하고 결단한 나 자신에게는 어떤 변화를 가져온다는 사실입니다. 원수를 사랑하는 그 마음이, 박해하는 사람을 위한 그 기도가 나를 성찰과 성장으로 이끌어 간다는 사실입니다. 왜냐하면 내가 실천한 사랑과 기도가 나를 하느님에게로 들어 올려 바치기 때문입니다.

우리는 평소 다른 사람의 생각과 마음을 바꾸지 못해 스트레스를 받습니다. 남편의 생각만, 아내의 생각만, 또는 자녀의 마음만, 동료의 마음만 바뀌면 만사가 좋아질 것이라고 생각합니다. 하지만 이처럼 모든 일이 내 생각과 계획대로 된다면, 그걸 어찌 인생이라 할 수 있겠습니까?

제가 속한 수도원 공동체를 포함해서 아마도 공동체 생활의 현장에서 마음속으로 가장 자주 하는 말 가운데 하나는 다음과 같지 않을까 합니다. "귀신은 뭐하나, 저런 인간 안 데리고 가고!"

이 세상에 귀신은 없지만, 만약 있다고 하더라도 설대 '저런 인간'을 데려가지 않을 겁니다. 그 대신 정신 차리라는 뜻으로 우리 뺨을 살짝 때린 뒤, 미국의 신학자 라인홀드 니부어의 기도문을 들려줄지도 모릅니다.

"주님, 바꿀 수 있는 일은
바꿀 수 있는 힘을 주시옵고,
바꿀 수 없는 일은
있는 그대로를 받아들일 수 있는
의연함을 주시옵고,
이 둘을 구별할 수 있는
지혜를 주옵소서!"

역사상 수많은 사람들이 뺨을 맞고 때렸지만, 어쩌면 그 가운데 가장 극적인 것 중의 하나는 다음과 같은 이야기일 것입니다.

제자인 황벽 스님이 스승인 백장 스님의 뺨을 후려갈깁니다. 그것도 둘만 있는 사적인 자리가 아니라 대중에게 설법하는 공적인 자리에서 말입니다. '찰싹!' 소리가 여기까지 들리는 듯합니다. 그런데 제자의 돌발 행동에 스승은 당황하거나 화를 내기는커녕 오히려 손뼉을 치며 박장대소합니다(무문관 제2칙). 제자는 왜 스승의 뺨을 때렸고, 스승은 왜 손뼉을 치며 웃었을까요?

스승은 제자들에게 인과因果의 이치, 즉 콩 심은 데 콩이 나고 팥 심은 데 팥이 나는 이치를 설명하려고 합니다. 연기법緣起法으로 알려진 이 이치는 깨달은 사람이나 깨닫지 못한 사람에게 똑같이 평등하게 적용됩니다. 깨달은 사람도 밥을 먹지 않으면 배가 고프고, 피곤하면 졸리고, 뺨을 맞으면 아픕니다.

깨달았다고 해서 연기법을 벗어나거나 초월하지는 않습니다. 당연한 이 이치를 일깨워 주기 위해 스승 백장이 제자 황벽을 불러 대중 앞에 세웁니다. 스승이 어떤 식으로 일깨워 주려고 했는지는 명확하게 알 수 없지만, 아마도 제자의 뺨을 때리려 하지 않았나 싶습니다. 뺨을 맞으면 아프다는 당연한 법리를 보여 주기 위해서 말입니다.

그런데 제자도 만만치 않습니다. 스승의 뜻을 미리 알고 선수를 치니까요. 비록 뺨을 맞았지만 스승은 대견한 제자에게 손뼉과 웃음으로 응답합니다.

부모와 자녀가 서로를 비추는 거울이듯, 스승과 제자 역시 서로를 비추는 거울입니다. 스승은 제자를 통해 자신의 어제를, 제자는 스승을 통해 자신의 내일을 봅니다. 물론 거울이 모든 것을 있는 그대로 선명하게 비추지는 못합니다. 그러나 다양한 관계들 사이에 존재하는 거울들, 그 거울들에 비친 자신의 모습을 있는 그대로 보지 못하는 것은 온전히 자신의 책임입니다.

내 뺨을 때리는 사람은 나를 비춰 주는 거울입니다. 뺨을 맞아 아프지 않은 사람은 없지만, 내 뺨을 때린 사람을 통해 자신의 모습을 비춰 보지 못한다면 그보다 더 아픈 것은 없습니다. 원수도 나를 비춰 주는 거울입니다. 원수 때문에 마음이 평화롭지 못하지만, 원수를 통해 내 모습을 비춰 보지 못한다면 지금보다 더 사악한 원수를 만날지도 모릅니다.

나를 박해하는 사람도 당연히 나를 비춰 주는 거울입니다. 그 사람을 통해 내 모습을 비춰 보지 못한다면 지금보다 더 큰 괴롭힘을 당할지도 모릅니다. 남편도 아내도 자녀도 동료도 나를 비춰 주는 거울입니다. 이 거울을 통해 자신을 바라보는 눈을, 그리고 삶을 대하는 태도를 변화시킬 수 있습니다.

나이가 많고 적고를 떠나 우리 모두는 서로에게 스승이자 제자입니다. 그래서 뺨을 맞으면 웃으며 박수를 쳐 주어야 할 뿐 아니라, 큰절이라도 올려야 합니다.

오골계

오골계 못 먹는 그 사람

겉도 검고 속도 검어서라나
차라리 겉과 속이 모두 검은 게 낫지
속은 검으면서 겉만 화려한
누구보다는.

3

"불행하여라, 너희 눈먼 인도자들아!"

"손가락을 잘라 버려라."

　어린 시절 친구들끼리 손가락으로 장난을 자주 쳤습니다. 한 녀석이 손가락 하나를 세우면 다른 녀석이 손가락 두 개를 세우고, 그러면 제가 다시 손가락 하나를 세웠습니다. 그 순간 우리는 모두 약속이나 한 듯이 깔깔거리며 한바탕 웃곤 하였습니다. 아무런 의미도 없는 단순한 손가락 장난이 왜 그리도 재미있었는지 모르겠습니다.

　우리는 손가락을 포함한 다양한 몸짓으로 서로의 마음을 전달합니다. 이런 몸짓은 이런 마음의 소리를, 저런 몸짓은 저런 마음의 소리를 들려줍니다. 들을 귀가 있는 사람은 누구나 알아들을 수 있는 몸의 언어입니다.

　몸의 언어는 그 사람의 핵심을 가리킵니다. 그 사람의 마음에 담긴 핵심이 '실재'라고 한다면, 몸의 언어는 그 실재를 얼핏 드러내는 '상징'이라 할 수 있습니다.

　우리들은 상징과 실재의 세계에 살고 있습니다. 그렇지만 실재는 보이지 않고 만질 수 없기 때문에 사실상 실재를 어렴풋이 드러내는 상징의 세계 한가운데에서 살고 있다는 표현이 더 정확합니다. 그 한 가지 예가 우리의 얼굴입니다.

　얼굴은 우리 마음의 도구이고 거울이며 상징입니다. 우리의 마음이 어떤 상태인가를 얼굴이 표현합니다. 하지만 얼굴 표정에 현혹되어서는 안 됩니다. 지금 우리 마음이 어떤 상태이건 본래의 마음은 그 자리에서 언제나 고요하고 평온하고 청명하기 때문입니다. 우리는 다양한 얼굴 표정을 통해서도 그 사람의 진면목眞面目, 곧 마음의 핵심을 보아야 합니다.

　우리가 눈먼 사람이 아니라면, 우리를 둘러싸고 있는 상징의 세계를 통해 그 너머의 세계를 듣고 볼 수 있습니다. 견월망지見月忘指, 곧 손가락 너머의 달을 볼 수 있습니다. 만약에 우리가 손가락에 마음을 빼앗겨 그곳에 멈추어 선다면, 그래서 손가락이 가리키는 달을 붙잡지 못한다면, 우리는 반쪽짜리 인생만 살아가는 것입니다.

　세상은 우리에게 말을 겁니다. 상징으로 가득한 세상은 우리에게 그 너머의 것을 듣고 보라고 말을 겁니다. 무상한 것에서 항구한 것을 보라고, 잠시의 것에서 영원한 것을 들으라고 말입니다. 이것이 기적입니다. 무상한 것은 항구한 것이 현존한다는 상징으로, 잠시의 것은 영원한 것이 현존한다는 상징으로, 세상이 온통 진리를 표출하는 상징으로 변하는 기적이 펼쳐집니다.

　어떤 사람들은 이러한 기적을 가지고 장사를 합니다. 장사꾼들입니다. 그들은 하느님 체험이 특정한 종교 행사, 곧 전례나 신심 행위를 통해서만 가능하다고 강조합니다. 하느님 현존은 특별한 공간에서만 가능하다고 꼬드깁니다.

　그런 사람들을 향해 예수는 말합니다. "불행하여라, 너희 위선자 율법 학자들과 바리사이들아!"(마태 23,13) "불행하여라, 너희 눈먼 인도자들아!"(마태 23,16) 그들은 하늘나라의 문을 잠가 버리고 자기들도 들어가지 않을 뿐더러 다른 사람마저 못 들어가게 만듭니다.

　하느님 신비의 헤아릴 수 없는 풍요는 말 그대로 풍성하고 온 세상에 충만합니다. 세상이라는 상징을 통해 언제 어디서나 그 너머의 실재를 맛볼 수 있습니다. 이것이 기적입니다. 기적은 사람들이 거룩하고 특별하다고 마음으로 만들어 낸 공간에서만 펼쳐지는 것이 아닙니다. 거리에도 병상에도 송전탑 밑에도 천막 속에도 가득합니다.

하느님은 사람의 생각과 판단 속에 가두어 놓을 수도, 가두어질 수도 없는 존재입니다. 그런데도 어떤 사람들은 대리석 건물로 지어진 특별한 장소를 손가락으로 가리키며 그곳이 거룩한 곳이니 와서 하느님을 만나라고 부추깁니다. 사실상 그들도 아직 하늘나라의 문안으로 들어가 보지 못한 것입니다.

많은 사람들이 눈먼 인도자들과 위선자들의 손가락만을 보고 따라갑니다. 그리고 기적을 보았다고, 거룩함을 맛보았다고, 하느님 현존을 체험했다고 감격하고 눈물을 흘립니다. 일시적인 현상이자 착각입니다. 눈물은 곧 말라 버립니다. 일상으로 돌아와서는 또 다른 기적과 거룩함을 찾아 또 다시 시간과 돈을 허비합니다.

그 소식을 접한 구지 화상이 눈먼 인도자들과 위선자들의 손가락을 모두 잘라 버립니다. 일상의 삶 '지금 여기'에서 하느님을 만나지 못하면 '나중 거기'에서도 만날 수 없기 때문입니다.

구지 화상은 대중들의 질문을 받을 때마다 언제나 손가락 하나를 세웁니다. 그러던 어느 날 외부 손님이 절을 찾아 동자에게 "화상께서는 무슨 설법을 하십니까?"라고 묻습니다. 동자는 구지 화상을 흉내 내어 손가락 하나를 세웁니다. 화상이 이를 전해 듣고는 동자를 불러 그 손가락을 잘라 버립니다 (무문관 제3칙).

구지 스님이 어떤 손가락을 세웠는지, 또 왜 세웠는지 우리로서는 알 수가 없습니다. 스님은 손가락 하나를 세움으로써 자기가 체득한 진리의 실재를 표현했을 뿐입니다. 그것은 스님이 체험한 깨달음의 진수이지 동자의 체험도 나의 체험도 아닙니다. 그러니 스님의 손가락에 매달려서는 나의 깨달음은 부지하세월不知何歲月입니다.

눈먼 인도자들은 상징만 보라고, 손가락만 보라고 말합니다. 상징 너머의 실재를 아직 모르고 보지도 못했기 때문입니다. 그들이 실재를 안다면 그런 거짓말을 할 수가 없습니다.

실재를 만나는 순간 실재와 하나가 됩니다. 더불어 실재를 품고 있는 세상과도 하나가 됩니다. 가정에서는 가족과 하나가 되고, 일터에서는 동료들과 하나가 되고, 자연 속에서는 일체 중생과 하나가 됩니다.

어쩌면 구지 스님이 손가락 하나를 세운 것은 자신이 이 모든 것과 하나라는 진실을 말하고자 함일지도 모르겠습니다. 그러니 스님의 손가락은 잊어버리고, 다만 스님의 마음을 배워 우리도 실재를 품고 있는 세상과 하나가 되어야 합니다. 그래야 온전한 인생을 살 수 있습니다. 그러다가 어느 좋은 날 햇볕 따스한 오후 어느 때, 만약 우리가 세상 안에서 진리를 발견한다면, 그 순간 발가락 하나를 세워도 행복하고 당당할 것입니다.

인생

어느 좋은 날
적당히 비 내리는 어느 좋은 밤
웃통을 벗은 한 노인이
옥상 위 가로등 옆에서
춤을 춘다.
살 만큼 살고 보니
인생은 비가 지나가길

넋 놓고 기다리는 것이 아니라
비와 하나 되어
춤추는 것이라며.

4

"세상은 나를 보지 못하겠지만
너희는 나를 보게 될 것이다."

"그런데 왜 수염이 없지?"

어릴 적 우리 동네엔 '자야'라 불리는 누나들이 많이 있었습니다. 이 집에도 자야, 저 집에도 자야, 우리 집에도 자야라 불리는 누나가 둘이나 있었습니다. 순자와 귀자! 이름을 전부 불러 주면 좋을 텐데 왜 이리 줄여서 자야라고만 부르는지, 게다가 똑같은 자야인데 듣는 자야들은 어찌 자기인 줄 알고 대답을 척척 하는지 신기할 노릇이었습니다.

고문진보古文眞寶를 공부하다 이백李白의 시 '자야의 오나라 노래'子夜吳歌를 들은 적이 있습니다.

장안을 비추는 한 조각 달,
집집마다 울리는 다듬이질 소리,
가을바람 끊임없이 불어오니,
모두가 옥관의 임 그리는 정이라네.
어느 날에 오랑캐를 평정하고,
임께서는 원정을 끝내시려나.

 이 시는 장안에서 서역으로 오랑캐를 평정하러 떠난 임을 기다리는 여인 자야의 애절한 심정, 곧 사랑과 이별, 그리고 그리움을 노래하고 있습니다. 사랑과 이별은 우리 삶과 밀접하게 연결되어 있습니다. 그래서인지 대중가요에서도 가장 자주 등장하는 주제입니다.
 우리 삶과 떼려야 뗄 수 없는 사랑과 이별이지만 이 둘을 개념의 틀 속에 가둬 놓으면, 사랑은 사랑으로만 존재하고 이별은 이별로만 존재합니다. 이 둘은 결코 만나지 못합니다. 그리움이 중간에서 이 둘이 만날 수 있도록 다리를 놓아 주지만 별 소용이 없습니다. 개념은 새장이자 감옥이기에 웬만해서는 그곳을 벗어날 수가 없습니다.
 우리가 실제 생활에서 맛보는 사랑은 '사랑'이라는 개념과 똑같지 않습니다. 우리가 느끼는 이별도 '이별'이라는 말이 있는 그대로 표현하지 못합니다. 말과 글은 그것이 가리키고자 하는 실재를 온전히 담아내지 못하기 때문입니다.

일상의 삶에서 사랑과 이별은 항상 함께 있습니다. 늘 붙어 다닙니다. 사랑 속에 이별이 담겨 있고, 이별 속에 사랑이 머물고 있습니다. 그래서 사랑은 이미 출발한 이별이고, 이별은 아직 도착하지 않은 사랑입니다.

이 세상 수많은 자야들의 사랑과 이별 중에 제 가슴에 가장 큰 멍 자국을 남긴 표현은 다음과 같습니다. "50년 만에 담배를 끊었는데 니코틴보다 그리운 것이 그 사람이에요."

시인 백석白石을 그리워하며 한평생을 살아온 자야子夜 김영한 여사 곁에는 언제나 사랑과 이별이 지키고 있습니다. 저는 이보다 실제의 사랑과 이별을 있는 그대로 드러낸 표현을 여태껏 만나지 못했습니다. 새장을 탈출한 사랑과 이별이 그리움을 통해 만나 고동의 바다 위를 훨훨 자유로이 날아다닙니다.

예수의 사랑과 이별도 그러합니다. 예수는 하느님에게로 건너갈 때가 온 것을 알고는 이 세상에서 사랑하던 사람들을 끝까지 더욱더 사랑합니다(요한 13,1). 예수의 사랑에는 항상 이별이, 이별에는 언제나 사랑이 담겨 있습니다. 예수는 사랑과 이별을 구별하지만 결코 분리시키지는 않습니다. 사랑 속에서 이별을, 이별 속에서 사랑을 봅니다. 그래서 예수는 제자들에게 말합니다. "이제 조금만 있으면, 세상은 나를 보지 못하겠지만 너희는 나를 보게 될 것이다."(요한 14,19)

세상이 예수를 못 보는 까닭은 이별을 이별로만 보기 때문입니다. 이별 곁에 사랑이 늘 함께 있음을, 이별 속에 사랑이 가득함을 보지 못합니다. 그리움이라는 중개인도 없기에 이별과 사랑은 결코 만나지 못합니다. 하지만 제자들은 예수를 곧 다시 보게 됩니다. 이별 뒤에야 사랑이 무엇인지를, 사랑의 소중함이 어떤 것인지를, 이별이 곧 사랑임을 더욱 강하게 깨달았기 때문입니다.

사랑은 사랑으로만, 이별은 이별로만 머물지 않습니다. 사랑과 이별은 항상 붙어 다닙니다. 사랑과 이별만 그런 것이 아닙니다. 말과 글의 새장과 감옥에 갇히기 전의 실재의 세계, 곧 진리도 그러합니다. 이를 잘 가르치기 위해 혹암 스님이 말합니다. "서천에서 온 오랑캐(달마 대사)는 왜 수염이 없는가?"(무문관 제4칙)

'자야오가'에 나오는 자야의 임은 서역의 오랑캐를 물리치러 떠나지만, 그중의 한 오랑캐는 말과 글의 새장에 갇혀 진실의 세계를 잃어버린 이들을 구원하기 위해 서역에서 중국으로 건너옵니다. 그 오랑캐가 수염이 있고有 없고無가 무에 그리 대수입니까? 수염이 많은 제가 수염을 깎아도 깎지 않아도 언제나 저이듯, 달마는 수염을 깎아도 달마이고 깎지 않아도 달마입니다.

물론 그림 속의 달마가 아니라 살아생전 달마의 얼굴을 직접 본다면, 수염의 유무有無를 확실하게 알 수 있을 것입니다. 그렇다고 해서 공연히 수염 타령만 하려고 애써 달마를 만나 볼 까닭은 없습니다. 혹암 스님의 물음은 수염의 유무를 따지기 위함이 아니라, 일상 속에서 유무를 따지며 매사에 시시비비하는 우리의 어리석음을 질타하기 위함이니까요.

만약 계속해서 수염의 유무에 집착한다면 이는 마치 어리석은 개가 돌을 쫓아가는 꼴입니다. 호랑이는 돌을 던진 사람에게 달려들어 물어 버리지 결코 돌을 쫓아가지 않습니다.

사랑과 이별처럼 '무'와 '유'는 항상 함께 존재하고 서로 협력합니다. '무' 속에 '유'가 담겨 있고, '유' 속에 '무'가 바탕하고 있기 때문입니다. '무'는 텅 빈 공간입니다. 비어 있지 않으면 눈도 코도 입도 있을 수 없거니와, 하물며 수염이 어찌 있을 수 있겠습니까? '무'의 도움으로 '유'가 기능하기 시작합니다.

그런데 도움은 일방통행이 아닙니다. '유'의 도움으로 텅 빈 공간이 비로소 기능하기 시작합니다. '유'가 없는데 무엇 하러 애써 '무'가 자신을 비우겠습니까?

진실의 세계에서 '유'와 '무'는 언제나 서로 도우며 함께 텅 빈 충만의 세상을 일구어 갑니다. 하지만 개념의 새장에 갇히면서 이 둘은 남이 되고 서로를 배척하기 시작합니다. '무'는 자기 공간을 지키려 '유'를 밀쳐 내고, '유'는 '무'의 공간을 빼앗으려 억압합니다. 그러다 마침내 새장에 갇힌 '유'와 '무'를 인간이 사용하면서 세상은 폭력적으로 변해 버립니다.

진실의 세계는 평화롭습니다. 사랑과 이별이 함께 걷고, '유'와 '무'가 함께 수고하며 일합니다. 빛과 어둠이 서로를 벗하고, 침묵과 소리가 서로를 칭찬합니다. 깨끗함과 더러움이 서로 네 덕이라 우기고, 선과 악이 서로 자기 탓이라 항변합니다.

진실의 세계는 차별과 분별의 상대성을 떠나 있습니다. 새장에 갇혀 난폭하게 변해 가는 말과 글이 있는 그대로의 실재를 더욱 온전히 담을 수 있도록 우리들은 어리석은 개가 아니라 호랑이로 살아야 하지 않을까 합니다.

쌍둥이

사랑은 시작보다
끝이 더 소중합니다.
그래야
이별은 전설이 된 사랑으로
사랑은 신화가 될 이별로
쌍둥이처럼
함께 태어날 테니까요.

그런데 실상 사랑에는
시작과 끝이 따로 없습니다.
사랑은 현재 순간입니다.
현재는 시작과 끝을
구분하지 않으니까요.
시작과 끝은 쌍둥이처럼
언제나 함께 태어납니다.

"자캐오야, 얼른 내려오너라."

"올라가지도 않았는데요."

"어느 날 문득 무언가가 내 눈에 들어왔다. 그것은 나무였다. 나무가 말했다. 나는 항상 이 자리에 있었노라고. 다만 네가 나를 발견하지 못한 것뿐이라고."

우종영 선생님의 책 「나는 나무처럼 살고 싶다」에 나오는 한 구절입니다. '나무에게서 배운 인생의 소금 같은 지혜들'이라는 부제를 통해서도 알 수 있듯이 선생님은 이 책에서 나무들이 들려주는 삶과 죽음, 그리고 사랑과 고통에 대한 일상의 이야기를 담백하게 펼쳐 나갑니다.

나무는 뿌리를 내리면 한평생 그 자리에서 살고 죽습니다. 삶과 죽음이 한자리에 있습니다. 나무는 뿌리를 내리면 한평생 그 자리에서 일하고 쉽니다. 일과 휴식이 한자리에 있습니다. 나무는 뿌리를 내리면 한평생 그 자리에서 때로는 푸르게 때로는 붉게 변합니다. 다양한 삶의 모습이 한자리에 있습니다. 나무는 뿌리를 내리면 한평생 그 자리에서 어떠한 조건과도 마주합니다. 좋으면 좋은 대로 나쁘면 나쁜 대로. 풍요와 빈곤이 한자리에 있습니다. 나무는 뿌리를 내리면 한평생 그 자리에서 아프기도 하고 건강하게 자라기도 합니다. 고통과 인내가 한자리에 있습니다.

잎이 무성한 여름에는 온갖 새들이 찾아들어 축제의 장이 펼쳐지지만, 잎이 떨어진 겨울이 되면 곤충마저 외면하여 쓸쓸합니다. 기쁨과 슬픔이 한자리에 있습니다. 사람들은 한자리에 있는 나무를 보고 예쁘다 못났다, 크다 작다, 새롭다 늙었다 차별하고 분별하지만 나무는 뿌리를 내리면 한평생 그 자리에 자신의 모습으로 존재합니다. 해가 떠도 해가 져도 나무는 항상 그 자리에 있습니다.

우리 마음속에는 이런 나무가 한 그루씩 있습니다. 예외가 없습니다. 다만 매일 물을 주느냐 주지 않느냐의 차이가 있을 뿐입니다. 물을 주면 나무는 자랍니다. 나무는 자라 햇볕이 뜨거운 무더운 여름이면 시원한 나무 그늘을 제공하고, 가을이 되면 맛난 열매를 선물해 주며, 눈보라가 치는 겨울이 되어도 뿌리를 깊이 내린 나무는 여전히 그 자리에 있고, 그러다 봄이 오면 새롭게 잎을 내고 꽃을 피웁니다.

나무는 항상 그 자리에 있습니다. 다만 우리가 몰랐을 뿐입니다. 자신의 마음속에서 나무 한 그루를 발견한 자캐오가 나무 위로 올라갑니다. 목적은 단 하나! 예수를 보려는 것입니다. 성경은 그 나무가 돌무화과나무라고 밝힙니다.

돌무화과나무는 다산과 풍요를 상징합니다. 비록 열매의 크기는 작지만 그 개수가 많고, 목재는 연하고 가볍지만 덩치가 크고 가공하기 쉬워 지붕을 만드는 데 널리 사용됩니다. 그렇지만 예수를 직접 만나기 위해서는 그 나무에서 내려와야 합니다. 그래야 예수가 그 집에 머무르겠다고 하십니다. "자캐오야, 얼른 내려오너라. 오늘은 내가 네 집에 머물러야 하겠다."(루카 19,5)

자캐오는 키가 작은 세관장이고 부자입니다. 마치 돌무화과나무 열매가 크기는 작지만 개수가 많듯이 말입니다. 그래서 돌무화과나무는 자캐오가 살아온 삶의 방식을 솔직하게 나타내는 상징입니다.

　자캐오는 언제나 그 나무 위에 올라갔습니다. 키가 작아 놀림을 받을 때도, 세리라고 동족들로부터 손가락질 받을 때도, 그럴수록 더 많이 모으고 축적해서 더 높이 오르려고 돌무화과나무처럼 살았습니다. 자캐오가 오른 돌무화과나무는 욕망과 애착의 나무입니다. 이젠 그 나무를 내려와 예수와 함께 새로운 나무를 발견해야 합니다. 다만 나무에서 내려오는 포기와 결별의 고통은 감내해야 할 몫입니다.

　어쩌면 예수와 함께 발견하는 새로운 나무는 부모미생전 본래면목父母未生前 本來面目, 곧 부모의 몸을 빌려 태어나기 전부터 본래의 자리에 심어진 나무일지도 모르겠습니다.

　하루는 향엄 스님이 질문을 던집니다. "가령 어떤 사람이 나무에 올랐는데, 손으로는 가지를 붙잡지 않고, 발로는 나무를 밟지도 않고, 다만 입으로만 나무의 가지를 물고 있을 때, 누군가가 '달마가 서쪽에서 건너온 뜻'을 묻는다면 어떻게 하겠는가?"(무문관 제5칙)

　입을 열면 나무에서 떨어지고, 입을 다물고 있으면 대인 관계에서 신의가 떨어집니다. 어느 쪽을 선택해도 낭패이긴 합니다만, 나무에서 떨어지고 대인 관계가 멀어진다고 세상이 크게 요동치지는 않습니다. 떨어져도 그 자리입니다. 내일이면 또다시 누군가는 나무에 오를 것이고, 내일이면 또다시 누군가는 달마가 서쪽에서 건너온 뜻, 즉 선禪과 삶의 진수가 무엇인지에 대해 질문을 던질 것입니다.

세상은 그렇게 아무 일 없다는 듯이 돌아갑니다. 그렇다고 한 번 온 세상을 넋 놓고 대충 살 수는 없지 않겠습니까! 세상은 변화하지 않겠지만 세상 속에서 살아가는 우리는 변화하고 성장하고 성숙할 수 있으니까요.

애초에 나무에 오르지 않으면 그만입니다. 아무도 나무에 오르라고 등을 떠밀지 않습니다. 다만 삶에 대한 애착과 욕망이 자기 스스로 나무에 오르게 만듭니다. 남 탓하거나 핑계를 대어서는 안 됩니다. 어쩔 수 없이 나무에 올랐다고 하더라도 자캐오처럼 두 팔과 두 다리로 내려오면 그만입니다.

아무도 나무에 매달려 있으라고 강요하지 않습니다. 아무도 나무에서 내려다 주지 않습니다. 나무에서 내려오는 수고와 익숙한 것들과 결별해야 하는 아픔은 스스로 이겨 내야 합니다. 삶에 대한 애착과 욕망에 젖어 있는 자신의 모습을 일단 보았으면 더 이상 매달리거나 휘둘릴 까닭이 없지 않겠습니까!

친구끼리 이런 이야기를 주고받곤 합니다. "다음 생에 태어나면 남자로 태어날래, 여자로 태어날래?"

향엄 스님의 질문과 별반 다르지 않습니다. 남자면 어떻고 여자면 어떻습니까! 입을 열면 어떻고 입을 닫으면 어떻습니까! 다음 생을 기다리며 넋 놓고 살기보다는 삶과 죽음이 한데 어우러지고 중생과 부처가 벗하는 이 자리에서 지금 이 순간을 온전히 사는 것이 먼저입니다. 애착과 욕망의 나무에서 내려와 비움과 나눔의 자비행을 실천하면서 말입니다.

향

나무에게선 향기가
사람에게선 냄새가
그런데
나무에 오른 사람에겐
향이 날까 냄새가 날까?
사람이 오른 나무에겐
냄새가 날까 향이 날까?

6

"영원한 생명을 받으려면 무엇을 해야 합니까?"

"꽃 한 송이 들어 보이며…."

대통령과 국회의원을 누가 뽑을까요? 국민들이 뽑는다고 착각해서는 안 됩니다. 국민들이 그들을 뽑는 것이 결코 아닙니다. 투표에 참여하는 국민들만이 뽑습니다. 그래서 정치인들은 국민들을 두려워하기는커녕 무시하기 일쑤이고 "대중은 개나 돼지다."라는 말을 서슴없이 내뱉곤 합니다. 정치인들은 투표하는 국민들만을 두려워하고 존중합니다.

세례받은 그리스도인들은 모두 똑같은 빵을 먹고 똑같이 포도주를 나누어 마십니다. 그리스도의 몸과 피를 함께 나누어 먹고 마신다고 하여 모두가 영원한 생명을 얻는 것은 아닙니다. 투표에 참여하는 국민들만이 정치인을 뽑듯이 어쩌면 그리스도의 삶과 죽음, 그리고 부활의 삶에 참여하는 신자들만이 영원한 생명을 얻을지도 모를 일입니다. "그리스도 예수님과 하나 되는 세례"(로마 6,3)를 받았다는 바오로의 표현도 그런 의미입니다.

사제가 되기 전 직장 생활을 할 때였습니다. 주일 미사 중에 어떤 부부가 제 바로 앞자리에 앉았는데, 처음엔 아주 다정한 부부인 줄 알았습니다. 그런데 남편이 영성체를 하려고 일어서서 나가려고 하니까, 아내가 남편의 소매를 붙잡으며 못 나가게 하는 것이었습니다. 그러자 남편이 아내의 손을 뿌리치며 약간 짜증 섞인 목소리로 말했습니다. "나도 헌금했는데, 하나 받아먹으면 안 되나?"

깊은 속사정은 정확히 모르겠지만, 그 남편이 신자인 것은 분명했습니다. 미사 전례는 일어섰다 앉았다 반복이 많은데, 그 동작을 아주 잘 따라 했으니까요. 아마도 주일 미사에 빠지시고도 고해성사를 하지 않은 채 미사에 참여한 것이 아닌지 추측해 봅니다.

아무튼 그 남편은 영성체를 했습니다. 과연 그분은 그날 미사에서 '생명의 빵'을 먹고 생명을 얻었을까 얻지 못했을까 저를 고민에 빠뜨렸습니다.

그리스도인들은 영성체 예식 때 모두 줄지어 제대 앞으로 나아갑니다. 그 줄 속에는 다양한 사람들이 섞여 있습니다. 직업도 다르고 나이도 다릅니다. 부자도 가난한 이도 있고, 많이 배운 이도 적게 배운 이도 있습니다. 스스로 죄인이라 여기는 부류도 있고 의인이라고 생각하는 부류도 있습니다.

예수는 이 모든 사람들을 아무런 차별 없이 영원한 생명의 식탁으로 초대하기 때문에 이런 차이점들은 그리 중요한 것이 아닙니다. 그렇지만 어떤 사람들은 줄지어 서 있으면서 충만한 행복감을 느끼는 반면, 어떤 사람들은 무덤덤하다면 이 차이점은 대단히 큰 것입니다. 한 걸음 한 걸음 내딛으며 점점 더 생명의 빵에 가까워지는 줄 속에서 왜 어떤 사람은 설레고 기쁜데, 왜 어떤 사람은 무감각하고 습관적일까요?

예수가 길을 떠나는데 부자가 달려와 무릎을 꿇고 묻습니다. "제가 영원한 생명을 받으려면 무엇을 해야 합니까?"(마르 10,17)

무릎을 꿇고 가르침을 청한 이 사람은 아마도 영원한 생명이란 한없이 늘어진 시간 속에서 죽지 않고 오래오래 사는 것이라는 생각의 틀 속에서 살아왔을 겁니다. 그래서 어떻게든 죽지 않고 오래 살아남으려고 어려서부터 계명을 목숨처럼 붙들고 지키며 살아왔고, 가능하다면 영원한 생명을 사려고 돈을 모았을 것입니다.

그런데 예수는 뜻밖의 초대를 합니다. 영원한 생명을 받으려면 먼저 죽으라고 말입니다. 가진 재물을 팔아 가난한 이들에게 주라는 예수의 초대는 부자에게 죽음이나 마찬가지니까요.

예수의 이 초대는 부자로 하여금 지금까지 살아온 방식과 생각의 틀에서 죽으라는 부르심입니다. 죽은 다음 지금까지 살아온 방식 밖에서, 그리고 지금까지 머물러 온 생각의 틀을 뛰어넘어 세상을 바라보라고 부른 것입니다.

틀 밖에서, 틀을 뛰어넘어 자기 자신과 세상을 바라보는 눈을 갖는 것이 곧 깨달음입니다. 영원한 생명을 얻기 위해서는 우선 죽어야 한다는 사실은 지금껏 보지도 듣지도 못했던 삶의 진실입니다. 단 한순간도 생각하지 못했던 우주의 진리입니다. 대사일번 절후소생 大死一番 絶後蘇生, 곧 크게 한 번 죽어야 영원한 생명으로 새롭게 태어날 수 있습니다.

이 부자가 석가모니 부처 앞에 무릎을 꿇고 영원한 생명에 대해 묻는다면 어떠했을까요? 아마도 한 송이 꽃을 건네지 않았을까 싶습니다.

석가모니가 영취산에 올라 가르침을 기다리는 대중에게 꽃

한 송이를 들어 보입니다. 대중들은 모두 아무런 말도 못하고 잠잠한데, 오직 한 사람 가섭 존자만이 미소를 지어 보입니다 (무문관 제6칙).

제자들은 위대한 스승 석가모니가 꽃 한 송이를 집어 들자 당혹스러웠을 겁니다. 자신들이 보고 듣던 설법과는 완전히 다를 뿐만 아니라, 그동안 머물고 있던 사고의 틀을 완전히 뛰어넘는 가르침이자 행동이었으니까요.

한 송이 꽃은 세존이 체득한 있는 그대로의 진실한 모습, 곧 깨달음의 실상實相입니다. 그 구체적인 내용을 우리로서는 알 수 없고, 오직 가섭만이 알아듣습니다. 진리가 스승에게서 제자에게로 직접 이어지는 사자상승師資相承의 단적인 모습입니다.

그래서 세존이 대중들에게 말합니다. "올바른 법을 보는 정법안장正法眼藏, 열반에 이르는 신비한 마음인 열반묘심涅槃妙心, 진정한 실재는 어떠한 상相도 없다는 실상무상實相無相, 깨닫지 않으면 들어갈 수 없는 미묘법문微妙法門, 문자로는 도저히 이를 수 없는 불립문자不立文字, 마음에서 마음으로 전하는 이심전심以心傳心의 교외별전敎外別傳이 나에게 있으니 이것을 마하가섭에게 맡기겠노라."

진리를 깨닫는 것은 일상의 삶 속에서 피어나는 한 송이 꽃과 같습니다. 내 마음에 한 송이 꽃이 피면, 온 천하가 꽃향기로 가득합니다.

　봄이라기에는 아직도 이른 봄, 앞마당의 성급한 매화가 첫 꽃망울을 터트리면 이집 저집 매화 꽃망울도 덩달아 터집니다. 우리 집 마당의 매화만 꽃을 피우는 것이 아닙니다. 한 송이 꽃이 피면 온 천하가 곧 봄입니다.

　봄은 잠깐이어서 마음속에 핀 꽃이 이내 곧 시들어 죽는다고 슬퍼하거나 낙담할 이유는 없습니다. 시들어 죽은 꽃은 거름이 되어 언젠가 또다시 향기로운 꽃을 피우니까요.

　마음을 다하고 목숨을 다하고 정신을 다하고 힘을 다하여 한 사람을 사랑한다면, 어떠한 계명도 수많은 재물도 그 사람보다 소중할 수는 없습니다. 그 순간 그 한 사람은 한 송이 꽃처럼 피어나 온 천하가 꽃향기로 가득할 것입니다. 신이 애초에 오직 한 사람만을 창조한 것도 바로 이 때문입니다.

　사랑의 꽃 한 송이가 피면 온 천하가 곧 사랑입니다. 사랑은 현재입니다. 이미 지나가 버린 것을 사랑하는 것은 집착입니다. 아직 오지 않은 것을 사랑하는 것은 망상입니다. 사랑은 지금 이 순간을 온전히 살아가며 충만하게 누리는 것입니다. 그 순간 그는 영원을 살게 됩니다. 영원이란 엿가락처럼 늘어진 시간을 지루하게 사는 것이 아니라 오늘 여기서 충만한 시간을 만끽하는 것이니까요.

한 송이 꽃보다 더 친절한 가르침은 없습니다. 재물을 나누고 사랑하라는 초대보다 더 완전한 가르침도 없습니다. 영원한 생명은 먼 미래에 얻는 것이 아닙니다. 지금 내 마음에 꽃 한 송이 피워 손수 가꾸고 맛보고 누리는 것입니다.

누군가의 노래처럼 비오는 수요일엔 빨간 장미를 선물합시다. 한 송이 빨간 장미가 품에 안기면, 온 세상이 다 함께 활짝 붉어질지도 모르니까요.

꽃 한 송이

내 마음에 꽃이 지니
온 천하가 겨울
온 천지가 한 송이 꽃이고
내가 곧 그 꽃
그 꽃을 다시 피워
봄을 데려올 사람
온 세상에 나 하나뿐!

7

"다시 볼 수 있게 해 주십시오."

"아침은 먹었는가?"

어느 공동체에 풍성한 열매가 열렸다는 것은 누군가가 땅에 떨어져 썩은 밀알이 되었다는 것을 의미합니다. 어느 공동체에 열매가 빈약하다는 것은 아무도 밀알이 되지 않았다는 것이겠지요. 가정이든 직장이든 절이든 교회든 예외는 없습니다.

저는 한때 모 수도원에 의탁한 채 6개월 정도 지낸 적이 있었습니다. 건물이 상당히 큰 수도원이었고 기도하는 사람들이 찾아오는 피정집도 갖추고 있었지만, 그곳엔 20명 남짓한 적은 수의 수녀님들만이 머물고 있었습니다.

그런데 수도원 건물이 너무 깔끔하고 복도는 반들반들했습니다. 복도 구석구석 벽에는 예쁜 그림이랑 글씨로 수놓아져 있었고, 화단도 정성껏 가꾸어져 잡풀들이 거의 없었습니다. 심지어 한쪽 구석에 떨어져 있는 쓰레기장조차도 언제나 잘 정리되어 있었습니다. 누군가가 땅에 떨어져 밀알이 되었기 때문입니다.

  땅에 떨어진 밀알은 겉으로 잘 드러나지 않습니다. 땅 속에 파묻혀 썩고 죽었기 때문입니다. 그래서 웬만한 시력을 지닌 사람들은 그 사람을 알아보지 못합니다. 눈 밝은 사람만이 알아봅니다. 그리고 자기도 그 사람처럼 밀알이 됩니다.

  밀알이 떨어지는 곳은 우리의 일상이라는 시간과 공간입니다. 일상을 떠난 곳에 밀알이 떨어질 수가 없습니다. 하지만 우리들 대부분은 일상을 떠난 먼 곳에서 한 알의 밀알이 되겠다고 동네방네 떠들고 다닙니다. '천하'를 위해, '조국과 민족'을 위해, '큰 일'을 위해 한 알의 밀알이 되겠다고 다짐하고 계획하고 도모합니다.

  사회의 민주화를 위해서는 한 알의 밀알이 되어 목숨마저 내놓겠다며 목청을 높이는 사람들은 많지만, 가정의 민주화를 위해 작은 희생을 감내하는 사람은 적습니다. 이 한 몸 불살라 조국과 민족을 위해 헌신하겠다는 사람들은 많지만, 정작 옆에 있는 벗을 위해 봉사하는 사람은 드뭅니다.

사회 정의와 정치 개혁을 위해 수염을 기르고 단식하는 사람들은 있지만, 자녀와의 관계에서 정의로운 사람은 과연 몇이나 될까요? 복음화니 불국토니 하면서 밖으로만 나다니는 '종교인'은 많지만, 공동체 안의 일상에서 한 알의 밀알이 되는 '신앙인'은 적습니다.

우리들 대부분은 일상에서 실패합니다. 그러고는 실패한지도 모르고 살아갑니다. 그래서일까요. 노자는 역설적으로 말합니다. "자신의 몸을 천하만큼이나 소중히 여긴다면 천하를 줄 수 있고, 자신의 몸을 천하만큼 아낀다면 천하를 맡길 수 있다."(도덕경 제13장)라고.

자신의 몸을 소중히 여기고 아낀다고 이기적인 사람이라며 몰아세워서는 안 됩니다. '천하'나 '조국과 민족', 그리고 추상적 이념과 같은 '큰일'은 저 먼 곳이나 높은 곳에 있지 내 곁에 없습니다. 나의 일상 안에서 숨을 쉬며 살아 움직이지 않습니다. 한마디로 죽어 있습니다.

하지만 구체적인 우리 몸과 내 이웃의 삶은 살아 숨 쉬고 있습니다. 그래서 예수도 "아주 작은 일에 성실한 사람이 큰일에도 성실하다."(루카 16,10)고 말하고, 나아가서 "네 이웃을 너 자신처럼 사랑해야 한다."(마르 12,31)고 말합니다. 자기 자신을 소중히 아끼며 사랑하지 않는 사람이 다른 사람을 사랑할 수는 없으니까요.

일상은 살아 있습니다. 동대문 시장의 옷 가게 주인처럼, 자갈치 시장에 좌판을 펼친 아주머니처럼 생명력 있게 살아 움직입니다. 살아 움직이는 생명을 아끼는 사람이 구체적인 일상을 소중히 여기는 사람이고, 이런 사람이 삶에 눈을 뜨고 세상을 똑바로 보는 사람입니다.

우리는 자주 눈이 멉니다. 일상이 너무 자잘해 보이기 때문입니다. 혹은 일상이 우리에게 너무 많은 것을 요구해서 귀찮기 때문입니다. 예수를 향해 소리 지르며 "다시 볼 수 있게 해 주십시오."(마르 10, 51)라고 청한 사람도 한때는 볼 수 있는 사람이었습니다. 그러다 어느 순간 시력을 잃어버리고 말았습니다. 그 사람이 예수를 향해 거듭 청합니다. 그런데 조주 스님이 대신 대답합니다. "아침은 먹고 다니는가?"

어떤 승려가 조주 스님을 찾아와 말을 건넵니다. "스님께 가르침을 청합니다." 조주가 되묻습니다. "아침 죽은 먹었는가?" "예, 먹었습니다." "그럼, 발우를 씻어야지."(무문관, 제7칙)

어떤 사람은 진지하게 가르침을 청하는 제자를 향한 조주의 대답이 너무나 싱겁고 성의 없다고 힐난하겠지만, 이보다 더 친절한 대답은 이 세상 어느 곳에서도 들을 수 없습니다. 친절하게도 스승은 두 번씩이나 가르침을 펼칩니다. 때가 되어 밥을 먹고, 밥을 먹은 뒤 설거지를 하는 당연한 일상의 행위 속에 진리가, 도道가 살아 날뛰고 있으니까요.

다시 볼 수 있게 해 달라는 눈먼 이의 요청에 예수는 "가거라." 하고 대답합니다. 그리고 친절하게도 "네 믿음이 너를 구원하였다."라고 덧붙입니다. 어디로 가란 말씀일까요?

밥 먹고 설거지하는 일상의 현장 속으로 들어가라는 초대입니다. 지금 발을 딛고 서 있는 삶 속으로, 이웃 속으로 들어가라는 부르심입니다. 일상의 행위 속에 진리가 살아 숨 쉬고 있음을 믿고 투신할 때, 우리는 한 알의 밀알처럼 썩고 죽어 많은 열매를 맺을 수 있습니다. 이것이 일상 속에서 맛보는 구원입니다.

우리는 일상을 소중히 여기고 아끼는 눈을 가져야 하고 그리하여 다시 눈을 떠야 합니다. 예수는 일상을 소중히 여기고 아끼는 분, 곧 일상의 자리에서 하느님을 발견하는 데 능숙한 분입니다.

하느님에 대한 예수의 기본 메시지는 언제나 한결같습니다. 우리의 일상이, 우리가 만나는 사람과 마주하는 사건이 바로 하느님이 머무는 집, 하느님 현존의 자리라는 사실입니다. 그래서 예수의 모든 비유는 일상에서 만나는 하느님의 이야기입니다. 씨 뿌리고, 밭 갈고, 잃어버린 양과 돈을 찾고, 아픈 사람 만나고, 결혼식에 참석하는 것은 우리의 평범한 일상입니다.

오늘 하루 보물찾기를 해 봅시다. 내가 속한 공동체의 일상 안에서 땅에 떨어진 밀알이 누군지 찾아봅시다.

가족

우리 집에는
누군가는 꽃으로 화려하게
누군가는 열매로 야무지게
누군가는 잎으로 싱싱하게
누군가는 가지로 가냘프게

누군가는 줄기로 곧바르게
누군가는 뿌리로 든든하게
살고 있는데
나는 어떻게 살고 있을까?

"행복하여라, 마음이 가난한 사람!"

"허공과 바다를 자유자재로 달린다."

엄청나게 큰 짐을 이곳에서 저곳으로 옮기는 것이 수레이 듯, 우리 몸뚱이를 이곳에서 저곳으로 움직이는 것은 마음이라고 하는 작은 수레입니다. 그 사람이 특정 종교에 속한 자건 속하지 않은 자건, 신앙을 지닌 자건 지니지 않은 자건 상관없이 자신의 마음에 따라 살아가게 마련입니다.

우리에게 죄가 들어올 때도 마음을 통하여 들어오고, 죄로부터 벗어날 때도 마음을 통하여 나갑니다. 그래서 창세기가 들려주듯 인류 최초에 죄가 문을 두드린 것은 창조 세계 전체가 아니라 바로 한 사람의 마음이었던 것입니다.

인간의 삶을 움직이는 마음이라고 하는 수레는 다양한 요소로 이루어져 있지만, 기본적으로는 이성과 감성이라고 하는 두 바퀴와 이 두 바퀴를 이어 주는 하나의 법칙, 곧 인과(因果)의 이치라고 하는 굴대(축, 軸)로 이루어져 있습니다.

 원인이 있다고 반드시 결과가 있는 것은 아니지만, 이 세상에 원인 없는 결과는 없습니다. '옳고 그름'을 분별하는 이성과 '좋고 나쁨'을 차별하는 감성 역시 이 인과의 이치를 벗어나지 않습니다. 원인이 있기 때문에 내 생각이 옳고 그르다는 결과에 이르고, 원인이 있기 때문에 내 감정이 좋고 나쁘다는 결과에 이릅니다. 이와 같이 이성을 통한 생각과 감성을 통한 느낌은 언제나 원인과 결과의 관계를 통해 인간의 삶을 어디론가 향하도록 만듭니다.

 마음이라고 하는 수레는 한 사람의 인생을 실은 채 행복을 향해 움직입니다. 그런데 사람마다 가는 방향이 조금씩 다릅니다. 사람마다 생각하는 행복의 모습이 다르기 때문입니다. 행복은 백화점이나 마트에서 물건을 사듯이 그렇게 살 수 있는 것이 아니니까요.

 행복은 물이나 바람처럼 도무지 손으로 꽉 잡을 수도 없습니다. 행복은 불확실하고 상대적입니다. 행복이 무엇이냐고 열 명의 사람들에게 물어보면, 아마도 열 가지 서로 다른 대답이 나올 것입니다.

어릴 적 친구들 가운데 어떤 이들은 저를 대단히 부러워합니다. 독신으로 살아서 얼마나 자유롭고 행복하냐고 말합니다. 반면에 아직까지 독신으로 살고 있는 몇 안 되는 친구들은 짝을 이루어 사는 삶 속에 진짜 행복이 있다고 생각합니다. 똑같은 상황이나 사건 앞에서 어떤 사람은 행복을, 또 어떤 사람은 불행을 느낍니다.

어느 좋은 날 산에 오른 예수는 군중들을 향해 말합니다. "행복하여라, 마음이 가난한 사람들! 하늘나라가 그들의 것이다."(마태 5,3)

어떤 마음이 가난한 마음일까요? 그리고 허공과 같고 바다와 같은 하늘나라는 누구의 차지가 될까요?

어떠한 경계도 없이 무한히 펼쳐진 허공과 어떠한 차별도 없이 모든 강물을 받아들이는 바다와 같은 하늘나라는 바로 하느님의 마음입니다. 그 마음은 무심無心하여 너와 나를 가르지 않고, 그 마음은 무변無邊하여 네 것 내 것을 따로 두지 않고, 그 마음은 무애無礙하여 네 편 내 편을 구분하지 않습니다. 그 마음속에는 의인과 악인의 구분이 없지만, 사람들이 자기들의 기준으로 분별하여 차별하는 의인과 악인의 밭에도 고르게 비를 내리는 마음입니다.

누가 그와 같은 하늘나라에서 자유자재로 행복하게 수레를 달릴 수 있을까요? 월암 화상이 어느 승려에게 묻습니다. "수레 장인이 100개의 바큇살을 가진 수레를 만들었지만, 두 바퀴와 굴대를 떼어 내 버렸다. 왜 그랬을까?"^(무문관 제8칙)

월암 스님의 물음을 오해해서는 안 됩니다. 스님은 여기서 오온五蘊과 무아無我의 가르침과 같은 불교의 교리 문답을 하고 있는 것이 아닙니다. 다만 인간의 삶을 이끌고 가는 마음이라는 수레에 대해 묻고 있습니다.

무심·무변·무애한 마음과는 달리 사람들은 마음에 떠오르는 갖가지 이성적인 생각과 감성적인 느낌, 그리고 욕망과 이권을 통해 너와 나를 가르고, 네 것 내 것을 세우고, 네 편 내 편을 구분합니다.

이성의 바퀴와 감성의 바퀴에는 100개의 바큇살보다 훨씬 많은 갖가지 이권들이 따닥따닥 붙어 있습니다. 이런 바큇살을 가진 두 바퀴는 인과因果의 굴대에 연결되어 자기 이익과 이권으로 채워진 행복을 향해 열심히 움직입니다.

마음의 수레는 각자의 인생을 싣고 행복을 향해 쉼 없이 달려갑니다. 우리는 한 뼘도 안 되는 마음 수레에 올라탄 채 도중에 내리지도 못하고 앞만 보고 달려갑니다. 이기심이라는 마음에 갇힌 것입니다.

수레는 아무리 빨리 달려도 길 위에서만 달릴 뿐입니다. 아무리 열심히 달려도 마음의 수레 역시 생사生死의 쳇바퀴 또는 길 위를 달릴 뿐입니다. 한 가지 길 위에서만 최선을 다해 달리고 있는 사람들에게 다른 길이 눈에 들어올 리 없습니다. 하지만 소개는 해주고 싶습니다. 바로 허공과 바다를 무애자재로 달리는 새로운 길도 있다는 것을.

마음에 떠오른 갖가지 생각과 감정, 그리고 욕구를 내려놓은 마음이 가난한 마음이고 그래서 행복합니다. 우리 가운데 과연 마음을 완전히 내려놓을 수 있는 사람이 몇이나 될지 조심스럽지만, 적어도 자기 이익과 이권으로 가득한 생각과 감정은 내려놓을 수 있을 것입니다. 이 마음이 바로 월암 스님이 묻고 있는 두 바퀴와 굴대를 떼어 내 버린 수레이기도 합니다.

바퀴를 떼어 낸다고 해서 인과의 굴대마저 벗어날 수는 없습니다. 생각과 감정을 멈추고 내려놓고 비운다고 해도 배고프면 밥을 먹어야 하고, 졸리면 자야 하기 때문입니다. 그렇지만 나 홀로 더 많이 먹고 나 혼자 더 편안하게 자려고 욕심내지는 않을 것입니다.

"즐겁게 춤을 추다가 그대로 멈춰라!" 이 동요가 들려주는 삶의 지혜처럼 습관적인 반응이 나오려고 할 때마다 마음을 잠시 멈춰 봅시다. 자기 이익과 이권을 위해 생각과 감정을 굴릴 때마다, 그리고 더 많이 먹고 더 편히 자려는 생각과 욕구가 나를 자극할 때마다 잠시 멈춰 서서 자기 자신을 바라봅시다.

지금 여기서 내가 무엇을 하려는지, 그리고 무엇을 하고 있는지를 순수하게 바라봅시다. 이 멈춤과 바라봄이 새로운 습관이 되었을 어느 좋은 날, 우리 마음은 더없이 가볍고 가난해져 허공과 바다를 자유자재로 달리고 있을 것입니다.

마음 조율

지하철 2호선
어느덧 20분째

다리는 아파오고
내 앞 좌불상 아저씨
마침내 일어서려는 순간
드디어 내가 앉으려는 바로 그 순간
어디선가 날아오는 큼직한 엉덩이
입에선 욕이
머리에선 화가
마음에선 아쉬움이
파도처럼 한순간 밀려드는데
즐겁게 춤을 추다 그대로 멈추듯
그렇게 멈추고 마음을 들여다본다.

9

"나는 책임이 없소."

"너 때문에 성불하지 않았는데…."

불교의 인과법因果法에 따르면, 원인이 있다고 반드시 결과가 있는 것은 아니지만, 이 세상에 원인 없는 결과는 없습니다. 그런데 원인 중에는 우리가 일반적으로 원인이라고 생각조차 하지 않는 원인들도 있습니다. 있는 정도가 아니라 정말 많이 있습니다.

하나의 사건이 발생할 때, 그 사건 자체를 제외한 다른 모든 사건들은 그 사건의 원인입니다. 왜냐하면 그 사건의 발생에 어떠한 장애도 되지 않았기 때문입니다. 예를 들어, 조금 전 신촌 거리에서 교통사고가 일어났다면, 서강대 성당에서 미사를 집전하던 저는 그 교통사고의 원인입니다. 그 교통사고

가 발생하는 데 어떠한 장애도 되지 않았으니까요. 이와 같은 일종의 소극적 원인을 불교에서는 능작인能作因, 곧 '존재케 하는 원인'이라고 부릅니다.

불교에서 이런 소극적 원인을 말하는 까닭은 모든 것이 서로 연결되어 있고 서로 의존하고 있으며 결국은 하나임을 보여 주기 위해서입니다.

지금 누군가가 고통을 당하고 있다면, 그 고통의 원인은 바로 당신입니다. 누군가가 죽었다면, 그 죽음의 원인은 바로 나입니다. 너와 나와 그는 상호 의존하고 있으며, 서로 의존하기에 동등하고 하나입니다. 모든 불자가 다 그렇게 받아들이고 살지는 않지만, 불교는 그렇다고 말합니다.

얼마 전에 한 대학생이 모 언론에 기고한 글을 읽었습니다. 그 학생의 논리는 간단합니다. 난로에 손을 가까이 갖다 대었다가 화상을 입으면 부주의한 손님 탓이고, 어린아이가 사육사의 말을 무시하고 맹수에게 다가갔다가 다쳤다면 그것은 온전히 아이의 부주의 탓이듯, 폴리스라인을 넘어 경찰의 물대포를 맞아 중태에 빠지고 사망한 한 농부의 죽음은 순전히 본인의 탓이니, 물대포를 쏜 측에게는 아무런 책임이 없고, 전태일과 미선이 효순이, 그리고 세월호가 그랬던 것처럼 또 다시 '시체팔이'(사망유희)가 시작됐다고 말합니다. 물론 글을 쓴 자신에게는 농부의 죽음에 아무런 책임이 없다는 뜻이기도 합니다.

이 학생이 기고한 글에 따르면, 예수의 죽음은 온전히 그의 책임입니다. 예수는 스스로 수난과 죽음을 선택합니다. 율법과 성전, 그리고 그 옹호자들에 대한 비판적 태도와 소외되고 배척받고 가난한 사람들을 우선적으로 선택한 예수의 삶이 그를 죽음에까지 이르게 합니다. 그러니 죽음의 책임은 온전히 예수 자신에게 있는 것이고, 그 죽음을 일상의 삶 속에서 기억하고 재현하는 그리스도인들은 지난 2천년 동안 '시체팔이' 또는 '사망유희'를 해 온 것입니다.

예수의 죽음과 관련 깊은 총독 빌라도가 떠오릅니다. 예수의 죽음을 앞두고 빌라도는 손을 씻으며 말합니다. "나는 이 사람의 피에 책임이 없소. 이것은 여러분의 일이오."(마태 27,24) 빌라도가 서 있는 자리, 곧 입장에서는 충분히 그럴 수 있습니다. 빌라도는 진리와 진실보다는 자기 이익과 이권에 눈 밝은 사람이었으니까요.

빌라도가 책임이 없다고 말한 것은 그리 중요하지 않습니다. 중요한 것은 예수를 그리스도라고 고백하며 살아온 수많은 사람들, 예수와 하나 되는 세례를 받은 그리스도인들 가운데 예수의 죽음에 대해 자기는 아무런 책임이 없다고 생각하는 사람들도 있다는 사실입니다.

예수의 죽음에 대한 책임은 누구에게 있을까요? 과거의 사건으로 돌아가서 책임 소재를 따지자고 이 질문을 던지는 것이 아닙니다. 오늘을 사는 우리에게 던지는 질문입니다. 나는 지금 어디에 서 있는지, 누구와 함께 서 있는지, 누구와 함께 음식을 먹는 것을 좋아하는지, 나는 누구인지를 묻는 것입니다. 정답은 없습니다. 우리 각자의 선택이자 몫입니다.

한 승려가 청양 화상에게 묻습니다. "대통지승불大通智勝佛은 10겁의 오랜 세월을 도량에서 좌선했지만 불법佛法이 나타나지 않아 성불成佛하지 못했다는데 이게 어찌된 일입니까?" 화상이 대답합니다. "듣고 보니 그렇구나." 승려가 재차 묻습니다. "그토록 오래 좌선을 했는데 어째서 불도佛道를 이루지 못했을까요?" 화상이 답합니다. "그가 성불하지 않았기 때문이다."(무문관 제9칙)

대통지승불은 무한히 먼 과거의 부처 가운데 한 분으로 석가모니 부처의 전생의 아버지입니다. 그가 10겁 동안 좌선한 이유는 자녀들이 본향本鄕, 곧 자신들의 본래면목本來面目으로 돌아오기를 기다린 것입니다.

10겁이란 무한의 시간으로 영원성을 말합니다. 그래서 그는 어제도 오늘도 당신의 자녀들이 돌아오기를 기다리고 있습니다. 아마도 내일도 그러할 것입니다.

대통지승불이 성불하지 않은 까닭은 내가 아직 성불하지 못했기 때문입니다. 그가 성불하지 않은 이유는 여러분이 아직 성불하지 않았기 때문입니다.

사실 불법佛法은 사방 천지에 펼쳐져 있는데 불법이 나타나지 않는다는 것은 말이 안 됩니다. 산천초목이 모두 불법이고, 허공이 불법입니다. 누구나 불법 속에 살고 있습니다. 그렇다고 아무나 불법 속에 살고 있는 것은 아닙니다. 그래서 그는 성불하지 않고 오늘도 기다리고 있는 것입니다.

아이가 아프면 엄마도 함께 아픕니다. 중생이 아프면 부처도 함께 아픕니다. 마음만 아픈 것이 아니라 온몸이 같이 아픕니다.

엘리 비젤의 회고록 「밤」(Elie Wiesel, Night, 1956)에는 나치 수용소에서 교수형을 당하는 하느님에 대해 말합니다. 날마다 죽어 나가는 동료 유대인들 사이에서 사람들은 질문을 던집니다. "하느님은 어디에 있는가?"

어느 날 어른 둘과 아이 하나가 교수형을 당합니다. 이 광경을 지켜보는 비젤의 등 뒤에서 누군가가 똑같은 질문을 던집니다. "하느님은 지금 어디 있는가?"

그 순간 비젤의 내면으로부터 다음과 같은 목소리가 들려옵니다. "그분이 어디 있냐고? 하느님은 여기 있어. 여기 저 교수대에 매달려 있어." 우리와 함께 하느님은 오늘도 교수대에 매달려 있고, 예수는 오늘도 십자가에 못 박혀 있습니다.

나의 삶이 이러하므로 너의 삶이 그러합니다. 너의 삶이 그러하므로 그들의 삶이 저러합니다. 누군가의 고통은 나의 삶이 이러하기 때문입니다. 누군가의 죽음은 너의 삶이 그러하기 때문입니다.

오늘 저녁에 비싼 요리를 먹는다고 좋아할 이유는 없습니다. 나의 삶이 이러하기 때문에 그들의 삶이 그러합니다. 좋은 옷을 입고 있다고 자랑스러워할 이유도 없습니다. 나의 삶이 이러하기 때문에 그들의 삶이 그러합니다.

누군가의 고통에 눈을 감고 누군가의 죽음에 침묵한다고 해서 책임으로부터 벗어날 수는 없습니다. 모르는 것이 잘못은 아니지만, 몰랐다고 하여 책임에서까지 자유로워지는 것은 아닙니다. 석가모니 부처의 가르침은 그러하고, 그리스도 예수는 내가 먹는 음식과 입고 있는 옷 때문에 오늘도 십자가에서 죽습니다.

누군가의 고통과 죽음이 내 책임이 아니라고 말할 수 있는 사람은 아무도 없습니다. 자기 이익과 이권에 눈 밝은 이들은 받아들이지 않겠지만, 텅 빈 마음을 지닌 눈 밝은 이에게는 뚜렷이 보이는 삶의 진실입니다.

어머니

입대하는 날
대문 안에서
어머니가 울고 있네
모든 것이 지기 탓이리며.
제대하는 날
대문 밖에서
어머니가 웃고 있네
모든 것이 아들 덕이라며.

울고 웃는 어머니 곁에서
나도 덩달아 울고 웃네.

10

"포도주가 떨어졌구나!"

"그렇게 취하고선…."

술 마시지 않고도 취하는 사람들이 있습니다. 찌뿌둥한 아침 햇살 한 잔 마시고, 출근길 바쁜 걸음 속 슬쩍 마주친 낯선 눈빛 두 잔 마시고, 지각해서 상사로부터 욕 한 사발 마시고, 정신없이 주고받는 주문 전화 여러 잔을 마시다 보면, 자기도 모르게 어느새 얼굴이 붉게 물이 듭니다. 그 기분에 퇴근길 동료들과 어울려 회사 걱정하며 한 잔, 나라 걱정하며 한 잔 마시다 보면, 나도 없어지고 너도 없어지고 모든 근심 걱정도 사라지지만, 비틀거리며 기대어 선 대문 밖에서 들려오는 아내 고함 소리에 정신이 번쩍 듭니다.

요즘처럼 직장 구하기도, 구한 직장에서 버티기도 힘든 세상을 살아가다 보면, 이런 일상이 달콤한 꿈처럼 여겨지기도 합니다. 이렇게 사는 것이 행복으로 보이기도 합니다. 그렇게 우리들 대부분은 별일 없다는 듯이 살아갑니다.

먹고살기 바쁜 현실에 하루하루 잘 적응하고 있는 자신을 돌아보며 스스로 충실한 현실주의자라며 위안을 삼습니다. 그런데 이렇게 취하고 깨기를 반복하며 살아가는 사람들도 있지만, 우리 주위에는 다르게 취하며 살아가는 사람들도 간혹 있습니다. 마치 「갈매기의 꿈」에 나오는 주인공 갈매기 조나단처럼 말이죠. 그는 꿈에 취합니다.

조나단은 다른 갈매기들과 다릅니다. 다른 갈매기들은 이른 아침 눈만 뜨면 어선 뒤나 쫓아다니며 먹이를 놓치지 않기 위해 서로 경쟁합니다. 그들에게 중요한 것은 비행飛行하는 일이 아니라 먹는 일입니다. 하지만 조나단에게 중요한 것은 먹는 일보다 나는 일입니다.

비행은 조나단의 꿈입니다. 조나단은 평소 가슴에 품은 꿈 때문에 어쩔 수 없이 공동체를 떠나게 되고, 다른 갈매기들이 숙명처럼 받아들이고 있는 실존적 한계를 뛰어넘기 위해 배움을 게을리하지 않습니다.

마침내 조나단은 허공을 자유자재로 날아다니며 시간과 공간을 초월해 언제든 자기가 원하는 장소로 날아갈 수 있는 비상, 곧 완전한 경지에 이릅니다.

그런데 자유자재로 날기 위해 조나단처럼 멀리 떠날 필요까지는 없습니다. 직장을 그만두고 절이나 수도원에 들어가더라도 그곳에는 다른 형태의 일상생활이 우리를 기다리고 있기 때문입니다. 그러니 비록 일에 쫓기고 지쳐 얼굴이 붉어진 채 돌아간 집에서 마음 편히 쉴 수조차 없는 것이 현실이라 할지라도, 우리 곁에는 평범한 일상 속에서도 삶의 실존적 한계를 뛰어넘어 초월을 체험할 수 있는 무궁무진한 선물이 펼쳐져 있으니까요.

바쁜 걸음을 조금만 늦추고 멈추어 서서 눈을 감고 마치 마지막 호흡인 듯 들숨과 날숨을 길게 한 번 맛보는 시간을 갖는다면, 그런 다음 천천히 눈을 뜨고 세상을 다시 한 번 바라볼 여유를 갖는다면 우리는 우리 곁에 펼쳐져 있는 초월성을 암시하는 여러 가지 사건들을 만날 수 있습니다.

독일의 신학자 칼 라너는 우리가 쉽게 무시해 버리는 일상생활에 담긴 초월 체험을 다음과 같이 제시합니다. 부당한 대우를 받았지만 변명하지 않고 침묵했을 때, 용서한다고 득 될 게 없지만 용서했을 때, 감사하다는 인사를 받지 않고도 희생했을 때, 자신만이 유일하게 책임져야 하는 상황에서도 양심에 따라 결정하고 실천했을 때, 무의미한 상황에서도 순수하게 하느님 사랑 때문에 애써 본 경험 속에, 남을 위한다는 생각도 없는 상태에서 누군가를 위해 선한 일을 해 본 경험 속에 초월 체험이 담겨 있다고 합니다. 라너가 제시한 이런 체험은 곧 사랑 체험이기도 합니다.

　조나단이 꿈꾸던 비행의 목적지는 사랑입니다. 좀 더 타인을 사랑하는 것입니다. 사랑은 혼자 하는 것이 아닙니다. 사랑은 누군가를 필요로 하고 누군가에게 표현하는 것입니다. 존재하기만 하고 표현하려 하지 않는 사랑, 곧 혼자 하는 사랑은 병적인 자기애 또는 자기 집착일 뿐입니다. 사랑은 일상 속 타인과의 관계 안에서 펼쳐지는 것이니까요. 그래서 조나단은 자기를 추방한 공동체로 다시 돌아옵니다. 사랑하기 위해서 말입니다.
　높이 나는 새가 멀리 보는 까닭은 사랑하기 때문입니다. 높이 나는 까닭에 이기적인 차별심으로부터 멀리 떨어져서 전체를 볼 수 있습니다. 전체를 보기에 너와 내가 하나라는 사실을 압니다.
　우리들 대부분은 일상의 분별심에 취해 얼굴이 붉어집니

다. 끊임없이 너와 나를 분별하고, 하릴없이 시비是非를 가리려 하고, 악착같이 너를 짓밟고 나를 세우려고 너무나 낮게 날면서 기력을 다 써 버리기 때문에 조나단처럼 높이 날 수 없는 것입니다. 이기심의 끈이 내 마음을 묶고 있으면 높이 날 수도 멀리 볼 수도 사랑할 수도 없습니다.

하루는 갈릴래아 카나에서 혼인 잔치가 열리는데, 포도주가 떨어집니다. 그러자 예수의 어머니가 아들에게 말합니다. "포도주가 없구나."(요한 2,3) 예수는 어머니의 청에 못 이겨 아직 때가 오지 않았음에도 불구하고 물독에 물을 채워 포도주로 변화시킵니다.

성경에는 혼인 잔치 이야기가 자주 나옵니다. 그 이유는 새로운 세상 질서가 우리 곁에 와 있음을 알려 주기 위함입니다. 사랑이라는 질서에 의해 굴러가는 새로운 세상을 설명하기에 혼인 잔치보다 더 좋은 비유는 없으니까요.

떨어진 포도주는 그동안 익숙해신 율법이라는 묵은 질서를, 새롭게 만들어진 포도주는 예수를 통해 드러난 사랑이라는 새 질서를 상징합니다. 비록 묵은 포도주가 입에 맞고 새 포도주가 떫긴 하지만, 그래서 당장은 낯설고 불편하지만, 만약 새로운 질서에 마음의 문을 활짝 열고 받아들인다면, 영국의 시인 바이런의 노래처럼 "물이 제 주인을 만나 얼굴이 붉어지듯" 우리 삶도 사랑에 취해 붉게 변할 것입니다.

그런데 말은 쉽지만 사랑의 질서에 의해 굴러가는 세상에서 사는 것이 쉽지만은 않습니다. 왜냐하면 사랑이라는 것은 우리에게 엄청난 것을 요구하기 때문입니다.

하루는 한 승려가 자신의 가난과 무소유를 은연중 뽐내며 조산 스님에게 묻습니다. "저, 청세는 외롭고 가난합니다. 스님께서 좀 베풀어 주십시오." 조산 스님이 그 승려를 부릅니다. "청세야!" "예." "귀하고 맛난 청원淸原의 백가주白家酒를 석 잔이나 마시고도 아직도 입술을 축이지 못했다 하시는가?"(무문관 제10칙)

사랑은 '나'마저 없어야 한다고 요구합니다. 청세 스님은 비록 자기 밖의 것에 대해서는 가난했지만, 자기 안에서는 여전히 '나'에게 사로잡혀 있었습니다. 청세라는 이름은 다만 일시적인 가명假名일 뿐, 자신의 진면목과는 아무런 상관이 없습니다. 그런데도 "청세야!"라는 부름에 "네."라고 응답함으로써 아직 '나'가 남아 있고 또 여전히 소유의 올가미에 걸려 있음을 스스로 실토하고 맙니다.

청원의 명주인 백씨 집안의 술 백가주는 일상에서 맛보는 세상의 참모습, 있는 그대로의 모습을 의미합니다. 불법佛法 아닌 것이 없는 세상에는 처처處處에 자비 그 자체인 부처의 모습이 충만하고, 우주 법계에는 사랑과 자비의 원동력인 무아無我와 공空의 보물이 가득합니다. 이 술 석 잔이면 술맛, 곧 불법의 묘미를 알기에는 충분합니다. 그런데도 아직 입술을 축이지 못했다는 것은 흡사 물속에서 목말라 죽어 가는 물고기와 다름없는 꼴입니다.

청세는 자기 사랑에는 취했지만, 아직 차별 없는 사랑에 취하지는 않았습니다. 반면 조산과 예수는 무엇보다 사랑과 자비에 취한 사람입니다.

예수의 어머니도 마찬가지입니다. 처처에 가득한 님의 사랑에 잔뜩 취한 것입니다. 님의 사랑에 취하면 '나'가 사라집니다. '나'가 없기에 그들은 모든 것 안에서 님을 사랑하게 되고, 님 안에서 모든 것을 사랑하게 됩니다.

꿈

누군가 노래합니다.
"나에게는 꿈이 있습니다."라고.
나에게도 꿈이 있습니다.
내 꿈에 맘껏 취해 보고픈.

11

"평화가 아니라 칼을 주러 왔다."

"안에 누가 계신가?"

사람들은 왜 종교에 몸을 담을까요? 세례를 받는 사람, 삼보三寶에 귀의하는 사람들 중엔 마음의 평화와 위안을 얻기 위해 종교를 선택하고 신앙을 가지는 사람들이 있습니다. 신앙에 평화와 위안, 그리고 보살핌은 매우 중요한 요소입니다. 하지만 이것들은 어디까지나 덤으로 따라오는 것이지 이 자체가 신앙의 목적이 될 수 없고, 또 되어서는 안 됩니다.

좀 더 확장시켜 살펴보면, 만약 자신의 영혼을 구하기 위하여 하느님을 찬미하고 공경하고 믿는다면, 그 순간 하느님은 수단으로 전락해 버립니다. 기도와 전례와 같은 다양한 신심 행위 안에서 하느님은 자신의 목적을 달성하기 위한 하나의 수단 또는 기껏해야 '유일한' 수단이 되고 맙니다.

 만약 자신의 해탈을 위하여 불법승佛法僧 삼보에 귀의한다면, 그 순간 삼보는 도구로 전락해 버립니다. 부처와 그 가르침과 그 제자들이 아무리 귀한 보물이라 할지라도 기껏해야 나를 꾸미는 여러 장식품 가운데 하나의 액세서리 또는 기껏해야 특별한 액세서리가 되어 버립니다.

 하느님을 수단으로 전락시키고 삼보를 도구로 치부하는 이런 신앙은 마치 타인을 나에게 이로운 사람인가 해로운 사람인가로 가려 자기 이익을 위해 이용하고 착취하는 것과 다를 바가 없습니다. 인간은 누구나 소속에 대한 갈망을 지니고 있지만, 이런 신앙은 공동체의 이익보다는 자신의 이익을 위해 공동체를 이용하는 것에 지나지 않습니다. 타인과 공동체를 도구화하는 것입니다.

 설사 우리가 종교를 도구화할 수 있을지는 몰라도 우리 신앙의 목표인 궁극적인 실재를 자신의 이익과 이권을 위해 도구화할 수는 없습니다. 왜냐하면 이런 신앙은 속임수이기 때문입니다.

 내적인 평화와 위안만을 위해 신앙생활을 하는 사람들에게 예수가 말합니다. "내가 세상에 평화를 주러 왔다고 생각하지 마라. 평화가 아니라 칼을 주러 왔다."(마태 10,34)

예수가 주는 칼을 무서워해서는 안 됩니다. 그 칼은 피하고 도망 다녀야 할 것이 아니라 오히려 반가이 맞이해야 할 선물이자 은총입니다. 왜냐하면 그 칼은 바로 '하느님의 말씀'이라는 칼이기 때문입니다.

저자 미상의 히브리서는 하느님의 말씀이 "살아 있고 힘이 있으며 어떤 쌍날칼보다도 날카롭다."고 전합니다. 그래서 그 쌍날칼이 "사람 속을 꿰찔러 혼과 영을 가르고 관절과 골수를 갈라, 마음의 생각과 속셈을 가려낸다."고 합니다(히브 4,12).

칼은 무언가를 자르고 오려 내고 갈라서게 하지만, 그와 동시에 새로이 이어 주기도 합니다. 재단이 얼마나 정확하고 깔끔하게 되었는가에 따라 옷감이나 목재를 이어 주고 연결하는 작업도 원활하게 진행되니까요.

하느님 말씀이라는 칼도 마찬가지입니다. 그 칼은 자기 의지와 자기 이권만을 생각하는 마음을 도려내고, 내 생각대로 내 기준대로 이웃과 세상을 바라보는 마음을 잘라 냅니다.

자기 십자가는 작게 만들고 타인의 십자가를 크게 만들려는 속셈도 정확하게 가려냅니다. 그런 다음 하느님을 찬미하고 공경하고 그분께 봉사하려는 마음을 우선적으로 이어 주고, 또 그렇게 함으로써 자신의 영혼을 구하고자 하는 마음이 내 삶의 진정한 '원리와 기초'가 되도록 만들어 줍니다. 하느님 말씀은 살인도殺人刀이자 활인검活人劍입니다.

  신앙생활은 평화와 위안을 우선적으로 추구하는 것이 아닙니다. 오히려 불안과 두려움을 기꺼이 받아들이는 것입니다. 새로운 생명으로, 새로운 평화 속에서 다시 새롭게 태어나기 위해 큰 죽음마저 수용하는 용기, 대사일번 절후재소大死一番 絕後再蘇입니다. 세상이 주는 평화에서 죽고, 하느님이 주는 평화를 품고 다시 태어나는 것입니다.

  만약 지금 내 마음이 불안하고 두렵다면 감사하고 설레야 합니다. 하느님 말씀의 은총이라는 칼날이 내 마음으로 다가오고 있을지도 모르기 때문입니다. 반면 내 마음이 평화롭다면 겸손해야 합니다. 언제 또다시 그 칼이 내 마음을 찌를지 모르기 때문입니다.

  이슬람을 향한 오해와 무지에서 비롯된 "한 손엔 칼, 한 손엔 코란!"이라는 편견이 어쩌면 살아 있는 종교의 진수를 표현하는 말일 수도 있겠다는 생각이 듭니다. 물론 이 구절은 이슬람의 성전聖典 코란에도, 모슬렘(이슬람 신자)의 마음속에도 없는 말입니다. 다만 이슬람을 모르는 사람들, 이슬람을 적대시하고 두려워하는 종교인들의 마음속에만 존재하는 편견입니다. 이슬람이 무력으로 종교를 전파한다는 오해를 퍼뜨리기 위해 중세 유럽에서 지어낸 선입견일 뿐입니다.

믿음은 마음으로 들어가서 온몸으로 퍼집니다. 칼을 들고는 결코 들어갈 수 없는 곳이 마음이기 때문입니다. 하지만 하느님(알라)의 말씀이 기록된 코란 역시 칼입니다. 모슬렘의 마음을 갈라 생각과 속셈을 재단하고 새롭게 이어 주기 때문입니다.

칼로 마음의 생각과 속셈을 가려내기 위해 조주 스님이 어느 암자를 방문하여 묻습니다. "안에 누가 계십니까?" 암자 주인이 주먹을 들어 보입니다. 그러자 조주는 "물이 얕아서 배를 댈 곳이 못 되는군." 하고는 떠나 버립니다.

나른 암자에 이르러 조주는 또 묻습니다. "안에 누가 계십니까?" 그곳 암자 주인도 역시 주먹을 들어 보입니다. 그러자 조주는 "주는 것도 뺏는 것도, 죽이는 것도 살리는 것도 자유자재로군." 하고는 큰절을 올립니다. (무문관 제11칙)

암자 주인들의 주먹을 내미는 똑같은 행위에 대해 조주 스님의 반응이 상반되고 있습니다만, 그것은 사족일 뿐입니다. 핵심은 조주의 질문입니다. "안에 누가 계십니까?"

이 질문은 단순히 암자 주인을 찾는 인사가 아닙니다. 지금 여기 내 마음에 무엇이 있는지, 무엇이 있다면 그것을 보았는지를 묻는 선가禪家에 울려 퍼지는 화두의 핵심입니다. 따라서 이 물음은 우리의 마음을 찌르고 도려내고 잘라 내는 쌍날칼입니다.

여러분 마음에는 지금 무엇이 있습니까? 두 암자 주인을 향해 그들이 들어 보인 주먹이 어떻게 다른지에 대한 분별심이 있습니까, 아니면 그들 사이에 우열優劣이 있다는 차별심이 있습니까? 그도 아니면 조주 스님에게로 향해 인정과 인정하지 않음, 부정과 긍정, 질책과 칭송, 그름과 옳음, 가짜와 진짜, 얕음과 깊음에 대한 스님의 의도를 파악하려고 합니까?

만약 여러분의 마음이 '밖'으로 향하고 있다면, 불법佛法의 쌍날칼이 가만있지 않을 겁니다. 회광반조廻光返照, 곧 밖으로만 향하는 빛을 되돌려 자신의 '안'을 비추어야 합니다. 그리고 내 마음 안에 누가 있는지 보아야 합니다.

마음이라 하는 것은 본래 분별도 차별도 없고 허공처럼 광

대무변해서 아무런 걸림이 없습니다. 이런 마음을 부처의 마음, 곧 불심佛心이라 부릅니다. 이 마음에는 내 것 네 것 따로 있지 않고, 여기에 저기에 따로 있지도 않습니다. 두 암자 주인들의 마음이나 조주의 마음이나 내 마음이나 네 마음이나 부처의 눈으로 보면 모두가 다 하나입니다.

평화와 칼

한 손엔 칼 한 손엔 코란
한 손엔 살인도殺人刀
한 손엔 활인검活人劍
평화는 언제나 칼과 함께.

12

"나는 너희를 더 이상 종이라고 부르지 않겠다."

"주인장 계시오?"

우리 마음 안에는 주인을 자처하는 놈들이 많습니다. 두 놈 정도만 있으면 어느 쪽이 진짜고 어느 쪽이 가짜인지 대충 알아맞힐 수가 있을 것 같은데 워낙 많아 짐작할 수조차 없습니다.

사람들은 마음의 주인이 그때그때 바뀐다고 생각합니다. 어느 날은 사랑이 다음 날은 미움이, 또 어느 날은 기쁨이 다음 날은 슬픔이, 또 어느 날은 신뢰가 다음 날은 의혹이 마음의 주인으로 자리 잡는다는 것입니다. 그런데 이런 생각은 착각이고 오해입니다.

페르시아의 신비주의자 루미가 '여인숙'이라는 시에서 노래하듯이, 사람의 마음은 마치 여인숙과 같아서 매일 아침 새로운 손님들을 맞이합니다. 때로는 기쁨과 순간적인 깨달음과 같은 친절한 손님들이 찾아오기도 하고, 때로는 슬픔과 우울과 비열함과 같은 짓궂은 손님들이 찾아오기도 합니다. 어떤 손님이 언제 올지 예측할 수가 없습니다. 하지만 한 가지 분명한 것은 그 손님들은 잠시 머물다 곧 떠날 거라는 사실입니다.

마음의 주인은 바뀌지 않습니다. 바뀌는 것은 손님이지 주인은 항상 그 자리에 있습니다. 우리 마음은 허공과 같아서 언제나 그 자리에 있지만, 구름은 생겼다 사라지기를 반복합니다. 우리 마음은 바다와 같아서 항상 그 자리에 있지만, 파도는 왔다가 떠나기를 반복합니다.

허공에 아무리 글씨를 써도, 물 위에 아무리 글씨를 써도 이내 곧 사라지듯, 손님은 그렇게 곧 떠나갑니다. 그런데도 손님을 주인으로 착각하고 살아간다면, 이는 손님에게 안방을 내이 준 채 헛간으로 쫓겨난 주인 꼴과 같은 것입니다. 그러니 깨어 있어야 합니다. 손님이 언제 올지 모르기 때문에 주인으로서 늘 깨어 있어야 합니다.

언젠가 떠날 손님이지만, 우리는 마음에 찾아오는 다양한 손님들을 환대해야 합니다. 이것이 깨어 있는 주인이 할 일입니다. 다양한 손님들을 환대해야 하는 이유는 우리 마음이 원래부터 그렇게 태어났기 때문입니다. 허공이 먹구름 조각구름 가리지 않고 언제나 찾아오는 구름에게 자리를 양보하듯이, 바다가 큰 파도 작은 파도 가리지 않고 언제나 자리를 내어 주듯이, 우리 마음도 언제나 그 자리에서 한결같고 친절합니다.

우리 마음을 방문하는 손님들에게 불친절한 것은 주인이 아니라 종이 하는 짓입니다. 종은 주인이 하는 일을 모릅니다. 그래서 슬픔이라는 손님이 찾아오면 종은 짜증을 내고, 우울이라는 손님이 찾아오면 불평불만을 터뜨립니다. 주인이 손님을 어찌 대하든지 종은 상관하지 않습니다. 종은 다만 자기 몫을 챙기는 데 신경을 쏟을 뿐입니다. 깨어 있을 이유가 없는 것입니다.

그래서 예수는 이 세상에서 하느님에게로 건너갈 때가 가까워지자 제자들에게 말합니다. "나는 너희를 더 이상 종이라고 부르지 않는다. 종은 주인이 하는 일을 모르기 때문이다. 나는 너희를 친구라고 불렀다. 내가 내 아버지에게서 들은 것을 너희에게 모두 알려 주었기 때문이다."(요한 15,15)

청하지 않았음에도 먼저 다가와 친구가 되어 준(불청지우, 不請之友) 예수는 언제나 하느님에게서 들은 것을 친구들에게 알려 줍니다. 예수의 마음속에는 하느님의 신비로 충만하며 그 마음은 곧 하느님의 비밀스런 심연으로 통하는 열린 문입니다. 그래서 예수는 말합니다. "나는 문이다. 누구든지 나를 통하여 들어오면 구원을 받고, 또 드나들며 풀밭을 찾아 얻을 것이다."(요한 10,9)

허공과 바다와 마찬가지로 풀밭 역시 항상 그 자리에 있으며, 찾아오는 모든 이에게 자신을 온전히 친절하게 내어 줍니다. 소가 찾아와도 풀벌레가 찾아와도 사람이 찾아와도 가리지 않습니다.

하느님의 마음이 그러합니다. 하느님의 마음으로 통하는 열린 문인 예수, 하느님의 신비로 충만한 예수가 우리 마음의 주인이 다름 아닌 바로 그 친절한 하느님이라는 사실을 알려 주기 위해 우리를 친구로 초대한 것입니다.

그리스도인들은 죄인이면서 예수의 친구로 불림 받은 사람들입니다. 죄인인 까닭은 그동안 마음의 주인을 잊고 살아왔기 때문입니다. 사제나 수도자와 같은 특수한 신원과 정체성을 지닌 그리스도인만 그렇게 불림 받은 것이 아닙니다. 모든 그리스도인은 예외 없이 '누구나' 불림을 받습니다. 그렇지만 '아무나' 자기가 죄인이면서 동시에 예수의 친구로 불림 받았음을 인식하는 것은 아닙니다.

마음의 주인을 잊지 않고 예수의 친구임을 잊지 않기 위해서는 깨어 있어야 합니다. 그래서 아우구스티노는 경고하듯 탄식하듯 노래합니다. "내 안에 님이 계시거늘 나는 밖에서, 나 밖에서 님을 찾아 당신의 아리따운 피조물 속으로 더러운 몸을 쑤셔 넣었사오니! 님은 나와 같이 계시건만 나는 님과 같이 아니 있었나이다."

서암 화상은 날마다 자기 자신을 "주인장!" 하고 부르고는 스스로 "예!"라고 대답합니다. 그리고 "깨어 있어라(성성착, 惺惺著)." "예." "어느 때든 남에게 속아서는 안 돼." "예."라고 말합니다(무문관 제12칙).

서암은 자신의 마음속 주인을 향해 "주인장!" 혹은 "주인공!"이라고 부릅니다. 그 주인은 인연에 따라 여러 가지 이름으로 불립니다. 불성佛性 여래장如來藏 반야般若 여래如來 진여眞如 등과 같이 철학적 용어로도 불리고, 진인眞人이나 본래면목本來面目 등과 같이 선禪적인 용어로도 불립니다. 어느 것으로 불려도 그 마음은 부처의 마음이고, 허공과 같고 바다와 같은 마음이며, 내 마음속 주인의 마음입니다.

 우리 마음은 본래 청정하여 부처가 주인으로 머물고 있지만, 일시적으로 여러 가지 객진번뇌客塵煩惱, 곧 나그네 손님처럼 한곳에 머무르지 않고 떠도는 번뇌로 뒤덮여 있을 뿐입니다. 그 나그네 손님을 주인이라고 착각해서는 안 됩니다. 샤를 보들레르가 '여행'이라는 시에서 노래하듯, "하늘과 바다는 비록 먹물처럼 검다 해도 우리 마음은 빛으로 가득 차 있기" 때문입니다.
 허공과 바다는 늘 그 자리에 있습니다. 비록 먹물처럼 검다 해도 허공과 바다는 언제나 그 자리에 있습니다. 우리 마음도 늘 그 자리에서 한결같이 빛나고 있습니다. 오가는 손님들의 흔적 때문에 그 빛이 잠시 가려진 것입니다.

 오가는 손님에게 속아서는 안 됩니다. 손님을 주인으로 착각하기 때문에 참주인을 알아보지 못하고, 참주인을 모르기에 내 마음과 네 마음을 차별해서 다르게 보는 것입니다.
 뿐만 아니라 하늘을 나는 새와 들에 핀 꽃, 게다가 길가에 나뒹구는 돌멩이 속에 깃든 주인도 알아보지 못하는 것입니다. 그래서 아우구스티노처럼 다이토 국사도 경고하듯 탄식하듯 노래합니다. "억겁을 헤어져 있었지만 잠시도 떨어져 있지 않았으며, 하루 종일 한방에 있었지만 한 찰나도 만난 적이 없도다."

종은 주인이 하는 일을 모릅니다. 마음속 주인에게는 내 것 네 것이 따로 없습니다. 모든 것이 주인의 것입니다. 그래서 서암 스님은 지금 우리 모두를 종이 아니라 주인으로 부르고 있고, 예수는 우리 모두를 주인의 친구라고 부르는 것입니다. "주인장!"

식모 누나

부잣집 친구네 식모 누나
언제나 웃으며 우리를 맞는다.
모든 살림이 자기 것인 양
아낌없이 퍼 주며 조심스레 하는 말
"주인아줌마 없을 때 또 와!"

13

"주님께서 계셨더라면 죽지 않았을 것입니다."

"마지막 한마디를 아는구나."

    가정이든 교회든 절이든 공동체 생활을 하다 보면, 구성원들끼리 서로 다투지 않고 상처 주거나 받지 않고 갈등을 일으키지 않고 지내는 것이 거의 불가능합니다. 만약 그런 공동체가 있다면, 어쩌면 그 공동체는 죽어 있는 공동체일지도 모르겠습니다. 그런 공동체를 꿈꾼다면, 그것은 사랑을 포기하는 것이기도 합니다. 왜냐하면 사랑은 다툼과 상처와 갈등을 자양분 삼아 인내와 화해, 그리고 용서와 받아들임 속에서 자라기 때문입니다.

    요한 복음 11장에서 소개하는 한 가정 공동체도 마찬가지입니다. 서로 달라도 너무 다른 식구들입니다. 새침데기 조용한 막내 마리아, 왕언니 스타일의 활동적 언니 마르타, 그리고 그 둘 사이에 끼어 이러지도 저러지도 못하는 오빠 라자로, 이렇게 셋이 한 가정을 이루고 있습니다.

그런데 오빠 라자로가 죽습니다. 자매들의 입을 빌리면, "주님께서 여기에 계셨더라면 제 오빠가 죽지 않았을 것입니다." (요한 11,21.32) 주님이 없었기 때문에 오빠가 죽은 것입니다.

주님은 사랑입니다(1요한 4,8). 이 가정에 사랑이 없었기 때문에 오빠가 죽습니다. 성경에는 이 가정에 대해 더욱 상세하게 알 수 있는 내용이 있습니다(루카 10,38-42).

이 가정에 손님이 찾아왔을 때, 언니 마르타는 음식 준비와 설거지 등과 같은 갖가지 시중드는 일로 분주하지만, 동생 마리아는 손님 발치에 앉아 느긋하게 대화를 나눕니다. 언니는 불만을 토로합니다. 동생더러 도와달라고 합니다. 하지만 동생은 못 들은 척하고, 손님은 오히려 언니를 타박합니다.

설거지를 하는 내내 아무것도 도와주지 않는 동생을 원망하는 언니의 마음속에 과연 무엇이 싹트게 되었을까요? 언니의 불만과 원망을 먹고 사는 동생의 마음속에는 무엇이 자라게 되었을까요? 이 두 동생을 바라보는 오빠의 마음은 어떠했을까요? 이 가정에는 인내와 화해, 그리고 용서와 받아들임이 없었습니다. 그래서 오빠가 죽습니다.

그런데 오빠 라자로가 다시 살아납니다. 라자로의 부활은 하느님 사랑의 현존을 뚜렷하게 드러내는 예수의 방문을 통해 이루어집니다. 부활은 세상의 마지막 날에 누리게 되는 것이기도 하지만, 그와 동시에 사랑 자체인 하느님을 향해 결단을 내리는 순간부터 누리게 되는 지금 여기에서의 현실이기도 합니다. 인내와 화해, 용서와 받아들임의 실천이라는 사랑의 결단 말입니다. 그 사랑이 다시 찾아오자, 다시 말해 이 가정이 사랑을 향해 결단을 내리고 사랑을 받아들이자 오빠는 다시 살아납니다.

저는 오래전부터 죽음을 앞둔 오빠 라자로의 '마지막 한마디'가 매우 궁금했습니다. 마지막 가쁜 숨을 몰아쉬며 오빠는 동생들에게 무슨 말을 남겼을까요?

최근에 저와 매우 가까운 두 사람의 마지막을 함께했습니다. 초등학교 소꿉친구와 20여 년을 같은 공동체에서 지냈던 동료의 죽음입니다. 그들은 아무 말도 하지 못했습니다. 마지막 말은 거친 숨소리뿐이었습니다.

비록 죽음을 앞둔 사람이 거친 숨소리뿐 아무 말도 하지 못하더라도 우리는 압니다. 그들이 무슨 말을 하려는지. 마지막 한마디는 사랑입니다. 용서입니다. 미안함입니다. 그 외에 무슨 말이 더 필요하겠습니까? 오빠 라자로의 마지막 한마디도 그러했을 것입니다.

마지막 한마디와 관련해서 스승인 덕산 스님과 제자인 암두 스님 사이의 이야기가 있습니다. 어느 날 덕산 스님이 발우를 들고 방을 나섭니다. 한 제자가 묻습니다. "스님, 아직 종도 울리지 않고 북도 치지 않았는데 발우를 들고 어디를 가십니까?" 덕산이 말없이 방으로 되돌아갑니다. 제자가 이 일을 사형인 암두 스님에게 알리자, 암두가 말합니다. "위대한 덕산 스님이 아직 '마지막 한마디'(말후구, 末後句)를 알지 못하는구나."(무문관 제13칙)

'마지막 한마디'末後句는 몇 가지 의미를 지니고 있습니다. 진리를 크게 깨친 사람이 설하는 궁극적 진리를 가리키기도 하고, 죽음을 앞두고 설하는 열반게송을 가리키기도 합니다. 암두 스님이 즐겨 사용한 '마지막 한마디'는 물론 전자를 의미합니다만, 살아생전에 깨친 궁극적 진리와 죽음을 앞둔 열반게송은 별반 다르지 않습니다. 마지막 순간 무슨 말을 더할 수 있겠습니까?

　여러분이라면 죽음을 앞두고 무슨 말을 남기겠습니까? 가장 소중한 한마디, 평소 가슴에 품고 다니던 한마디, 사랑하는 사람들에게 꼭 들려주고 싶은 한마디가 아니고 무엇이겠습니까? 그 한마디가 바로 여러분이 체득한 진실이자 진리입니다.

　2011년 EBS 방송의 '지식채널e'는 "남겨진 말"이라는 주제로 죽음의 순간에 마지막 한마디를 남긴 인물들에 대해 소개한 적이 있습니다. 치열한 삶을 살다 묘비명에 남긴 그들의 남겨진 말들은 삶에 대한 사랑과 예찬, 그리고 삶과 죽음을 아름답게 가꾸어 가는 '삶의 기술'을 한마디로 요약하고 있습니다. 죽음을 눈앞에 두고서 깨달은 그들만의 고유한 삶의 진실입니다.
　그 가운데 하나만 소개하자면, 프리드리히 니체는 다음과 같은 말을 남깁니다. "이제 나는 명령한다. 차라투스트라를 버리고 그대 자신을 발견할 것을."

　마지막 순간 마지막 한마디는 우리가 평소 품고 다니던 생각 그 자체입니다. 우리는 생각의 높이 만큼밖에 볼 수 없고,

생각의 깊이 만큼밖에 말할 수 없습니다. 우리의 삶과 죽음은 생각의 수준을 넘어설 수 없기 때문입니다.

그런데 죽음은 한 호흡 사이에 있습니다. 한 번 들이쉰 숨을 내쉬지 못하면 죽음입니다. 한 번 내쉰 숨을 들이마시지 못하면 죽음입니다. 죽음은 우리 곁에 너무 가까이 있습니다. 그렇게 가까운 곳에, 지금 이 순간 들이쉬고 내쉬는 한 호흡 사이에 죽음이 있습니다.

삶이 곧 죽음입니다. 어쩌면 일상의 삶 속에서 한 호흡 사이에 내뱉는 한마디가 곧 나의 마지막 한마디일 수도 있습니다.

우리가 공동체 생활을 하면서 아무리 소임을 잘 완수하더라도, 아무리 규율을 잘 엄수하더라도, 아무리 기도 시간을 잘 지키더라도 다른 동료를 받아들이지 못하고 인내하지 못하고 용서하지 못한다면 무슨 소용이 있겠습니까?

직장에서 일을 마치자마자 곧바로 집으로 돌아오는 가정적인 남편이라 하더라도, 아내를 자녀를 부모를 있는 그대로 사랑하지 못한다면 아무것도 아닙니다.

지금 이 순간 나의 한마디, 나의 한 몸짓, 나의 한 생각이 내가 잠시 다니러 온 이 세상에 남기는 마지막 한마디입니다.

마지막 한마디

사랑하는 이에게
무슨 말을 남기고 싶으신가요?
시작과 끝은 따로 있지 않아요.
시작이 있고 시간이 지난 뒤
그렇게 한참 흐른 뒤
끝은 우리를 기다려 주지 않아요.

지금이 시작이고
지금이 끝입니다.
하고 싶은 말
남기고 싶은 말
지금 하지 않으면
시작도 끝도 동시에 사라질 거예요.

14

"신을 벗어라."

"머리에 신어라."

많은 신화나 전설, 그리고 동화에는 신발과 관련된 이야기가 종종 등장합니다. 그리스 신화의 영웅 이아손의 외짝 가죽신에서부터 신데렐라의 유리 구두에 이르기까지, 그리고 바리공주의 무쇠 신발에서부터 콩쥐의 꽃신에 이르기까지 신발은 신화나 동화의 중요한 이야깃거리를 제공합니다. 그렇다고 해서 신발이 동일한 의미와 상징을 지니지는 않습니다. 이야기마다 독특하고 고유한 소재로 사용되고 있습니다.

사람이 신는 신발은 인체 중에서 가장 낮은 곳에 자리합니다. 지면에 맞닿아 있습니다. 반면 모자는 가장 윗자리를 차지하고 하늘과 연결되어 있습니다. 그래서인지 모자가 권위를 상징하는 데 자주 사용되는 반면, 신발은 고난과 역경을 상징하는 데 사용되기도 합니다. 게다가 모자가 닳는다는 소리는 듣지 못했어도, 신발은 늘 닳고 해지고 더럽혀집니다.

그렇다고 신발이 항상 보잘것없는 의미로만 사용되는 것은 아닙니다. 옛날에 노예는 신발을 마음대로 신지 못했기 때문에 신발을 신은 사람은 노예가 아니라 자유인이라는 표시이기도 했습니다.

신발의 역할 가운데 독특한 것 하나는 신발이 사람과 땅 사이를 갈라놓는다는 점입니다. 그로 인해 좋든 싫든 우리는 자연과의 직접적인 접촉으로부터 벗어나게 됩니다. 시인 홉킨스Gerard Manley Hopkins는 '하느님의 위대함'God's Grandeur이라는 시에서 이렇게 노래합니다.

온 세내들이 짓밟고, 짓밟고, 짓밟아 왔다;
모든 만물이 거래로 인해 말라 버렸고, 오염되었으며,
수고하는 것으로 더럽혀졌다.
인간의 얼룩을 지니고 있고 인간의 냄새가 나고; 땅은
헐벗어 있다. 그런데도 인간의 발은 느끼지 못한다. 신발을 신고 있기에.

신발이 사람과 땅 사이를 갈라놓듯이, 언어로 대표되는 상징은 사람과 궁극적 실재 사이를 갈라놓습니다. 아무리 고귀하고 위대한 말이나 개념이라 할지라도 언어는 상징일 뿐 초월적이고 궁극적인 실재가 아닙니다.

'하느님'이라는 이름조차 '부처님'이라는 이름조차 하나의 상징일 뿐 우리가 직접 체험하는 실재 그 자체는 아닙니다. 우리가 임시로 그렇게 부르기로 약속한 것입니다. 이를 가명 假名이라고 합니다.

우리가 사용하는 말이나 개념은 실재를 온전히 드러내기에 턱없이 부족하고 한계가 많습니다. 그렇지만 언어에 길들여진 우리는 상징이 상징임을 망각한 채 절대적 실체로 착각하면서 절대화합니다. 말과 개념에 얽매여 실재를 놓쳐 버리는 실수를 반복합니다. 게다가 상징을 절대화하게 되면서 정작 상징을 만든 사람이 상징의 노예가 되기도 합니다. 가히 객반위주客反爲主라 할 만합니다.

물론 신발 없이 맨땅을 걷는 것이 불편하고 위험하듯, 아무런 상징 없이 초월적 실재를 마주하는 것도 그렇습니다. 보이지 않는 실재를 매개해 주는 보이는 상징이 없다면 종교 생활은 불가능합니다. 그리스도인들은 성경으로 대표되는 수많은 상징을 통해, 불자들은 팔만사천법문으로 대표되는 수많은 상징을 통해 실재를 만납니다. 그렇지만 상징은 어디까지나 상징일 뿐입니다.

호렙 산 불타는 떨기나무 한가운데서 누군가가 모세를 부릅니다. 그리고 "네가 서 있는 곳은 거룩한 땅이니, 네 발에서 신을 벗어라."(탈출 3,5)고 말합니다. 신발을 벗어 던지고 직접 만나자는 초대입니다. 너와 나 사이를 갈라놓는 모든 상징을 벗어 던지고 직접 마주하자는 초대입니다. 상징으로 말미암아 실재의 영역을 더 이상 더럽히지 말라는 경고이기도 합니다.

상징은 강을 건너기 위한 뗏목입니다. 상징은 달을 가리키는 손가락입니다. 신발을 벗는 것은 강 너머의 공간으로 건너오라는 초대이며, 손가락이 아니라 달을 보라는 호소입니다.

모세는 신발을 벗음으로써 그가 서 있는 장소가 하느님이 머무는 곳임을 자각합니다. 비단 떨기나무 앞만 그런 것이 아닙니다. 그가 서 있는 모든 장소가 하느님이 머무는 곳입니다. 하느님 은총의 손길이 닿지 않는 더러운 곳이 따로 있고, 하느님이 계시는 거룩한 곳이 따로 있는 것이 아니기 때문입니다.

산 위 떨기나무 앞이든 산 아래 푸줏간이든 하느님에게는 아무런 상관이 없습니다. 모든 세계가 하느님 현존의 장소입니다. 다만 하느님 현존을 보는 사람과 보지 못하는 사람의 차이가 있을 따름입니다.

거룩한 곳이기 때문에 하느님을 만나는 것이 아닙니다. 하느님을 만나는 곳이기 때문에 거룩한 장소입니다. 교회 건물을 아름답게 만드는 것은 대리석이나 스테인드글라스가 아니라, 그곳에서 사랑의 하느님을 만나기 때문입니다. 대리석으로 짓고 은은한 스테인드글라스로 장식한 성전일지라도 강도들이 드나들면 강도의 소굴(마태 21,13)이 될 뿐입니다. 기도하는 집과 강도의 소굴은 따로 구별되어 있는 것이 아닙니다.

아름다운 건 아름다움이 본래 정해진 곳에 있어서 그런 것이 아니라, 아름다움을 받아들인 마음 때문에 생기는 것입니다. 성지가 자리 잡은 산과 강에서 불어오는 평온한 바람과 맑은 기운이 성자를 만드는 것이 아니라, 성자의 숭고한 삶으로 인해 거룩함이 그곳에 머무는 것입니다.

이와 같이 하느님과 사람의 상호 협동에 의해 삼라만상 모든 곳이 다름 아닌 성사적 세계임을 모세는 신발을 벗음으로써 선포합니다. 일상이 곧 성사입니다.

모세가 신발을 벗고 산 위에 계속 서 있었다면 조주 스님은 신발을 벗어 머리에 이고 미련 없이 산을 내려와 버립니다(무문관 제14칙).

상징이 사람을 위해 만든 것이듯 신발은 원래 발을 보호하기 위해 만든 것입니다. 신발은 발을 위한 것이지 머리를 위한 것이 아닙니다. 이것은 사람들이 만든 약속이자 습관입니다. 조주 스님은 이를 뛰어넘습니다. 일체의 상징을 뛰어넘고 일체의 분별에서 떠나 있기에 약속과 습관을 뒤집어 놓을 수 있었던 것입니다.

종교적 인간만이 거룩한 곳과 세속적인 곳을 분별합니다. 그들은 거룩한 곳 따로, 세속적인 곳 따로 있다고 생각합니다. 이러한 분별은 인류의 아득한 신화시대로부터 고대 사회를 거쳐 전근대 사회에 이르기까지 인류의 생존 전체에 걸쳐 주된 종교적 가치입니다. 그래서 종교적 인간은 그들이 생각하는 거룩한 공간을 코스모스로, 세속적인 공산을 카오스로 규정하고, 그 둘 사이의 끊임없는 대립 속에서 살아갑니다. 그리고 코스모스와 카오스처럼 머리와 발 역시 대립되는 것으로 규정합니다.

발에 신는 신발을 머리에 임으로써, 다시 말해 카오스와 코스모스를 뒤집어 놓음으로써 조주 스님은 이 대립의 세계로부터 해방되었음을 선언합니다. 어쩌면 조주의 견지에서는 카오스와 코스모스가 하나로 보였을지도 모르겠습니다. 사과와 귤을 과일이라는 틀에서 보면 하나이듯, 사과와 고양이를 생물이라는 틀에서 보면 하나이듯, 사과와 돌을 물질이라는 틀에서 보면 하나이듯, 너와 나가 하나이듯 말입니다.

'틀'을 부수고 넓히면 맘껏 뛰어다닐 수 있는 '뜰'이 됩니다. 신발을 머리에 임으로써 조주는 진리는 성聖과 속俗을 분별하지 않을 뿐더러, 사실상 그 둘이 따로 있지도 않다는 것을 귀띔해줍니다. 진리는 사람이 만든 틀 속에 갇혀 있지 않기 때문입니다.

조주가 신발을 머리에 이기 전에 스승인 남전 스님은 대중들 앞에서 살아 있는 고양이를 칼로 베어 버립니다. 이 끔찍한 행동은 제자들로 하여금 분별과 차별의 마음을 남김없이 끊어 버리라는 의미로 휘두른 자비로운 스승의 살인도殺人刀였습니다. 하지만 조주 외에는 아무도 스승의 칼이 활인검活人劍이라는 것을 알지 못합니다. 스승의 칼날이 우리를 향해서도 놓여 있습니다. 그 칼이 살인도가 될지 활인검이 될지는 우리의 선택입니다.

새와 똥

집 앞에 놓인 내 차는 새들의 놀이터
사이드 미러에 비친 제 모습이 신기해
자꾸만 자꾸만 똥을 눈다.
새들에겐 똥이 더러울 리 없으니.

15

"가라 하면 가고 오라 하면 옵니다."

"이 밥통 같은 놈!"

EBS 다큐프라임 '왜 우리는 대학에 가는가?'에 나온 장면입니다. 2010년 11월 서울에서 개최된 G20 정상회의 폐막식에서 연설을 마친 오바마 대통령이 개최국에 대한 배려 차원에서 한국 기자들에게 질문의 기회를 주었습니다. 하지만 아무도 질문하지 않았습니다. 한동안 정적만이 맴돌았습니다. 한국 기자들이 오바마 대통령의 시선을 피해 고개를 숙인 채 속으로 식은땀을 흘리고 있던 그때, 기자 한 명이 손을 들어 말했습니다. "실망시켜 드려 죄송하지만 저는 중국 기자입니다. 제가 아시아를 대표해서 질문해도 될까요?"

왜 이런 일이 벌어졌을까요? 한국 기자들은 왜 아무도 질문하지 않았을까요? 질문을 하지 않은 것이 아닙니다. 못했던 것입니다. 한 나라의 대통령이 자신의 고상한 질문에 대답을 못하고 쩔쩔매면 어쩌나 하는 염려와 배려 차원에서 질문하지 못했을 것이라고 자위해 봅니다. 이 자위는 제가 그 자리에 있었더라도 그들과 똑같이 질문을 하지 못했을 것이라는 동질감으로부터 나온 자괴감의 표현입니다.

그런데 상황이 바뀌어 만약 오바마 대통령이 기자들을 향해 질문을 던졌더라면, 어떤 일이 벌어졌을지 상상해 봅니다. 모르긴 몰라도 한국 기자들이 가장 먼저 손을 들어 초등학교 교실 풍경처럼 "저요, 저요!"를 외쳤을 것입니다. 그들은 지금까지 질문을 던지는 '주인'으로 단 한 번도 살아 보지 못했고, 언제나 대답만 하는 '노예'로 살아왔으니까요.

노예의 삶이 어떤 것인지를 성경에 등장하는 한 백인대장이 다음과 같이 묘사합니다. "가라 하면 가고 오라 하면 오고… 이것을 하라 하면 합니다."(마태 8,9) 이들 노예들은 질문을 던질 줄 모릅니다. "이것이 맞나요?" "이렇게 하면 되나요?"와 같이 주인의 뜻에 들어맞는지 맞지 않는지를 확인하는 차원의 질문밖에 던지지 못합니다.

질문이라고 모두가 질문인 것은 아닙니다. 질문이란 호기심과 궁금증이 자기 내면에 더 이상 머물지 못하고 용암처럼 밖으로 분출된 것입니다. 이런 질문은 세상을 집어삼킬 정도로 뜨겁고 열정적이며 살아서 꿈틀거립니다. 하지만 노예의 질문은 차갑고 그 속에는 아무런 생명력이 없습니다. 자신의 생각을 당당하게 던지는 것이 주인의 태도라면, 타인의 생각을 맹목적으로 받아들이는 것은 노예의 태도입니다.

성경에는 질문보다 대답하는 장면들이 많이 나옵니다. 아브라함은 '예'라고 대답함으로써 어디로 가는지도 모르면서 고향을 떠나고, 말할 줄 모른다고 하던 예레미야와 이사야도 '예'라고 응답함으로써 자신들의 소명을 발견합니다.

무엇보다 예수의 어머니가 될 마리아는 천사의 방문에 '예'라고 대답함으로써 구원의 역사에 참여하게 됩니다. 그런데 이런 대답에는 생명력이 들어 있습니다. 왜냐하면 이들은 모두 '예'라고 대답하기 전에 먼저 질문을 던졌기 때문입니다.

이들이 던진 질문은 하느님과의 특별한 만남이 이루어질 때 자연스럽게 생기는 다음과 같은 호기심과 궁금증이 표출된 것입니다. "당신은 누구신가요?" "어떻게 그런 일이 있을 수 있나요?" "당신은 저를 사랑하시나요?"

하느님과의 만남이 이루어지는 장소는 거의 대부분 자신

의 내면입니다. 그래서 이 질문들은 자신의 마음 깊숙한 곳에서 들려오는 소리이고, 결국 하느님과의 만남이란 자기 자신과의 특별한 만남이기도 한 것입니다. 이 만남을 통해 우리는 어쩔 수 없이 마주할 수밖에 없는 하나의 질문 앞에 서게 됩니다. "나는 누구인가?"

대답하기 어려운 이 질문 앞에서 어떤 사람은 쉬이 포기하고, 또 어떤 사람은 한동안 머물고 깊이 고민합니다. 나는 누구이고, 어디서 왔으며, 언제 어디로 가는가? 한 가지 분명한 것은 이 질문으로부터 도망치지 않을 때 우리는 하느님과 자신을 향해 열려진 삶을 살게 되고, 또 열려진 삶은 세상 속에서 온전히 '예'의 삶으로 이어진다는 사실입니다.

자기 내면에서 하느님과 자신을 만나 질문하고 세상 속에서 대답하는 사람, 곧 스스로 질문을 던지고 자기 고유한 목소리로 대답하는 사람만이 주인으로, 자기 자신으로, 독립적 주체로 존재합니다.

그런데 질문을 던지는 것은 누구나 할 수 있습니다. 하지만 삶 속에서 대답을 찾는 사람은 아무나 할 수 없습니다. 그래서 마리아도 구원의 역사를 몸소 살아 내기 위해 "보십시오, 저는 주님의 종입니다. 말씀하신 대로 저에게 이루어지기를 바랍니다."(루카 1,38)라고 삶 속에서 응답할 수 있었던 것입니다.

어느 날 동산 스님이 스승 운문 스님을 참례하였을 때, 운문이 묻습니다. "어디에서 왔는고?" "사도查渡에서 왔습니다." "여름은 어디에서 지냈는고?" "호남의 보자사報慈寺에서 지냈습니다." "언제 그곳을 떠났는고?" "8월 25일입니다." 그러자 운문이 말합니다. "세 차례나 두들겨 팰 걸 참는 것이니 물러가거라."

다음 날 동산은 스승을 다시 찾아가 묻습니다. "어제 세 차례나 맞을 짓을 했다 하시는데, 저는 제 잘못이 무엇인지 모르겠습니다." 그러자 운문이 말합니다. "이 밥통 같은 놈! 강서와 호남을 그런 식으로 헤매고 다녔는고?"(무문관 제15칙)

어디에 있었고 어디서 왔으며 언제 떠났느냐 하는 물음은 다름 아닌 "너는 누구인가?"라는 질문입니다. 이 질문은 타인이 던지고 내가 답하는 성질의 것이 아닙니다. 자기 스스로 던지고 삶 속에서 직접 대답을 발견하고 살아 내야 하는 전 생애에 걸쳐 있는 문제, 곧 "나는 누구인가?"라는 물음입니다.

종도 울리지 않고 북도 치지 않았음에도 발우를 들고 공양처로 간 덕산 스님(무문관 제13칙)의 예에서 볼 수 있듯이, 종소리나 북소리는 밖에서만 울리는 것이 아니라 자기 안에서도 울립니다. 자기 내면에서 들리는 이 소리에 귀를 기울여야 노예가 아닌 주인으로 살 수 있습니다.

동산 스님은 아마도 밤새 고민하느라 한순간도 눈을 붙이지 못했을 겁니다. "도대체 무엇을 잘못했단 말인가?" 이 물음 역시 자신의 내면에서 스스로 던지는 질문이 아닙니다. 스승의 시선으로, 스승에게 얽매인 채 자기를 바라보고 있기 때문에 마지못해 나오는 질문입니다. 밖에서 들리는 종소리와 북소리에 귀를 기울이는 한, 다시 말해 타인의 눈으로 자기를 보는 한 여전히 노예의 신분을 벗어날 수 없습니다. 자신의 눈으로 보고 고민한 뒤에 던지는 물음이 주인만이 할 수 있는 고유한 질문입니다.

우리 모두는 본래부터 주인입니다. 그러나 대부분 노예로 살고 있습니다. 노예로 살아도 불편하지 않습니다. 나만 노예가 아니라 거의 대부분 사람들이 똑같기 때문에 자존심이 상하지도 않습니다. 우리를 주인공이라 부르며 격려와 재촉을 아끼지 않는 '초발심자경문'初發心自警文은 그래서 짠하게 들릴 뿐입니다.

"주인공아, 그대가 사람의 몸을 받아 태어난 것은 눈먼 거북이가 구멍 뚫린 나무를 만나는 것처럼 어려운 일이다. 한평생이 얼마나 되기에 도를 닦지는 않고 게으름만을 부릴 것인가? 사람으로 태어나기 어렵고 불법을 만나기는 더욱 어렵나니, 금생에 도를 닦지 않고 헛되이 죽어 버리면 만겁을 지나도 다시 만나기 어려우니라."

노배우의 포효

평생 주인공 소리 듣지 못한 늙은 배우
마침내 드디어
드라마 주인공이 되어 하인을 부른다.
기왓장이 놀라 떨어지고
서까래가 두려워 무너질 만큼
우렁찬 목소리로
"이리 오너라!"

16

"저 사람은 어째서 눈먼 사람으로 태어났습니까?"

"온몸으로 보아라."

초등학교에 들어가면 글눈이 뜨입니다. 사춘기가 되면 이성에 눈이 뜨이고, 이십 대에는 사랑에 눈을 뜨던지 혹은 사랑에 눈이 멀기도 합니다. 그렇다면 삶에 눈을 뜨는 것은 언제부터일까요?

우리는 일상 속에서 자주 눈이 멀고 귀가 닫히지만, 우리 곁에는 태어나면서부터 눈이 멀고 귀가 닫힌 사람들도 있습니다. 우리 모두가 바로 그 사람들입니다. 왜냐하면 우리는 태어나면서부터 어느 한곳에 갇혀 다른 것을 못 보고 살아가기 때문입니다.

우리는 아이의 궁궐인 자궁에 들어서는 순간부터 일정한

사회적 정치적 문화적 민족적 종교적 틀 속에 자리 잡게 됩니다. 열 달이 지나 이 궁궐로부터 벗어나는 순간에도 우리는 이 틀로부터는 해방될 수 없습니다. 그러다 시간이 지나면 지날수록 이 틀 안에서 일정한 이념이나 제도, 그리고 가치에 서서히 젖어 들게 됩니다. 일종의 중독이고 최면에 걸리는 것입니다. 그리고 중독 혹은 최면 상태에서 매사에 기계적으로 반응하고 선택하며 아무 일 없다는 듯이 살아갑니다.

우리 모두는 태어나면서부터 눈이 멀게 됩니다. 그리고 점점 더 멀게 됩니다. 우리가 태어나는 사회와 문화, 그리고 인종과 종교의 틀 안에서 특정한 가치를 지니게끔, 일정한 사유와 행동을 하게끔 영향을 받고 조건 지워집니다.

사회의 교통 신호 체계에 익숙해지고, 버스나 지하철에서는 누군가에게 자리를 양보해야 하며, 지연과 학연에 따라 인간관계를 형성하게끔 움직입니다. 물론 이러한 것들은 일종의 약속입니다. 이런 것들에 익숙해지는 것은 우리의 생활을 편리하고 안전하게 이끌고 갑니다.

그렇지만 익숙한 것에 안주하게 되면 우리의 시력은 점점 더 약화되고 악화됩니다. 우리 생활에 만연되어 있는 중독 현상과 최면 상태를 의식하지 못하고 살아간다면, 그리하여 중독이나 최면에 걸린 채로 자기 앞에 펼쳐진 길을 따라 뚜벅뚜벅 걷다 보면, 결국 우리는 위험한 절벽 아래로 떨어지게 됩니다.

우리 스스로가 여러 방면으로 얽매어 있고 편향되어 있다는 사실을 인지하지 못하는 것입니다. 자기도 모르게 공산당은 무조건 싫다고 말하고, 대부분의 일본 사람은 나쁜 사람이며, 나와 피부 색깔이 다른 사람을 멀리해야 하고, 더군다나 종교가 다른 사람과는 가능하면 결혼을 하면 안 된다고 생각합니다.

중독과 최면 현상은 비밀스럽게 진행됩니다. 그리고 속삭입니다. 남들도 모두 똑같이 중독되어 있고 최면에 걸려 있으니 걱정할 필요가 없다고 말이죠. 이 속삭임에 현혹된 사람들은 중독이나 최면이라는 말을 사용하는 대신 관습이니 전통이니 문화라는 말을 사용하길 좋아합니다.

게다가 이 보는 것이 비밀에 붙여지기를 간절히 원합니다. 비밀에 붙여지기를 원하고 꼬드기는 것으로부터 볼 때, 사회적 중독과 최면 현상은 어쩌면 '악한 영' 또는 마구니들의 전략일지도 모릅니다.

이냐시오가 그의 「영신수련」에서 간파하고 있듯이 인간 본성의 적은 올바른 영혼을 사악함과 흉계로 유혹할 때, 그것들이 비밀스럽게 받아들여지고 또 비밀에 붙여지기를 간절히 바랍니다. 그 탓인지 우리들 대부분은 이러한 중독과 최면, 그리고 그로 인한 편견과 선입견 속에서 비밀을 지키고 침묵한 채 눈이 먼 줄도 모르고 그럭저럭 살아갑니다. 예전부터 현자들은 이런 삶을 마야maya나 환상, 혹은 꿈으로 묘사해 왔습니다.

노벨 문학상을 수상한 포르투갈의 작가 주제 사라마구Jose Saramago는 「눈먼 자들의 도시」라는 소설에서, 태어나면서부터 눈이 멀게 되는 중독 현상을 다른 말로 표현합니다. 전염!

이 소설에서 눈이 먼 주인공이 아내에게 말합니다. 눈이 멀어서 두렵다고 말이죠. 그런데 그의 아내는 보이기 때문에 두렵다고 말합니다. 모든 사람들이 눈이 멀었는데, 혼자만 볼 수 있다는 것이 얼마나 두렵고 외로운지! 가장 두려운 것은 오직 자기만 볼 수 있다는 사실입니다.

이 소설의 마지막 부분에서 단 한 사람의 눈 뜬 자였던 아내가 말합니다. "나는 우리가 눈이 멀었다가 다시 보게 된 것이라고 생각하지 않아요. 나는 우리가 처음부터 눈이 멀었고, 지금도 눈이 멀었다고 생각해요. …볼 수는 있지만 보지 않은 눈먼 사람들이라는 거죠."

제자들이 예수에게 질문을 던집니다. "스승님, 누가 죄를 지었기에 저이가 눈먼 사람으로 태어났습니까?"(요한 9,2) 우리가 눈먼 사람으로 태어난 것은 누구의 죄가 아닙니다. 중독 또는 최면이고 습관이며 전염이자 틀 속에 갇힘이기에 우리 모두의 무지 탓입니다.

예수의 제자들이 던진 질문에 운문 스님이 대신 나서서 그들에게 되묻습니다. "세계는 이처럼 광활한데, 어째서 종소리가 나면 가사를 입는가?"(무문관 제16칙)

우리는 광활하고 탁 트인 대자유의 세계 속에 살고 있습니다. 대자유의 세계 속에서 대자유인으로 살도록 불림을 받았습니다. 그 세계는 너무나 친절해서 늘 우리와 함께 있고 우리에게 모든 걸 드러내 줍니다. 그래서 모든 것 안에서 세계의 실상, 곧 진리를 찾을 수 있고, 진리 안에서 모든 것을 볼 수 있습니다. 하지만 우리는 일정한 사유와 행동의 틀에 중독 또는 최면에 걸린 상태에서 기계적으로 듣고 보고 선택하고 행동합니다. 종소리가 들리면 조건 반사적으로 가사를 걸치고 밖으로 나가는 것처럼 말이죠.

운문 스님이 말하는 종소리는 소리를, 가사는 모양을 상징하는 것이 아닐까 합니다. 길을 걷다 우연히 꽃을 봅니다. 그 꽃의 색깔에 취해 아름다움에 머문다면, 우리는 모양에 갇힌 것입니다. 산길을 걷다 우연히 새 소리를 듣습니다. 소리에 취해 그곳에 머문다면 우리는 소리에 갇힌 것입니다.

소리를 소리로, 모양을 모양으로 인식하는 것은 자연스럽습니다만, 우리가 의식하지 않은 채 소리와 모양을 구분하고 그곳에 머물고 매인다면, 중독이나 최면에 걸린 상태로 살아가는 것이나 다름없습니다. 우리가 일정한 사유와 행동의 틀에 중독되어 있듯이, 우리는 소리와 모양의 일상적 습관에도 중독되어 있기 때문입니다.

소리를 듣되 그 너머의 것을 보고, 모양을 보되 그 너머의 것을 듣는 안목이 절실합니다. 꽃을 보면서 진리가 포효하는 대자유의 목소리를 들어야 하고, 새의 노래를 들으면서 도$道$가 펼쳐진 세계의 광활함을 보아야 합니다. 눈으로 들어야 하고 귀로 보아야 합니다. 눈으로 듣고 귀로 보는 것은 눈으로는 보기만 하고 귀로는 듣기만 한다는 틀을 초월하여 온몸으로 듣고 본다는 의미입니다.

일상 속에서 수없이 경험하듯이 눈으로만 보고 귀로만 듣는다고 해서 우리가 온전히 보고 듣는 것은 아닙니다. 마찬가지로 머리로만 이해한다고 해서 이해한 바를 반드시 따르지도 못합니다. 온몸으로 보고 듣고 이해해야 합니다. 그래야 내 것이 됩니다. 온몸이 바로 귀이고 눈이기 때문에 우리는 온몸으로 깨달아야 합니다. 만약 소리와 모양을 구분하여 소리는 귀로만 모양은 눈으로만 인식해야 한다고 틀을 만들어 버리면, 우리는 눈이 멀고 귀가 닫힌 상태로부터 해방되지 못한 것입니다.

심청의 아버지 심 봉사가 태어나면서부터 눈이 멀었는지, 아니면 우연한 기회에 눈이 멀게 되었는지 분명하지는 않습니다만, 마음이 밝고 맑은 '심청'心淸과 마음이 어둡고 탁한 '心 봉사'를 대비시킨 것은 기가 막힐 정도로 절묘한 배치입니다.

마음이 어두우면 소리와 모양을 차별하고 분별하는 중독과 최면으로부터 빗어닐 수 없습니다. 이것이 불교에서 말하는 '무명'無明, 곧 막히고 갇히고 오염된 상태를 일컫는 것입니다. 이것이 그리스도교에서 말하는 '원죄', 곧 거짓이고 배신이고 죄의 얼룩이고 타락의 상태입니다.

예수가 걸어가는 길가에 태어나면서부터 눈먼 사람이 앉아 있습니다. 제자들이 다시 묻습니다. "스승님, 누가 죄를 지었기에 저이가 눈먼 사람으로 태어났습니까?" "하느님의 일이 저 사람에게서 드러나려고 그리된 것이다."

하느님은 너무나 친절해서 당신의 일을 누구에게나 드러냅니다. 하지만 아무에게나 드러나지는 않습니다. 우리 마음은 원래 밝고 맑습니다. 우리 모두는 원래 심청으로 태어났습니다. 그래서 우리는 하느님의 현존을 모든 것 안에서 발견할 수 있고, 또 하느님 안에서 모든 것을 발견할 수 있습니다. 모든 것 안에서 하느님을 보고 듣지 못한다면, 하느님 안에서 모든 것을 보고 듣지 못한다면, 그것은 우리가 친절한 하느님을 버렸기 때문입니다. 본래의 밝고 맑은 마음을 잃어버린 것입니다.

눈먼 사람

무엇을 보고 무엇을 듣고 있나요?
길가에 핀 코스모스를 보고 그 아름다움에 취한다면
지붕 위 새소리를 듣고 그 상큼함에 머문다면

정작 보고 들어야 할 것을 놓친 것은 아닐까요.
만약 꽃과 새를 만드신
하늘에 계신 하느님께 영광과 찬미를 드린다면
정작 만나야 할 분을 잊은 것은 아닐까요.
하느님은 멀리 계시지 않고
집에 사무실에 미용실에 길가에 지붕 위에
언제나 홀로 서 계시니까요.

17

"어찌하여 저를 버리셨나요?"

"내가 버린 것이 아니라 네가 나를 버린 것이다."

세상에 버림받는 이들이 너무나 많습니다. 노부모가 자식들로부터 버림받고, 핏덩이 자식이 철없는 부모로부터 버림받습니다. 성가시다며 버림받는 반려견들 역시 한 해에 몇 마리나 되는지 헤아리기 어려울 지경입니다. 우리는 자신의 필요에 따라 자기중심적으로 선택을 합니다. 버리든지 소유하든지.

어쩌면 버리기는 쉬울지 모릅니다. 장식용으로 비치된 읽지도 않는 책이나 옷장에 가득한 입지 않은 옷, 그리고 여행 가서 설레는 마음으로 사 온 기념품을 버리는 것은 약간의 용기만 있으면 됩니다.

누군가를 미워하는 마음이나 오래되고 낡은 가치관과 습관을 버리는 것 역시 약간의 결단만 있으면 가능합니다. '버림의 미학' 혹은 '비움의 미학'이라는 말로 스스로를 위로할 수도 있으니까요. 하지만 버림받는 것은 차원이 다른 문제입니다. 그 어떤 위로의 말로도 견디기가 어렵습니다.

노자는 「도덕경」 2장에서 자기가 이룬 업적 위에 머물지 않기 때문에 버림받지 않는다고 말합니다. 무언가를 이루어도 소유하려 하지 않고 무언가를 하려고 해도 자신의 뜻대로 하려 하지 않기 때문이라고 노자는 덧붙입니다.

노자의 말처럼 살았지만 버림받은 사람을 우리는 알고 있습니다. 그것도 아주 크게 버림받은 사람이 있습니다. "엘로이 엘로이 레마 사박타니?"("저의 하느님, 저의 하느님, 어찌하여 저를 버리셨습니까?" – 마르 15,34) 바로 예수라는 인물입니다.

그런데 궁금합니다. 자신을 버리고 자기 십자가를 지라고 가르치던 분이 어찌하여 이렇게 울부짖는지 말입니다. 예수는 제자들에게 자신을 버리라고 가르치기만 했을 뿐, 정작 본인은 자신을 버리지 못했단 말인가요? 아니면 자기가 자신을 버리면 되지만 누군가로부터 버림받으면 안 된다는 말인가요?

예수가 제자들에게 버림받은 것은 이해가 갑니다. 제자들이란 원래 두려움 앞에서 스승을 버리고 도망을 가는 사람들이니까요. 그런데 하느님으로부터 버림받는다는 것이 과연 가능할까요?

　오래전 저도 버림받을지 모른다는 두려움을 느낀 적이 있었습니다. 초등학교도 들어가기 전에 아버지 손을 잡고 큰고모 집에 갔던 기억이 납니다. 아버지랑 여러 곳을 다녔을 터인데 유독 이 기억이 오래 남은 걸 보니 내 마음 한쪽 구석에 깊이 자리 잡고 있는 듯합니다.
　버스를 몇 번인가 갈아타고서야 어느 낯선 마을의 큰고모 집에 도착했습니다. 친지들과 술잔을 나누신 아버지는 집으로 돌아오는 버스 안에서 깊은 잠에 빠졌습니다. 어디서 내려야 하는지 몰랐지만 저는 두렵지 않았습니다. 왜냐하면 비록 술에 취하셨지만 아버지가 내 손을 꼭 잡고 있었기 때문입니다.
　아버지와 함께 있다는 것은 그 무엇과도 견줄 수 없는 안정감을 주었습니다. 아버지의 현존은 든든한 울타리였습니다. 그런데 차장 누나가 아버지와 저 사이를 갈라놓았습니다. 아버지를 깨우라고 어린 저를 독촉하였으니까요. 아버진 내 손을 놓으려 하지 않았지만, 아버지를 깨우려고 아버지 손에서 내 손을 뺀 순간, 바로 그 순간 갑자기 두려움이 몰려왔습니다. 이리저리 흔들어 깨우고 소리도 질러 봤지만, 아버진 너무나도 곤히 주무셨습니다.

비틀거리는 아버지를 차장 누나와 함께 부축해서 어딘가에서 내렸습니다. 어딘지도 모르는 낯선 길가에 쪼그려 앉아 잠든 아버지 곁에서 얼마나 눈물을 흘렸는지 모릅니다. 소리 내어 울진 않았지만 겁이 났습니다. 이러다 버림받을지도 모른다는 생각이 들었나 봅니다. 그렇게 울고 있는데 아버지가 살며시 내 손을 잡았습니다.

우리는 때때로 신으로부터 버림받았다고 말합니다. 신이 우리를 버렸다고 혹은 잊었다고 말합니다. 그런데 그게 가당키나 한 말일까요? 아버지의 현존으로부터 멀어지고 버림받을지도 모른다고 두려움을 느낀 것은 내가 아버지의 손을 놓는 순간부터였습니다. 아버지는 어떤 상황에서도 결코 내 손을 놓지 않으니까요.

남양南陽의 혜충 국사國師가 시자를 세 번 부릅니다. 시자는 세 번 대답합니다. 그때 국사가 말합니다. "내가 너를 버렸다 하겠지만 실은 네가 나를 버린 것이다." (무문관 제17칙)

님은 우리의 손을 놓지 않습니다. 본래면목本來面目의 실제實

際는 우리 곁을 떠나지 않습니다. 도道는 각자의 발밑에 있습니다. 신神은 언제나 우리를 품고 있습니다. 우리가 무어라 이름 지어 부르든 상관없이 진리는 결코 우리를 버리지 않습니다. 다만 우리가 진리를 잊어버리고 버릴 뿐입니다.

혜충이 시자를 세 번 부르듯, 하느님은 소년 사무엘을 세 번 부릅니다. 그렇지만 사무엘은 스승 엘리가 부르는 줄 알고 스승에게 대답합니다. 왜냐하면 사무엘은 아직 하느님을 알지 못했고, 하느님의 말씀이 그에게 드러난 적이 없었기 때문입니다. 그때 스승은 말합니다. "가서 자라. 누군가 다시 너를 부르거든, '주님, 말씀하십시오. 당신 종이 듣고 있습니다.' 하고 대답하여라."(1사무 3,9)

소년 사무엘은 배가 고프지 않았습니다. 아무리 맛난 음식도 배가 고파야 마음이 동하는 법입니다. 목도 마르지 않았습니다. 아무리 시원한 물도 목이 말라야 제 몫을 하는 법입니다. 진리를 알지 못했고 진리를 직접 만나지 못한 사무엘이 엉뚱하게 대답하는 것은 당연합니다.

그리스도교에서 말하는 영적 여정은 거룩한 목마름과 배고픔으로부터 시작합니다. 왜냐하면 영으로서의 인간은 본성상 마음 깊숙이 삶의 근원인 진리를 목말라하는 갈망을 품고 살아가는 존재이기 때문입니다.

　혜충 국사의 시자도 소년 사무엘처럼 아직 배가 고프지도 목마르지도 않았습니다. 그랬기에 스승이 애틋한 마음에 진리의 본질을 보여 주기 위해 세 번이나 불렀는데도 엉뚱한 대답을 하고 말았겠지요. 소의 머리를 눌러 억지로 풀을 뜯게 할 수는 없습니다. 배가 고프지 않으면 아무 소용이 없습니다. 그래서 혜충 국사는 말합니다. "내가 너를 버렸다 하겠지만 실은 네가 나를 버린 것이다."라고.

　친절하기만 한 스승은 제자를 망치는 법입니다. 하나에서 열까지 일일이 가르쳐 주는 스승만큼 어리석은 스승은 없습니다. 게다가 주기만 하는 사랑 역시 사람을 망치는 법이기도 합니다. 배고픔과 목마름을 가르치는 스승이 고마운 스승입니다. 가난한 사랑이 고마운 사랑입니다.

　그런데 진리이신 하느님은 너무나 친절했고 너무 주기만 했나 봅니다. 왜냐하면 모든 곳에 충만한 하느님은 우리가 그 어느 때고 당신을 만날 수 있도록 늘 기다리고 있기 때문입니다. 그런데도 대부분의 우리들은 하느님을 제대로 발견하지도 만나지도 못합니다. 오히려 그때 어디에 계셨으며, 지금은 어디에 계시냐고 따져 묻기만 합니다.

하느님은 결코 우리를 버리지도, 우리 곁을 떠나지도 않습니다. 다만 우리가 그분을 잊거나 버릴 따름입니다.

유기견

지리한 장마철 지하철 입구
운명처럼 눈이 마주친 꼬맹이가
졸졸 따라옵니다.
낯선 길 낯선 사람
허나 아무런 머뭇거림도 없이
졸졸 따라오더니
어느새 아파트 현관
마치 자기 집에 온 것마냥
몸에 묻은 빗물을 힘차게 털어 내며
꼬리를 살랑살랑
그날 우리 집 새 식구가 된 꼬맹이에게
'지미'라는 새 이름이 생겼습니다.
'지하철 미아'보단 훨씬 세련된.

18

"내가 진리를 말하기 때문에 너희는 나를 믿지 않는다."

"삼麻 세 근!"

제가 머물고 있는 공동체에는 약 30명 정도의 신부들이 함께 모여 삽니다. 50년 넘게 신부로 살아온 분도 있고, 이제 막 신부가 된 분도 있습니다. 이분들 모두는 2천 년 전 예수가 말과 행동으로 가르쳐 준 진리와 삶의 가치를 구현하기 위해 각자의 분야에서 투신하고 있습니다.

예수가 보여 준 진리는 하나입니다. 그 진리는 성경에 기록되어 있고, 다양한 주석서들과 문서들이 진리에 대해 보충 설명하고 있습니다. 아마도 '진리가 무엇인가'에 대한 30명의 신부들이 내리는 '개념적 설명'도 주석서들의 범주를 크게 벗어나지 않은 채 거의 대동소이할 것입니다. 하지만 일상의 삶

속에서 신부들이 살아 내는 진리에 대한 '구체적 표현', 즉 삶의 방식은 하나가 아니라 각자 다릅니다.

하루는 공동체 식사 시간에 참외가 사람 수만큼 나왔습니다. 잘생긴 녀석도 있고 못생긴 녀석도 있었습니다. 저는 무의식적으로 어느 것이 산뜻한 노란 색깔을 띠고 있는지, 어느 것의 흰색 띠가 선명한지를 살폈습니다. 제일 잘 익고 맛있어 보이는 녀석을 골라 제 식탁으로 돌아와 껍질을 깎고 한입 먹어 보니 과연 향도 좋고 맛도 달았습니다. 저의 탁월한 선택에 만족해하며 참외 하나를 기분 좋게 다 먹어 치웠습니다.

저는 늘 그렇게 선택하며 살아왔나 봅니다. 가장 좋은 것을 내 몫으로 차지하려는 마음으로 말이죠.

우리들 대부분은 선택을 할 때 그것이 아무리 사소한 것이라 할지라도 자기 나름대로 선택의 기준이 있습니다. 무의식적으로 선택하는 듯 보이지만, 몸과 마음에 이미 배어 있는 기준과 가치에 따르기 마련입니다. 무의식적이라는 말은 이미 습관이 되었다는 말이기도 합니다.

사람들은 대체로 '나'를 기준으로 삼아 무언가를 선택합니다. 자기 자신을 최고의 가치로 두기 때문입니다. 그래서 바구니에 담겨 있는 서른 개의 참외 가운데 가장 맛있어 보이는 참외부터 차례차례 사라집니다.

 그렇다면 누가 가장 맛없어 보이는 참외를 선택할까요? 그 옛날 어머니는 항상 썩은 사과를 선택했습니다. 어머니는 가족들을 최우선 가치로 삼았기 때문입니다. 때론 그 썩어 빠진 사과마저 포기했습니다. 자녀들 입에 조금이라도 더 넣어 주고 싶어서 말입니다. 적어도 제 어머니는 언제나 그렇게 선택했습니다.

 사랑에 빠진 사람은 사랑하는 사람을 기준으로 삼아 참외와 사과를 선택합니다. 내가 나를 가장 사랑한다면 내 입에 가장 좋은 참외와 사과를 넣을 것입니다. 내가 누군가를 사랑한다면 그 사람에게 좋은 것을 양보할 것입니다.

 만약 제 어머니에게 "진리는 무엇입니까?"라고 묻는다면, 어머니는 말없이 썩은 사과를 가리킬 것입니다. 어머니에게 진리는 썩은 사과입니다. 비이기적인 사랑의 힘에 사로잡혀 썩은 사과를 한 번도 선택해 보시 않은 사람들로서는 도저히 받아들일 수도 믿을 수도 없는 삶의 진실입니다.

 예수는 언제나 진리를 말합니다. 그래서 오히려 사람들은 예수를 믿지 않습니다. 예수가 말하는 진리를 지금까지 단 한 번도 생각해 본 적도 살아 본 적도 없었기 때문에 받아들일 수가 없는 것입니다. 예수는 가난한 이들을 우선적으로 선택했고 그들을 찾아다녔으며 그들과 함께 머물렀습니다. 어머니가 바보같이 썩은 사과를 선택했듯이, 예수는 가난한 이들을 선택했고 또 무엇보다 스스로도 가난했습니다.

가난한 이들 역시 예수를 선택했습니다. 하지만 사람들은 가난한 이들을 선택하는 것을 망설였습니다. 마치 오늘날 가난한 이들은 교회를 선택하지만, 교회는 가난한 이들을 선택하는 것을 주저하듯이 말입니다. 가난하지 않은 교회가 가난을 선택할 수는 없기 때문입니다. 그래서 예수는 말합니다. "내가 진리를 말하기 때문에 너희는 나를 믿지 않는다."(요한 8,45)

사람들에게 진리는 내 곁에 있는 가난한 이들이 아닙니다. 가난한 이들을 우선적으로 선택하는 것은 더더군다나 아닙니다. 그들에게 진리는 '저 위' 또는 '저 멀리' 손에 닿지 않는 곳에 있어야 합니다. 그래야 영원히 변하지 않고 무한해서 진리라는 이름값을 할 수 있고 체면을 차릴 수 있기 때문입니다.

변하지 않고 무한한 세계는 개념이나 사유의 세계에서만 가능합니다. 경험의 세계는 언제나 변하고 유한하니까요. 그래서 사람들은 진리를 구체적이고 경험적인 현실에서 찾는 것이 아니라 머릿속에서 개념적 사유로 찾으려 합니다. 그들이 찾는 것은 "진리는 어떠어떠해야 하고 가난은 무엇 무엇이다."라는 그럴싸한 견해나 주장, 그리고 설명입니다.

사람들이 이러한 개념적 설명을 통해 진리를 찾는 이유는 그것이 자신들의 삶을 방해하지도 않고 귀찮게 굴지도 않기 때문입니다. 오히려 지적인 허영을 채워 주는 일종의 액세서리로서의 가치도 있습니다.

그래서 한 승려도 동산 스님을 찾아와 묻습니다. "무엇이 부처입니까?" 동산이 말합니다. "삼麻 세 근."(무문관 제18칙)

동산 스님에게 질문을 던진 승려도 어쩌면 멋들어진 개념적 설명을 기대했는지도 모릅니다. 부처란 모름지기 무엇 무엇이며, 자고로 어떠어떠해야 한다는 식으로 말입니다. 하지만 부처는 물어서 알 수 있는 것이 아닙니다. 더군다나 머리로 이해할 수도 없습니다. 그래서 동산 스님은 부처라고 하는 천하의 진리를 '삼麻 세 근'이라고 말 아닌 말로 간명하게 소개할 뿐입니다.

삼 세 근이 어떻게 부처냐고 따져 물을 수도 있습니다. 그렇게 따지고 들면 할 말은 없습니다만, 부처가 무엇인지 모르는 사람이 어떻게 삼 세 근이 부처가 아닌지를 알 수 있겠습니까? 마찬가지로 진리가 무엇인지 모르는 사람이 어떻게 썩은 사과와 가난이 진리가 아닌지를 알 수 있겠습니까?

무엇이 부처인가 하는 것은 사유의 영역이 아니라 체험의 영역이고, 이해의 문제가 아니라 믿음의 문제입니다. 무엇이 부처인지 가르쳐 줄 수는 있지만 그것을 믿지 않으면 체험할 수 없고, 체험하지 못하면 결코 알 수 없습니다.

믿음은 특정한 가르침을 무조건 받아들이는 것이라고 오해해서는 안 됩니다. 믿음은 알고 있던 세상을 떠나 알지 못하던 세상을 향해 나아가는 '모험'입니다. 믿음은 그동안 자신이 몸담고 있던 틀을 깨부수고 새로운 세계로 뛰어드는 '용기'입니다. 믿음은 익숙한 것을 벗어 버리고 낯선 것을 향해 자기를 던지는 '도전'입니다. 마음이 그곳에 없으면 모험과 도전에 나설 용기도 없고, 당연히 믿음과 체험은 일어나지 않습니다. 그래서 믿음과 체험은 마음에서 일어나는 현상입니다.

삼 세 근이 어째서 부처인가라는 언구(言句)에 얽매여 삼 세 근을 머리로 분석하는 한, 미혹에서 헤어날 수 없습니다. 썩은 사과가 어떻게 진리이며, 가난이 왜 진리인가라는 개념에 얽매여 사과를 연구하고 가난을 분석하는 한 우리는 결코 자유를 만끽할 수 없습니다.

가난하지 않은 교회가 가난한 이들로부터 멀어지고 또 예수로부터도 멀어지듯이, 우리가 삼 세 근과 썩은 사과에 담겨 있는 동산 스님과 어머니의 마음으로부터 멀어지는 한, 부처와 진리는 천리만리 밖으로 멀리 떨어져 있을 겁니다.

진리가 궁금하십니까? 그렇다면 동산 스님과 어머니의 마음, 그리고 자기 마음을 향해 용기 있는 도전과 모험을 나서야 할 때입니다.

엄마 사제

때 지난 신문지 위에 온 가족이 둘러앉아
갓 삶은 닭백숙을 가운데 놓고서
누군가를 기다린다.
감히 손 못 댈 정도로 뜨거운 몸뚱이를
성체 나누듯 맨손으로 찢는 엄마
다리 하나는 아빠에게 하나는 형에게

그렇게 차례차례 뜯고 나누고 보니
남은 건 희뿌연 국물뿐
마치 성혈 다루듯 골고루 나누고는
뒤돌아서서 손가락만 빠신다.

19

"하늘의 새와 들에 핀 꽃을 보아라."

"평상심을 지니고…."

친절한 사람 곁에는 사람들이 모여듭니다. 그래서 복수를 꿈꿨던 '친절한 금자씨'에게도 이런저런 사연을 지닌 사람들이 하나둘 모여들었습니다. 마치 잎이 무성한 나무에 다양한 종류의 새들이 깃들이듯이 말이죠.

사람들은 친절을 구분합니다. 큰 친절 작은 친절, 또는 좋니 나쁘니, 중요하니 사소하니, 고맙다느니 덜 고맙다느니 재고 판단합니다. 큰 친절이면 어떻고 작은 친절이면 어떻습니까? 친절은 그 자체가 풍요합니다. 사실 친절에는 크고 작은 것이 없습니다. 다만 우리가 이름 지어 그렇게 부를 뿐입니다. 친절은 그 자체로 충만합니다.

하느님의 친절은 풍요롭고 충만합니다. 온 세상에 충만하기 때문에 누구나 느끼고 맛볼 수 있는 친절입니다. 모든 것 안에서 하느님을 찾을 수 있습니다. 하지만 아무나 맛볼 수는 없는가 봅니다. 왜냐하면 친절은 소의 머리를 눌러 억지로 풀을 먹게 만들 정도로 강제적이지 않기 때문입니다. 하느님의 친절은 말을 물가로는 데려가지만 억지로 물을 먹일 정도로 강압적이지 않기 때문입니다.

하느님의 친절은 강요하지도 재촉하지도 강압적이지도 않습니다. 그래서 우리는 어떤 경우에 그 친절을 알아보지 못합니다. 하느님이 우리를 버린 것이 아니라 우리가 버린 것입니다.

친절한 스승은 하나에서 열까지 세세하게 가르치는 분이 아닙니다. 배우는 이로 하여금 스스로 목마름과 배고픔을 느끼게 이끌어 주는 분이 참된 스승입니다. 예수는 하느님의 친절을 설명하면서 하늘을 나는 새를 눈여겨보라고 초대합니다. 들에 핀 나리꽃이 어떻게 자라는지 지켜보라고 권고합니다(마태 6,25-34). 우리가 눈여겨보지 않고 지켜보지 않으면 하느님의 친절을 볼 수 없기 때문입니다.

하느님의 친절은 눈여겨보아야 보이고 마음 모아서 지켜보아야 보입니다. 그래서 누구나 볼 수 있지만 아무나 볼 수 없는 것입니다. 하느님은 친절하지만 우리가 평소 생각하는 친절을 뛰어넘기 때문입니다. 「금강경」의 논리에 따르면, 하느님의 친절은 친절이 아닙니다. 그래서 친절이라고 부르는 것입니다.

그런데 하느님의 친절에 대한 예수의 설명은 너무나 길고 자세합니다. 왜 새를 보아야 하고, 왜 나리꽃을 보아야 하는지에 대해 세세하게 일러 줍니다. 그러다 보니 새를 보면서 예수의 설명에 갇히고 나리꽃을 보면서 예수의 친절함에 얽매입니다. 새와 나리꽃은 예수가 체험한 하느님의 친절이지 나의 체험이 아니기 때문입니다.

그럼에도 불구하고 고마운 것은 예수의 설명은 언제나 일상에서 체험하는 하느님에 관한 이야기라는 사실입니다. 우리가 고개를 들어 하늘을 보면 언제나 볼 수 있는, 그리고 고개를 숙여 땅을 보면 언제나 마주칠 수 있는 일상의 이야기들입니다.

예수의 친절한 설명에 갇히지 않기 위해서 우리는 시선을 각자의 일상으로 돌려야 하고 확장시켜야 합니다. 나의 일상 속에서 하느님의 친절을 직접 체험해야 합니다. 일상 가운데에는 초월성의 체험들이 가득하기에 예수처럼 일상 안에서 나의 하느님을 만나야 합니다.

　조주가 스승인 남전 스님에게 묻습니다. "도道가 무엇입니까?" 스승 왈, "평상심平常心이 도이니라." 그러자 조주가 다시 질문을 던집니다. "어떻게 거기에 갈 수 있습니까?" 스승 왈, "가려고 하면 곧 멀어지니라."(무문관, 제19칙)

　평상심은 진리가 지닌 친절한 마음입니다. 하늘을 나는 새와 들에 핀 꽃뿐만 아니라, 목마르면 물 마시고, 배고프면 밥 먹고, 피곤하면 눕는 일상 속에서 마주하는 마음이 평상심입니다.

　그렇다고 자기 이익과 이권으로 흔들리는 마음이 평상심이라고 오해해서는 안 됩니다. 평상심은 본래 청정하며 그 어디에도 집착하지 않는 응무소주 이생기심應無所住 而生其心, 곧 머무는 바 없이 일으키는 마음입니다. 이냐시오는 이런 마음을 무질서한 애착으로부터 멀어진 마음, 즉 불편심不偏心이라 말합니다.

　본래 청정하고 집착하지 않는 마음이기에 봄이면 꽃이 피고 가을이면 달이 뜹니다. 그렇다고 봄이 꽃을 영원히 소유하지도, 가을이 달을 독점하지 않습니다. 봄은 여름에게 양보하고, 가을은 겨울에게 자리를 물려줍니다. 친절한 마음이기에 이런 일이 일어납니다.

　어릴 적 저희 집 마당에는 지붕 높이만 한 무화과나무가 한 그루 있었습니다. 동네에 하나뿐인 무화과나무였습니다. 가을 문턱에 들어서면 동네 사람들이 제집마냥 드나들며 무화과 열매를 따다 맘껏 가져다 먹었습니다.
　어린 마음에 남들이 열매를 가져가는 것이 싫어서, 고맙다고 말도 없이 가져가는 것이 미워서 하루는 대문을 꼭 잠가 놓았습니다. 그날은 아무도 들어오지 못했습니다. 물론 저도 나가지 못했습니다. 그런데 심심했습니다. 그날 밤 제 마음엔 꽃도 피지 않고 달도 뜨지 않았습니다. 대문 안에 갇힌 채 마음은 점점 더 오그라들어 갔습니다.
　이런 마음은 평상심이 아닙니다. 자기 안에 갇힌 마음은 평상심이 아닙니다. 이런 마음은 단지 욕심이고 애착이고 집착일 뿐입니다. 탁 트인 허공과 같은 마음과는 비교하기조차 민망한 좁디좁은 마음입니다. 보는 것을 품어 안는 바다와 같은 마음과는 견줄 수조차 없는 작은 마음입니다.
　자기 사랑과 자기 의지와 자기 이권에서 멀어진 본래의 마음이 평상심입니다. 그 마음은 봄이 꽃을 소유하지 않듯, 가을이 달을 독점하지 않듯 그 어디에도 집착하지 않는 친절한 마음입니다. 우리 모두는 본래 이런 마음을 타고 났습니다.

봄에는 꽃이 피고, 가을에 달이 뜨고, 여름에는 시원한 바람, 겨울에는 눈이 내리는 것은 진리를 품은 삼라만상의 평상심, 곧 본래 타고난 친절한 마음 덕분입니다. 꽃이 피고 달이 뜨는 것은 굉장한 일입니다. 무질서한 애착에 사로잡힌 마음은 꽃과 달에게 결코 공간과 자리를 양보하지 않기 때문입니다. 그래서 평상심은 기적입니다.

우리는 일상을 기적 속에서, 친절 속에서 살고 있습니다. 친절 속에 살면서 친절을 찾으려 하면 친절에서 멀어집니다. 마치 불법佛法 한가운데 있으면서 불법을 찾으려 들면 불법은 멀리 도망가 버리듯이 말입니다. 물에 들어간 사람이 목마르지 않듯 사랑에 빠진 사람은 사랑을 찾지 않습니다. 사랑이 무엇이냐고, 어디에 있느냐고 묻지 않습니다. 다만 온 마음으로 친절하게 사랑할 뿐입니다.

금강경

대부분의 그리스도인들이 믿는 하느님은

하느님이 아닙니다.
그래서 하느님이라 불립니다.
대부분의 불자들이 귀의하는 부처님은
부처님이 아닙니다.
그래서 부처님이라 불립니다.

아버지의 사랑은 사랑이 아닙니다.
그래서 사랑이라 불립니다.
어머니의 희생은 희생이 아닙니다.
그래서 희생이라 불립니다.
진리는 진리가 아닙니다.
그래서 진리라 불립니다.
우리가 생각하는 사랑과 희생,
그리고 진리를 초월하기에
사랑이고 희생이고 진리입니다.

20

"산이여, 들려서 저 바다에 빠져라."

"두 다리조차 들어 올리지 못하면서."

추석을 맞아 고향집으로 달려갔습니다. 기차표 예매를 못해 어쩔 수 없이 강남 고속버스터미널에서 늦은 밤 막차 표를 끊었습니다. 11시 50분 부산행. 아쉬운 담배 연기를 내뱉고 물 한 모금 머금은 채 급히 버스에 오르니 기사님과 손님이 다투고 있었습니다. 왜 시간이 지났는데 출발하지 않느냐는 항의와 아직 시간이 되지 않았는데 왜 재촉하느냐는 항변이었습니다. 제 시계랑 버스에 걸린 시계는 아직 2분이나 남았는데 말입니다. 고향집에 빨리 가고픈 마음에 어쩌면 손님의 시계도 남보다 조금 빨리 갔나 봅니다.

우리는 모두 마음속에 각자의 산이 있습니다. 산은 움직이지 않아 사람들은 그곳에 작은 집을 짓고 살기를 좋아합니다. 그 집을 보통 '고집'이라 부르고, 아주 크면 '똥고집'이라 부릅니다. 그 집이 점점 더 커지거나 담이 높아지면 어느새 '아집'이라는 새로운 집이 만들어집니다.

사람들은 이 집에 한 번 들어가면 웬만해서는 밖으로 나오려고 하지 않습니다. 게다가 담장 너머에서 들리는 소리조차 들으려고 하지도 않습니다. 자기 생각이 항상 옳고 우선적이기 때문이고, 집 안의 세상에서는 자기 마음대로 할 수 있기 때문입니다. 게다가 이 집을 정성껏 그리고 오랜 시간을 들여 튼튼하게 지었기 때문에 상주 불변한다고들 생각합니다. 그래서 웬만해서는 이 집을 떠나려 하지 않습니다.

예수는 산에 자주 올라 한적한 곳에서 밤새워 기도합니다. 유혹에 넘어가지 않기 위해서입니다. 자칫하다가는 고집과 아집에 갇힐 수도 있기 때문에 늘 깨어 기도합니다.

기도는 큰 힘을 지니고 있습니다. 우리는 대개 우리가 누군가에게 기도를 바친다고 생각하지만, 실은 기도가 우리를 누군가에게 바칩니다. 기도가 예수를 하느님에게 바칩니다. 그 기도 '안에서 그리고 통하여' 예수는 하느님의 마음속에 자신을 온전히 내어던집니다.

기도의 힘을 체험했기에 예수는 자신 있게 말할 수 있습니다. "너희가 믿음을 가지고 의심하지 않으면, 이 산더러 '들려서 저 바다에 빠져라.' 하여도 그대로 이루어질 것이다."(마태 21,21)

우리가 들어 올려야 할 산은 고집과 아집으로 가득 찬 우리 마음입니다. 자기 이권으로 모든 것을 바라보고 자기 이익을 위해 모든 것을 이용하고 착취하려는 우리의 이기심입니다. 그 산을 들어 올려 하느님 마음처럼 넉넉한 바다에 빠뜨리라고 예수는 초대합니다.

구마라집이라는 승려가 번역한 「유마경」이라는 불교 경전에는 주인공 유마거사의 성품을 '심대여해'心大如海라고 표현합니다. 마음이 큰 바다와 같다는 뜻입니다. 큰 바다와 같은 마음은 어떤 마음일까요?

바다는 깨끗한 물과 더러운 물 가리지 않고 모두 다 받아들여 하나로 만듭니다. 백 가지 천 가지 강물을 다 포용하지만, 바다는 크고 작은 강이라는 차별이 없습니다. 아무리 큰 비가 와도 조금도 흘러넘치는 법이 없습니다. 어떠한 강렬한 햇빛도 고갈시킬 수 없는 것이 바다입니다. 게다가 바다 위에 보름달이 떠오르면 천 개의 섬마다 달 하나씩 머금고 있어도 내 것 네 것 따지지 않습니다.

그와 같이 죄인이건 의인이건 가리지 않고 모두 품어 감싸 안는 마음이 큰 바다와 같은 마음입니다. 사람이 저지른 죄를 모두 합한다 할지라도 그 마음의 크기에 비하면 그것들은 작은 빗방울 하나에 불과합니다. 우리 마음을 그와 같은 바다에 던지라고 예수는 초대합니다.

예수의 초대를 엿들은 송원 스님이 한마디 거듭니다. 우리의 마음이 이미 그와 같은 바다라고 말이죠. 다만 그 바다의 존재를 모르거나 잊어버렸기에 매사에 옳고 그름을 분별하고 깨끗하고 더러움을 따지며 다툼을 일삼고 있다고 나무랍니다.

그래서 스님은 말합니다. "대역량大力量을 가졌음에도 무엇 때문에 자기 다리조차 들어 올리지 못하는가?"(무문관 제20칙)

우리는 모두 큰 힘을 지닌 대역량인입니다. 일체 중생은 모두 불성佛性을 지니고 있기 때문입니다. 그 불성은 태어나기 이전부터 지닌 본래면목本來面目이기도 합니다.

큰 바다와 같은 불성이 우리 안에 있음에도 그것에 눈 뜨지 못하는 것에 대해 스님은 견책하고 있는 것입니다. 우리가 이 사실을 깨닫는 날이 곧 다리를 들어 올려 자기 두 발로 서는 날입니다. 이 좋은 날 우리는 위로는 깨달음을 구하고 아래로는 중생을 이롭게 하는 상구보리 하화중생上求菩提 下化衆生의 길을 자기 두 발로 걸어갈 수 있습니다.

자기 두 발로 세상 속으로 성큼성큼 걸어 자유자재로 다니는 사람은 혀를 사용해서 떠벌리지 않습니다. 참된 말은 혀를 사용해서 하는 것이 아니기 때문입니다. 온몸을 사용합니다. 스스로 깨달은 사람이라고 아무리 떠들고 다녀도 삶이 뒷받침되지 않으면 공염불입니다. 깨달음의 지혜는 지혜에만 머무르지 않고 자비로서 세상에서 활동하니까요.

그래서 송원 스님은 덧붙입니다. "말을 하는데 무엇 때문에 혀를 사용하지 않는가?"(무문관 제20칙) 깨달은 사람은 혀를 사용하지 않고 온몸으로 이야기하기 때문입니다.

고대 이스라엘 사람들은 자신들을 하느님의 모습으로 창조되었다고 말합니다. 자신들의 불완전한 모습, 악한 생활, 분열된 나날, 이기적인 삶의 태도에도 불구하고 자신들을 감히 하느님의 모습과 비슷하다고 생각합니다. 여기에 인간의 위대함이 있습니다. 비록 과거와 지금의 모습은 '영 아니올시다.'이지만, 그럼에도 불구하고 하느님의 모습을 지니고 있다고 낯 두껍고 뻔뻔하게 그리고 당당하게 외친 것입니다.

과연 하느님은 어떤 모습을 지니고 계시기에 이스라엘 사람들은 이렇게까지 뻔뻔스러울까요? 성경은 이를 단순하고 분명하게 '사랑' 또는 '자비'라고 표현합니다. "하느님은 사랑이십니다."(1요한 4,16) "너희 아버지께서 자비하신 것처럼 너희도 자비로운 사람이 되어라."(루카 6,36)

사랑과 자비는 하느님의 마음이 세상 안에서 구체적이며 현실적으로 표현된 모습입니다. 하느님 모습을 지닌 우리의 마음속에도 본래 사랑과 자비가 충만합니다. 사랑과 자비는 혀를 사용하지 않고 온몸으로 표현하는 것입니다. 그래서 이냐시오도 "사랑은 말보다 행동에 있어야 한다."고 강조합니다.

그러니 의심을 버리고 하느님의 마음에 직접 지금 당장 한 번 빠져 봅시다. 그 순간 우리는 하느님의 사랑이 우리의 죄보다 훨씬 크고, 하느님의 자비가 우리가 생각하는 것보다 훨씬 깊다는 사실을 경험하게 될지도 모릅니다.

그와 같은 단 한 번의 경험은 우리를 더욱더 낯 두껍고 뻔뻔하게 그리고 더욱더 당당하게 외치게 만들 것입니다. 마치 소화 데레사의 고백처럼 말입니다.

"제가 인류 역사상 사람들이 저지른 가장 패악한 죄를 저 혼자 다 지었다고 해도, 하느님을 만나면 저는 눈 하나 깜짝하지 않고 그분께 달려가 그 품에 안길 것입니다. 제가 지었다는 죄를 다 합해도, 하느님의 무한한 자비와 사랑이라는 용광로에 비하면, 그것은 작은 빗방울 하나에 불과하다는 것을 저는 잘 알기 때문입니다."

등산

마음엔 산이 두 개 있습니다.
하나는 부와 명예와 교만을 향해
제가 자주 오르는 산이고,
다른 하나는 예수님이 즐겨 올라
밤새워 기도한 산입니다.
오늘은 어느 산에 오를지
저도 잘 모르겠습니다.

21

"저희가 아버지를 뵙게 해 주십시오."

"마른 똥 막대기!"

  이른 아침부터 비가 내리고 있습니다. 이런 날이면 수제비 생각이 절로 납니다. 감자를 예쁘게 썰어 넣을 필요는 없습니다. 대충 썬 감자에 대충 떼어 낸 밀가루 반죽이면 한 끼 식사로 행복했던 시절이 있었습니다. 이 비 그치면 지금보다 더 추워질 텐데 초등학교 시절 작은 누나가 만들어 준 수제비가 떠오르는 걸 보니 제 마음도 따끈한 국물이 그리운가 봅니다.

  문득 '하느님 나라는 수제비와 같다.'는 생각이 듭니다. 예수는 씨 뿌리는 사람, 가라지, 겨자씨, 누룩, 진주 상인, 그물 등과 같은 일상의 사건과 사물을 비유로 삼아 하느님 나라에 대해 이야기합니다. 왜냐하면 일상을 떠난 다른 곳에서 하느님 나라를 찾을 수가 없기 때문입니다.

하느님 나라는 하루하루 평범한 일상 안에서 우리가 맺고 있는 다양한 관계, 곧 자기 자신과의 관계, 타인과의 관계, 세상과의 관계 속에 존재합니다.

어릴 적 저희 집 부엌 찬장 한구석에는 언제나 물기를 머금은 하얀 천으로 싸 둔 밀가루 반죽이 있었습니다. 어머니가 아버지와 함께 가게에 나가는 날이면 누나가 그 밀가루 반죽으로 저녁 식사를 준비했습니다. 하루는 누나랑 둘이서 수제비를 만들어 먹고는 그만 남은 반죽을 하얀 천으로 감싸 두지를 않았습니다. 깜빡 잊은 것입니다.

밀가루 반죽을 젖은 천으로 잘 감싸 두면 처음 반죽을 했을 때처럼 말랑말랑한 상태로 있지만, 그렇게 해 놓지 않으면 얼마 지나지 않아 겉이 마르면서 껍질이 생기고 딱딱해집니다. 늦은 밤 찬장에서 굳어진 반죽을 본 어머니가 누나를 무섭게 혼내던 기억이 떠오릅니다.

우리 마음도 밀가루 반죽과 같습니다. 마음은 본래 말랑말랑하지만 젖은 헝겊으로 잘 감싸 두지 않으면 곧 돌처럼 단단하게 굳어 버립니다. 헝겊이 젖은 이유는 하느님의 눈물, 곧 돌처럼 단단해진 마음이 다시 부드러워지기를 기다리다 흘린 눈물 때문입니다.

기다리고 기다리다 지친 하느님은 마침내 돌처럼 굳어 버린 우리 마음에 당신의 꿈을 직접 새겨 놓습니다. 당신의 자녀들이 서로 상처 입히거나 파괴하지 않고 억압하거나 착취하지도 않으며 서로 용서하고 사랑하면서 살맛 나는 공동체를 가꾸라고 말이죠.

하느님의 꿈이 드러난 것이 십계명입니다. 십계명은 영화에서 보듯이 번개가 번쩍하면서 돌로 만든 판에 단숨에 새겨진 것이 아닙니다. 돌같이 딱딱하게 굳어 버린 마음에 하느님이 눈물 흘리시며 무릎을 꿇은 채 정성들여 한 자 한 자 손수 새겨 주신 법, 곧 사랑과 용서의 법입니다.

하느님의 눈물과 기다림을 잊어버리면 어느새 우리 마음은 탐욕과 미움과 어리석음의 껍질에 둘러싸여 점점 굳어 버립니다. 돌처럼 난난하게 굳어 버린 마음, 곧 닫힌 마음으로는 하느님을 볼 수도 만날 수도 없습니다.

마음은 닫혔지만 알 수 없는 내적 갈망으로 목마름을 느낀 예수의 한 제자가 청합니다. "주님, 저희가 아버지를 뵙게 해 주십시오. 저희에게는 그것으로 충분하겠습니다."(요한 14,8)

그러자 예수는 그 제자에게 말합니다. "내가 이토록 오랫동안 너희와 함께 지냈는데도, 너는 나를 모른다는 말이냐? 나를 본 사람은 곧 아버지를 뵌 것이다."(요한 14,9)

제자는 예수 곁에서 함께 지냈음에도 불구하고 예수를 있는 그대로 알지 못합니다. 예수를 알지 못했기에 하느님도 알지 못합니다. 마음이 닫혔고 의식이 잠자고 있었기 때문입니다. 그래서 예수는 하느님을 보여 주고 알려 주고 싶어서 제자들에게 항상 깨어 있으라고 강조합니다. 마음의 문을 활짝 열고 있으라는 당부입니다.

마음의 문을 열고 깨어 있는 삶이 어떤 것인지 예수는 다음과 같은 구체적인 한 가지 예를 들려줍니다. "입으로 들어가는 것이 사람을 더럽히지 않는다. 오히려 입에서 나오는 것이 사람을 더럽힌다."(마태 15,11) "입에서 나오는 것은 마음에서 나오는데 바로 그것이 사람을 더럽힌다."(마태 15,18)

입에서 나오는 말과 마음속 생각이 우리를 더럽히기 때문에 항상 깨어 있으라는 말입니다. 왜냐하면 더러움은 마음의 발명품이지 하느님이 만든 것이 아니기 때문입니다. 하느님에게는 더러움도 깨끗함도 없습니다. 거룩함과 속됨도 없습니다. 모든 이름과 형상을 초월하고 인간의 사고와 인식을 초월해서 이름 붙일 수도 부를 수도 없는 신을 부르기 위해 에크하르트가 울며 겨자 먹기로 어쩔 수 없이 사용한 '하나' unum라는 개념처럼, 하느님 안에서 모든 구분과 차별은 사라지고 하나가 되기 때문입니다.

"내가 아버지 안에 있고 아버지께서 내 안에 계시듯이"(요한 14,10) 예수는 하느님과 하나입니다. 하지만 제자는 탐욕과 미움과 어리석음의 껍질에 가려 예수와 하느님이 하나라는 사실을 보지 못합니다. 당연히 제자는 하느님 안에서 자신과 예수가 하나라는 사실도 체득하지 못합니다. 깨끗함과 더러움, 거룩함과 속됨, 선과 악 그리고 나와 너와 같은 개념적 사고의 껍질에 사로잡혀 '하나'인 하느님을 경험하지 못했기 때문입니다. 마음이 구분과 차별의 이분법적 사고로 단단하게 굳어 버려 항상 자기 이권과 이익에 방해되는 것을 차별하고 배척하고 억압하며 살았기 때문이기도 합니다.

예수에게 질문을 던진 제자처럼 부처를 보고 싶었던 한 승려가 운문 스님에게도 묻습니다. "무엇이 부처입니까?" 운문이 말합니다. "마른 똥 막대기乾屎橛."(무문관 제21칙)

일반적으로 부처는 그럴싸한 건물 한가운데 황금색을 띠고 앉아 있습니다. 하지만 이 승려는 모든 이름과 형상을 초월한 부처가 궁금했나 봅니다. 부처가 반드시 32상相 80종호種好를 갖추어야만 하는 것은 아니라는 것쯤은 이미 알고 있습니다.

두두물물무비불頭頭物物無非佛, 곧 세상 모든 것이 부처 아닌 것이 없다고들 하는데, 자신에게는 아직 분명하지 않습니다. 그래서 스승에게 달려가 무엇이 부처인지 알려 달라고 묻습니다. 그런데 똥 막대기가 부처라니! 아무리 황금색이나 똥색이나 비슷하다고 해도 그렇지, 스승의 말을 믿자니 경을 칠 노릇이고 믿지 않자니 스승을 볼 낯이 없습니다.

그리스도인들 가운데 무엇이 하느님인가 또는 어디에 하느님이 계시는가라는 물음에 운문 스님처럼 답하는 사람이 과연 있을까요?

불자들은 운문의 '마른 똥 막대기'라는 대답에 두 손을 모으고 합장합니다. 똥 막대기를 향해서도, 스님을 향해서도 합장합니다. 똥 막대기 안에서 부처를 보고, 부처 안에서 똥 막대기를 보는 스님에게 공경을 드리는 것입니다. 보다 정확히 말하면, 똥 막대기를 부처로 받아들일 수 있는 스님의 마음이 곧 부처이기 때문에 공경을 드리는 것입니다. 즉심시불卽心是佛, 마음이 곧 부처입니다. 마음 안에서 똥 막대기와 부처는 하나입니다.

　하느님을 찾던 부처를 찾던 그 출발점은 열린 의식, 곧 밀가루 반죽과 같은 말랑말랑한 마음입니다. 궁극적 실재인 진리는 자신의 현존을 알리기 위해 다양한 방법을 사용합니다. 궁극적 실재는 개개인에게 고유하고 다양한 방식으로 직접 말을 겁니다. 그 목소리를 알아듣기 위해서는 황금과 똥을 구분하고 차별하는 이분법적 사고로 닫혀 있는 마음부터 열어야 합니다.

　무엇보다 그리스도인들은 불자들로부터 배워야 합니다. 그리스도인들은 모든 것 안에서 하느님을 발견하고, 하느님 안에서 모든 것을 발견할 수 있기를 열망합니다. 감사와 평화, 그리고 기쁨 속에 있을 때 하느님을 발견하는 것은 쉽습니다. 불안하고 의혹투성이고 슬프고 분노가 치밀어 오를 때에도 비록 어렵긴 하지만 하느님을 발견할 수는 있습니다. 그렇다면 하느님을 발견하는 그 '모든 것'의 범주에서 굳이 '마른 똥막대기'를 제외시켜야 할 필요까지는 없지 않을까 합니다.

　똥 막대기 '안에서 그리고 통하여' 하느님을 발견하라는 말이 정녕 마음을 불편하게 만든다면, 오른편에 있는 친구를 보십시오. 만약 그 친구 '안에서 그리고 통하여' 하느님을 발견할 수 없으면 왼편에 있는 이웃을 보십시오. 우리가 옆에 있는 친구나 이웃 '안에서 그리고 통하여' 하느님을 찾지 못한다면, 온 세상을 다 돌아다녀도 찾을 수는 없을 것입니다.

호흡

하느님이 보고프면
가만히 눈을 감고
도둑처럼 들어오고 나가는
들숨과 날숨을 느껴 보세요.
하느님은 호흡이시니까.

22

"주님, 이 사람은 어떻게 되겠습니까?"

"문 앞의 찰간이나 넘어뜨려라."

두 아이가 굴뚝 청소를 하고 내려왔습니다. 한 아이는 얼굴이 새까맣게 되어 내려왔고, 또 한 아이는 깨끗한 얼굴로 내려왔습니다. 어느 쪽 아이가 얼굴을 씻을까요?

누구나 한 번쯤은 들어봤을 「난장이가 쏘아올린 작은 공」에 나오는 이야기입니다. 두 아이는 서로를 비춰 주는 거울입니다. 두 아이처럼 세상의 모든 관계는 서로가 서로를 비춰 주는 거울입니다. 부모와 자녀의 관계든, 스승과 제자의 관계든, 부부 사이의 관계든 어떤 종류의 관계 사이에는 자신을 비춰 볼 수 있는 거울이 존재합니다.

어떤 사람은 이 거울에 비친 자신을 바라보며 내면을 성찰하고 관계를 성숙시킵니다. 회광반조 조고각하廻光返照 照顧脚下 입니다. 반면에 어떤 사람은 거울이 있는지조차 모르고 언제나 밖으로만 치달리며 남 탓하느라 바쁜 일상이 더욱 바쁘기만 합니다. 얼굴에 밥풀이 묻어 있으면 아무리 거울을 닦아도 밥풀은 없어지지 않습니다. 자신의 얼굴을 닦으면 어느새 거울에 비친 밥풀도 사라지게 마련입니다.

바쁜 걸음 잠시 멈추어 서서 거울에 비친 서로의 모습을 통해 더불어 성장하고 성숙하라는 의미에서 모든 관계는 그 자체로 소중한 선물입니다.

그런데 친구 사이에 존재하는 거울은 조금은 특별합니다. 비록 거울이 장점과 단점을 가리지 않고 자신의 모습을 온전히 비춰 준다고 할지라도, 친구 사이에는 때로는 가려 주고 때로는 모른 척 눈감아 주기도 해야 그 거울이 오래도록 깨어지지 않기 때문입니다. 게다가 동화 '백설 공주'에 나오는 마법의 거울처럼 너무 솔직하면 친구에게 큰 상처를 주기 때문입니다.

"거울아! 거울아! 세상에서 누가 가장 예쁘니?" 때로는 친구가 가장 예쁘다고 말해야 합니다. 친구를 살리기 위해서입니다. 그렇다고 매번 그럴 수는 없습니다. 그러다가는 어느새 친구가 거짓과 왜곡 속에서 죽어 버릴 수도 있으니까요. 친구 사이의 거울은 사람을 살리기도 하고 죽이기도 합니다.

친구를 살리는 거울에는 언제나 존경과 신뢰의 마음이 바탕에 자리 잡고 있습니다. 친구를 가장 예쁘다고 말하든 그렇지 않다고 말하든 진실이 배어 있는 거울은 결코 사람을 해치지 않습니다. 단점과 약점을 들춰내고 장점과 강점을 깎아내려도 애정이 깃들인 거울은 결코 사람을 다치게 하지 않을 뿐더러, 두 사람의 우정은 언젠가 아름다운 생명의 꽃을 피웁니다.

하지만 존경과 신뢰의 마음 없이 친구를 아무리 예쁘다고 말하더라도 그 거울은 거짓과 왜곡된 모습을 비춰 줄 뿐입니다. 거짓과 왜곡은 반드시 친구를 상하게 만듭니다.

우리는 존경과 신뢰의 마음으로 서로의 거울이 된 네 사람의 위대한 성인을 알고 있습니다. 먼저 소개할 두 사람은 베드로와 요한입니다. 베드로와 요한은 스승 예수가 가는 곳이면 어디든지 함께 따라다녔습니다. 스승이 돌아가신 이후에도 그들은 자주 함께 다녔습니다. 예수의 빈 무덤을 향해 달려갈 때도 두 사람이었고, 사도행전 3장과 4장에도 베드로와 요한이 함께 있는 모습이 반복적으로 나오기도 합니다.

같은 스승 아래에서 오랫동안 함께 지낸 동료인 베드로와 요한은 친구이자 동시에 맞수이기도 합니다. 사실 모든 친구 관계는 맞수 관계입니다. 그래서 서로를 성장시키는 거울입니다.

베드로와 요한은 스승의 사랑을 두고 경쟁합니다. 스승으로부터 자신보다 더 큰 사랑을 받는 친구와 매일같이 다니는 것은 엄청난 고통입니다. 자신보다 더 많은 재능을 지닌 친구를 곁에서 매일 보는 것 역시 엄청난 아픔이자 질투를 일으킵니다. 그래서 베드로는 자신에게 "너는 나를 사랑하느냐?"(요한 21,16)고 세 번이나 반복해서 묻는 스승에게 되묻습니다. "주님, 이 사람(요한)은 어떻게 되겠습니까?"(요한 21,21)

스승 예수는 베드로에게 "그것이 너와 무슨 상관이 있느냐? 너는 나를 따라라."(요한 21,22)라고 대답합니다. 서로를 자극하고 도전하며 때로는 상처와 고통을 안겨 주는 친구 사이의 질투와 경쟁은 각자의 마음속에 귀중한 진주를 키우기도 합니다. 베드로는 요한을 통해, 요한은 베드로를 통해 자신을 비춰 보면서 마음속에 자그마한 진주를 품은 채 스승 예수를 따릅니다.

베드로는 믿음을 상징합니다. 바위 또는 반석이라고도 불리는 베드로의 믿음 위에 교회가 세워졌기 때문입니다. 요한은 사랑을 상징합니다. 항상 사랑받는 제자라고 불린 요한의 사랑으로 믿음의 교회가 든든히 지탱되기 때문입니다.

　믿음과 사랑은 서로가 서로를 비춰 주는 거울입니다. 그래서 믿음으로 구원의 역사는 시작되고, 사랑으로 구원은 완성됩니다. 이처럼 스승 예수를 더욱 가까이서 따르기 위해 베드로는 요한을 통해 사랑의 진주를, 요한은 베드로를 통해 믿음의 진주를 마음속에서 조금씩 성장시킵니다. 베드로와 요한은 서로에게 소중한 선물입니다.

　다음으로 소개할 두 사람은 마하가섭과 아난존자입니다. 사랑받는 제자 요한처럼 부처의 사랑받는 제자는 아난입니다. 스승 부처를 가까이에서 가장 오래 모시며 스승의 설법을 가장 많이 들었기에 다문제일多聞第一이라 불립니다. 비록 스승의 가르침을 많이 듣고 줄줄 외웠음에도 아난은 미처 깨달음을 얻지 못합니다. 깨달음은 지적인 알음알이 속에 있지 않기 때문입니다.

　한편 계행이 청정하여 두타제일頭陀第一로 불린 가섭은 스승으로부터 이심전심以心傳心의 심인心印을 전해 받는 제자가 됩니다. 그런 가섭에게 아난이 묻습니다. "세존은 금란가사를 전한 것 외에 또 다른 무언가를 전했습니까?" 가섭이 "아난!"

하고 부릅니다. 아난이 "예!" 하고 대답하자, 가섭이 말합니다. "문 앞의 찰간刹竿을 넘어뜨려라."(무문관 제22칙)

깨달음에 이르는 길 위에서 아난과 가섭은 친구이자 길벗인 동시에 맞수입니다. 그래서 서로를 비춰 주는 거울입니다. 그런데 아난에게 있어서 가섭은 거울임과 동시에 창문이기도 합니다. 거울을 통해 아직 깨달음에 이르지 못한 자신을 되돌아보고, 창문을 통해 가섭이 체득한 깨달음의 세계를 넘어다봅니다.

가섭이 체득한 깨달음의 세계, 곧 진리는 금색 실로 문양을 넣고 짠 금란가사에 있지 않습니다. 그렇다고 줄줄 외는 많은 교설이나 그럴싸한 화두에 있지도 않습니다. 다만 가섭이라는 주인공의 본래면목本來面目에 있을 뿐입니다.

그래서 가섭은 부처에게도 있고 자신에게도 있고 아난에게도 있는 '그것'을 보라는 의미로 "아난!"이라고 사자후를 내뱉습니다. 아난이 자신의 '그것'을 보고 "예!"라고 대답하는 순간 모든 법회는 끝이 납니다. 그러니 더 이상 찰간을 세워 둘 필요가 없는 것입니다.

당간幢竿이라고도 불리는 찰간은 행사나 불사가 진행 중임을 나타내기 위해 절 앞에 세워 두는 깃대입니다. 이 깃대는 아직 깨달음에 이르지 못한 사람의 마음의 문 앞에도 세워져 무지와 의심의 바람에 흔들리기도 합니다.

아난은 가섭이라는 거울과 창문을 통해 자신과 가섭과 부처의 본래면목을 보고 깨달음의 세계로 건너가 찰간을 넘어뜨립니다. 친구 관계가 어느새 스승과 제자 관계로 변하는 순간이며, 부처로부터 전해진 선禪의 종지가 가섭에게서 아난에게로 이어지는 사자상승師資相承의 순간이기도 합니다.

친구는 스승이자 제자입니다. 친구는 거울이자 창문입니다. 그래서 내 곁에 있는 친구는 모두 소중한 선물입니다.

친구

우정은 화음이라네.
도가 미의 음색을 존중하고
미가 솔의 높이를 인정하고
솔이 도의 크기를 품어 줄 때
평화와 안정이 춤을 추고
도가 미를 차별하고

미가 솔을 억압하고
솔이 도를 배척할 땐
긴장과 폭력이 흐른다네.

23

"와서 보아라!"

"본래면목本來面目을."

여러분은 완벽한 공동체를 원하시나요, 아니면 완전한 공동체를 원하시나요? 여러분은 완벽한 가정을 원하시나요, 아니면 완전한 가정을 원하시나요? 여러분 자신은 어떤 사람이 되기를 원하시나요? 완벽한 사람인가요, 완전한 사람인가요?

만약 "하느님께서 완벽하신 것처럼 너희도 완벽한 사람이 되어라."라는 구절을 접한다면, 어떤 느낌이 드시나요? 저는 답답하고 숨이 막힐 것 같아 어디론가 도망가고 싶습니다.

다행인 것은 성경에 하느님과 관련해서 '완벽'이란 단어가 단 한 차례도 사용되지 않는다는 사실입니다. 성경은 완전한 하느님에 대해서만 들려줍니다. "하늘의 너희 아버지께서 완전하신 것처럼 너희도 완전한 사람이 되어야 한다."(마태 5,48) 라고 말이죠.

완벽完璧과 완전完全이 비슷한 의미로 사용되고는 있지만, 심리적 뉘앙스는 꽤나 다릅니다. 우선 흠이 없는 구슬을 뜻하는 완벽은 결함이나 약점이 없는 것은 물론이거니와 실수와 빈틈조차 허용하지 않습니다. 자신의 부족함뿐만 아니라 다른 사람의 부족함도 받아들이지 못합니다. 그래서 완벽한 사람 곁에 있으면 답답하고 숨이 막힙니다. 완벽한 하느님 곁에 있으면 더 말할 것도 없을 것입니다.

저는 완벽한 사람이 될 수도 없겠지만, 되고 싶은 생각도 없습니다. 저는 많은 부분에서 부족하고 자주 실수하고 넘어지지만, 언제나 실수를 성찰하고 배웁니다. 결점이나 약점도 많지만, 그것들을 성장의 발판으로 삼습니다. 그래서 완전합니다.

언제나 나의 고유한 호흡으로 자유롭게 숨을 쉬며 한 사람의 완전한 인간으로 서 있습니다. 우리 안에는 삶과 죽음을 관통하는 완전한 생명의 기운이 흐르고 있고, 선善과 악惡, 미美와 추醜를 아우를 줄 아는 완전한 마음이 있기 때문입니다. 그래서 인간은 누구나 그 자체로 완전합니다.

빛만 있어도 완벽할 수는 있지만, 어둠이 없다면 완전해질 수 없습니다. 즐거움만 있어도 완벽할 수는 있지만, 슬픔이 없다면 완전해질 수 없습니다. 하늘만 있어도 완벽하겠지만, 땅이 없다면 완전하지 못합니다. 바다만 있어도 완벽하겠지만, 물고기가 없다면 완전하지 않습니다. 소리만 있어도 완벽하겠지만, 침묵이 없으면 완전하지 못합니다. 나 홀로 있어도 완벽할 수는 있겠지만, 네가 없다면 완전할 수는 없습니다.

그래서 완벽한 사람은 이웃을 사랑하고 원수를 미워하지만, 완전한 사람은 원수도 사랑하고 박해하는 사람을 위해 기도합니다. 완벽주의자들은 선한 사람에게만 해가 떠오르기를 원하겠지만, 완전한 하느님은 선인에게도 악인에게도 해를 떠오르게 합니다. 자기를 사랑하는 사람만 사랑하는 것은 완벽한 계산이지만, 자기에게 상처 주는 사람도 사랑하는 것은 완전한 계산입니다.

예수는 완벽한 삶이 아니라 완전한 삶으로 우리를 초대합니다. 왜냐하면 하느님은 완전하시니까요. 예수가 누구인지 알기 위해 두 사람이 예수를 뒤따라갑니다. 예수는 뒤를 돌아보며 그들에게 "무엇을 찾느냐?"라고 묻습니다. 그들이 "어디에 묵고 계십니까?"라고 말하자, 예수는 "와서 보아라."(요한 1,38-39) 하고 초대합니다.

무언가를 찾는 것이 우리 삶이고, 찾는 것을 발견하기 위해 가서 보아야 하는 것이 우리들 인생입니다. 어떤 사람은 완벽함을 찾고, 또 어떤 사람은 완전함을 찾습니다. 완벽함을 추구하는 것이 죄는 아니지만, 그 과정에서 완전한 하느님을 소외시키는 것은 분명 잘못입니다. 아담처럼 말이죠.

아담은 하느님을 기만하고 완벽한 인간이 되고자 선과 악을 알게 하는 나무의 열매를 먹었지만, 결국 그는 자신의 부족함을 깨닫고 나서야 완전한 한 인간이 되었습니다. 완벽해지라고 우리를 유혹하는 것은 뱀의 계획이지만, 완전해지라고 우리를 초대하는 것은 예수의 사랑입니다.

우리는 예수와 함께 가서 그가 어떻게 완전한 사람으로 살고 있는지 보아야 합니다. 그래야 예수를 더욱 친밀하게 볼 수 있고, 더욱 강하게 알고 사랑할 수 있고, 더욱 가까이서 따라갈 수 있으니까요.

그런데 한 가지 명심해야 할 것은 '와서 보라'는 예수의 초대에는 언제나 죽음이 들어 있다는 사실입니다. 이제까지 자기 나름대로 지녀 왔던 의미 있는 세계가, 완벽함을 추구하며 빛과 즐거움과 하늘과 바다와 자기 자신만을 쫓아왔던 세계가, 예수가 펼치는 완전한 삶의 힘으로 인해 온전히 도려내어지는 체험을 합니다. 그 순간 예수의 삶은 사람을 죽이는 칼(살인도, 殺人刀)임과 동시에 사람을 살리는 칼(활인검, 活人劍)이 되기도 합니다.

예수를 뒤따라간 두 사람처럼 한 무리의 승려들이 6조 혜능의 뒤를 쫓습니다. 목적은 단 하나! 옷과 밥그릇, 곧 5조 홍인이 전해 준 정법正法의 상징인 가사와 발우를 빼앗기 위해서입니다. 대부분 지쳐서 돌아갔지만 오직 한 사람, 장수 출신의 혜명 상좌만이 혜능을 따라붙습니다. 절체절명의 순간, 혜능은 가사와 발우를 바위 위에 놓고 말합니다. "이것들은 불법의 징표이니 힘으로 빼앗을 수 있는 것이 아니네. 그대가 가져가게."

혜명이 그것들을 들어 올리려 하나 산처럼 꿈쩍도 하지 않습니다. 두려워 떨며 혜명이 말합니다. "저는 법을 구하러 온 것이지 가사 때문에 온 것이 아닙니다. 부디 가르침을 주십시오." 혜능이 말합니다. "선도 생각하지 말고 악도 생각하지 말라. 바로 그 순간 어떤 것이 그대의 본래면목本來面目인가?"(무문관 제23칙)

자신의 본래면목, 곧 있는 그대로의 자신의 모습은 자신의 마음 안으로 들어가서 보아야 합니다. 회광반조廻光返照입니다. 무턱대고 가서 본다고 해서 본래면목이 보이지는 않습니다. 하지만 마음의 문을 활짝 열고 열린 의식으로 마음모아 주의 깊게 바라본다면 볼 수 있습니다.

부처가 보았고, 홍인과 혜능이 보았고, 혜명까지도 본 그것을 우리라고 보지 못할 까닭이 없습니다. 부처에게 들어 있고, 홍인과 혜능, 그리고 혜명에게도 들어 있는 그것이 일체 중생에게 없을 수는 없습니다.

가서 보면, 완벽한 본래면목은 그 어디에도 없습니다. 본래면목을 일러 불성佛性이니 진여眞如니 진아眞我니 일심一心이니 진리니 해서 수많은 이름으로 부르지만, 그 어느 이름도 고정불변의 실체이며 완벽하고 독립적으로 존재하는 그 무엇을 가리키지 않습니다.

허공처럼 비어 있고, 바다처럼 넓고 아득한 것, 그래서 이 세상 모든 것이 그 속에서 자유롭게 날아다니고 헤엄칠 수 있는 그것이 바로 나의 본래면목입니다. 아담처럼 선악을 분별하지 않은 채, 천진난만한 어린이처럼 깨끗함도 더러움도 구분하지 않은 채 맘껏 뛰어다니는 그곳이 나의 본래면목입니다.

본래면목은 그릇처럼 텅 비어 있기에 약이 오면 약을 담고 독이 오면 독을 담습니다. 거울처럼 한없이 맑기에 산이 오면 산을 비추고 구름이 오면 구름을 비출 뿐만 아니라, 웃으면 기쁨을 비추고 울면 슬픔까지 비춥니다. 그렇다고 그것을 소유하거나 그것에 집착하지도 않습니다. 응무소주 이생기심 應無所住 而生其心, 곧 머무는 바 없이 마음을 일으킵니다. 그래서 본래면목을 일러 부모의 몸을 빌려 태어나기 훨씬 이전인 부모미생전父母未生前의 나, 곧 생각 이전의 본래의 나라고도 합니다만, 그것이 완벽하다고 생각하는 순간 우리는 그것을 보지 못합니다. 다만 비어 있기에 완전할 따름입니다.

자신의 '안'으로 들어가서 본래면목을 본 사람은 '밖'으로 나와서 타인과 세상의 본래면목도 봅니다. 예수와 함께 가서 완전한 삶을 본 사람은 일상으로 돌아와서 이웃 없이 홀로 완벽한 삶을 추구하지 못합니다. 예수가 누구이고 나는 누구이고, 그리고 타인은 누구이고 세상은 무엇인지에 대한 깊은 내적 인식을 지니게 되기 때문입니다.

산과 물은 그 자체로 하느님의 모습입니다. 바람 소리 물소리는 하느님의 목소리이며, 장미와 쓰레기는 하느님의 향기입니다. 모든 것 안에서 하느님을 보고, 모든 것 안에서 본래면목을 봅니다. 하느님 안에서 모든 것을 보고, 본래면목 안에서 모든 것을 봅니다. 그 순간 우리는 눈앞에 펼쳐지는 새로운 세상에 탄성을 지를 수밖에 없을 것입니다.

완전함

사람이야 남녀로 구분되지만 호흡이야
사람이야 흑백으로 분별되지만 생명이야
사람이야 젊고 늙음으로 차별되지만 마음이야
사람이야 남북으로 갈리지만 불성이야
사람이야 의인과 죄인으로 나누지만 하느님이야.

24

"호수 저쪽으로 건너가자."

"말이나 침묵에 걸리지 않고 자유롭게…."

종교는 언제나 '건너가기'를 강조합니다. 가난에서 부귀로, 업신여김에서 명예로, 천대받음에서 권력으로 건너가자는 것이 아닙니다. 어둠에서 빛으로, 혼돈에서 질서로, 구속과 억압에서 자유와 해방으로, 노예살이에서 주인의 삶으로, 죄로부터 구원으로, 죽음에서 생명으로, 차별 세계에서 평등 세계로, 미혹의 세계로부터 깨달음의 세계로, 자안에서 피안으로, 예토로부터 정토로, 윤회로부터 열반으로, 현상의 세계로부터 실재의 세계로, 유정 중생의 경계로부터 각자覺者의 경계로 건너갈 수 있도록 종교는 다양한 장치를 사용해서 친절하게 안내합니다.

다양한 장치들 가운데 가장 자주 활용되는 것이 말과 글이고, 또한 말과 글을 낳고 말과 글로부터 태어나는 개념입니다. 말과 글과 개념은 어둠과 빛으로 대변되는 두 세계를 연결시켜 주는 다리 혹은 뗏목의 역할을 수행합니다.

종교가 건너가기를 강조하지만, 건너가는 것만으로 종교의 역할이 마무리되는 것은 아닙니다. 종교는 건너온 곳으로 다시 건너가기를 조심스럽게 초대합니다. 빛의 세계에서 어둠의 세계로, 깨달음의 세계에서 미혹의 세계로 다시 건너와야 비로소 처음 건너간 것이 의미를 지니게 되기 때문입니다.

그런데 조심스럽게 초대하는 이유는 누구나 초대받지만 아무나 응답하지 않기 때문입니다. 차별과 평등의 두 세계를 종횡무진 건너가고 건너와야 함에도 불구하고 한 세계에 걸려 한쪽만을 고집하기 때문입니다.

위로는 깨달음을 구하고 아래로는 중생을 이롭게 하는 상구보리 하화중생 上求菩提 下化衆生의 삶처럼 사랑과 자비가 있어야 건너온 곳으로 다시 건너가는 자유를 선택할 수 있습니다. 이 자유는 자기 자신만의 해방을 목적으로 하는 '소극적인 자유'freedom from라기보다는 이웃을 향한 '적극적인 자유' freedom for입니다. 건너온 곳으로 다시 건너갈 때에도 역시 말과 글과 개념이 대표적 장치입니다.

건너갈 때의 말과 글은 건너올 때의 말과 글과 같지만 다릅니다. 본시 진리와 깨달음은 말과 글에 있지 않지만, 그렇다고 해서 말과 글을 떠나서 있는 것도 아닙니다. 진리와 깨달음의 세계는 말이나 글로 설명되는 것이 아니기에 이언진여離言眞如이지만, 알아들을 수 있는 말이나 글에 의지해서 설명할 수밖에 없기에 의언진여依言眞如입니다. 그래서 건너갈 때와 건너올 때 똑같은 말과 글을 사용하지만 본질적으로는 다를 수밖에 없습니다.

일반 대중의 말과 글을 사용해서 건너가고, 일반 대중의 말과 글을 사용해서 건너오지만, 건너올 때는 더 이상 일반 대중의 말과 글이 아닙니다. 건너갈 때는 산은 산이요 물은 물이었다가 산은 산이 아니요 물은 물이 아니었지만, 건너올 때는 산은 산이 아니요 물은 물이 아니었다가 다시 산은 산이 되고 물은 물이 됩니다.

예수가 종종 제자들에게 "호수 저쪽으로 건너가자."(마르 4,35)라고 말한 것은 단지 물리적인 공간 이동만을 말하는 것이 아닙니다. 그 옛날 이스라엘 선조들이 체험했던 파스카의 신비,

곧 이집트 노예살이에서 하느님의 자녀인 주인으로, 구속과 억압에서 자유와 해방으로 건너가자는 초대입니다. 평범한 일상 안에서 자유자재로 건너가고 건너오는 삶을 살라는 부르심입니다.

우리들 대부분은 항상 호수 저쪽으로 건너가고 건너오는 순례객들입니다. 매일같이 아침이라는 호숫가에서 저녁이라는 호숫가로 건너가고 다시 아침으로 건너오고, 가정이라는 호숫가에서 학교나 직장이라는 호숫가로 건너가고 다시 가정으로 건너옵니다. 예수는 일상 안에서 건너가고 건너오면서 해방과 자유를 맛보라고 초대하지만, 대개의 사람들은 노예의 상태로 건너가고 건너올 뿐입니다. 수많은 말과 글과 개념의 감옥에 갇힌 노예로 말입니다.

"새가 새장에 갇히자마자 의미를 가지기 시작"한다고 노래한 시처럼, 사람은 말과 글의 감옥에 갇히면서부터 의미를 지니고 서로 소통하기 시작합니다. 그런데 새장에 갇힌 새가 하늘과 격리되듯이 말과 글의 감옥에 갇힌 사람은 진리로부터 멀어집니다. 왜냐하면 말과 글은 언제나 있는 그대로의 실재, 즉 진리에 다가서지 못하게 막기 때문입니다.

말과 글은 그것이 나타내고자 하는 실재와 똑같지 않습니다. 예를 들어 우리가 '꽃'이라고 말한다고 해서 꽃이라는 실재가 입에서 튀어나오는 것은 아닙니다. '봄'이라고 말한다고 해서 대지에 싹이 돋아나는 것은 아닙니다. 그런데도 사람들은 말과 글이 실재와 똑같다고 오해하거나 착각합니다. 그 오해와 착각으로부터 거짓과 왜곡, 집착과 탐욕이 태어납니다.

시인 김춘수가 '먼 들메나무'에서 노래하듯이 "슬픔은 슬픔이란 말에 씌워 숨이 찹니다." 슬픔이 숨이 찬 이유는 '슬픔'이라는 말의 감옥이 우리가 느끼는 슬픈 감정을 온전히 담아내지 못하기 때문입니다.

'슬픔'이라는 말이 없으면 우리는 슬픔을 느끼지 못합니다. 그렇다고 슬프지 않은 것은 아닙니다. 말이 있으나 없으나 슬프기는 매한가지입니다. 다만 '슬픔'이라는 말이 없으면 우리가 느끼는 슬픔을 '슬픔'이라 표현할 수가 없을 뿐입니다.

우리가 지금 느끼는 슬픔을 온전히 담기 위해서 수많은 부사와 형용사늘이 개발됩니다. 많이 슬프다, 조금 슬프다, 약간 슬프다, 너보다 더 슬프다, 가장 슬프다, 죽도록 슬프다 등등으로 말이죠. 그렇다고 해서 '슬픔'이 우리가 느끼는 슬픈 감정을 온전히 담아내지는 못합니다.

"슬픔은 언제 마음 놓고 슬픔이 될까요?" 예수가 말하는 호수 저쪽은 우리가 실제로 느끼는 슬픔의 세계입니다. 입에서 말하는 '꽃'과 '봄'이 아니라 실제로 꽃이 피고 싹이 돋아나는 있는 그대로의 실재의 세계입니다.

슬픔과 꽃과 봄을 호수 이쪽에서 '슬픔'과 '꽃'과 '봄'이라는 말과 글로 온전히 담아내려 하지만 그럴 수가 없습니다. 우리는 언제나 말과 글의 감옥에 갇혀 실재로부터 격리되어 있으니까요.

이 감옥으로부터 벗어나는 길을 한 승려가 풍혈 스님에게 묻습니다. "말이나 침묵이 진리의 강을 건널 때 어떻게 해야 빠지지 않겠습니까?" 스님이 말합니다. "오래도록 강남의 삼월을 기억하니, 자고새 우는 곳에 온갖 꽃들이 향기로워라."
(무문관 제24칙)

말을 해도 진리에 어긋나고 안 해도 어긋나니 어찌하면 좋으냐는 물음입니다. 모든 종교는 말과 글의 종교입니다. 모두들 경전을 가지고 있고 가르침을 설하니까요. 하지만 불교만큼 방대한 말과 글을 가진 종교는 없습니다. 다른 종교가 말과 글의 슈퍼마켓이라면 불교는 백화점입니다. 그만큼 건너가고 건너오기를 안내하는 데 친절하다는 말입니다.

그렇지만 질문을 던진 승려는 말이 실재로부터 멀리 떨어진 감옥이고, 따라서 말을 할 때마다 진리로부터 벗어난다는 사실을 알고 있습니다.

말이 감옥이니 말이 없는 침묵에 의지해서 진리로 건너갈 수도 있겠지만, 말이 없는 침묵 역시 감옥이긴 매한가지임도 승려는 이미 알고 있습니다. 왜냐하면 입으로는 침묵하지만 마음속에는 여전히 이런저런 생각들, 즉 개념의 묶음들로 분주하기 때문입니다. 입은 닫고 있으되 무언의 말을 계속하는 것이니 결국 침묵은 말과 다르지 않습니다.

뿐만 아니라 무언의 말조차 없는 침묵은 말이 있으나 없으나 항상 그 자리에 있습니다. 침묵은 말의 바탕입니다. 말이 있어도 침묵은 그곳에 있고, 말이 없어도 침묵은 그곳에 있습니다. 침묵이라는 무대가 없다면 말이라는 배우가 설 자리는 그 어디에도 없습니다. 배우가 떠나가도 무대는 늘 그 자리에 있습니다.

부치가 49년 동인 수많은 설법을 했으나 한 글자도 말한 바가 없다고 시치미를 뗀 것이나, 달마 대사가 동굴에서 홀로 9년 동안 면벽참선을 했으나 주위가 소리로 진동했다는 것은 바로 이 때문입니다. 말과 침묵은 언제나 한자리에 있어 결코 다르지 않습니다.

말을 해도 진리에 어긋나고 안 해도 어긋나는 진퇴양난의 상황에서 어찌해야 진리의 세계로 건너가고 건너올 수 있을까요? 말과 침묵은 '감옥'이지만 동시에 '집'이기도 합니다. 감옥이나 집이나 실재의 세계로부터 격리된 것은 마찬가지이지만, 감옥과 집의 차이는 자유자재로 드나들 수 있느냐 없느냐에 있습니다.

누군가가 나를 말과 침묵의 감옥에 가둔 것이 아니라 스스로 가둔 것이니, 이제라도 자기 발로 감옥에서 걸어 나와 말과 침묵의 한계를 알아차리고 자유롭게 활용하고 드나들어야 합니다. 이는 스스로의 선택입니다. 그럴 경우, 누가 뭐라고 하든 말든 자고새가 우는 곳에는 온갖 꽃들이 향기롭습니다.

슬픔

슬픔은 언제 마음 놓고
슬픔이 되나
슬픔이 말보다
눈물에 있을 때….

25

"보아도 보지 못하고 들어도 듣지 못한다."

"사구四句를 떠나 백비百非를 끊었기에."

우리 마음 안에는 두 마리의 강아지가 있다고 합니다. '편견'과 '선입견'입니다. 이 두 마리 강아지들이 짖으며 달려가는 방향에 따라 우리의 삶도 대부분 방향 지어집니다. 이 두 마리 강아지를 길들이는 또 한 마리의 강아지가 있는데, 바로 '백문불여일견'百聞不如一見입니다. 하지만 실제로 가서 보고 경험한다고 해도 우리는 자기가 보고 싶은 것만 보고 그것만 경험하는 마음의 작용을 떨쳐 버리지는 못합니다.

세상은 하루 24시간 우리에게 말을 겁니다. 잠자는 시간이라고 그냥 넘어가지 않습니다. 꿈을 통해서라도 우리에게 말을 겁니다. 있는 그대로 보고 들어 자신의 참모습을 알아봐 달라고 항상 말을 겁니다. 있는 그대로 보고 듣는 것이 너희를 자유롭게 하니 제발 그렇게 하라고 간곡하게 부탁합니다.

사실 우리가 세상을 있는 그대로 보고 듣는다고 세상에게 보탬이 되는 것은 아닙니다. 다만 세상이 너무나 친절한 나머지 그럴 수밖에 없는 것입니다. 세상은 자신을 투명하게 있는 그대로 드러냅니다. 그렇지만 우리는 있는 그대로 보고 듣기는커녕 언제나 마음이 지어낸 생각의 그림, 곧 관념을 통해 보고 싶은 대로 보고 듣고 싶은 대로 듣습니다.

자연은 우리에게 자연自然, 곧 사람의 의도를 더하지 않은 그대로의 현상을 선물합니다. 하지만 사람의 눈에는 산은 더 이상 산이 아니고, 물은 더 이상 물이 아닙니다. 돈이고 건물이고 운하이고 다리입니다. 자연은 언제나 사람에게 차별 없는 마음으로 다가오지만, 사람은 언제나 자연에게 곱다 밉다, 크다 작다, 높다 낮다, 깨끗하다 더럽다 등과 같은 마음이 지어낸 생각의 그림으로 덧칠을 합니다.

옷을 사러 백화점에 가는 날에는 온통 옷 잘 입은 사람만 눈에 들어옵니다. 내가 알던 사람이건 모르던 사람이건 관계없이 그들의 옷에 나의 시선이 꽂힙니다. 마음속에 '옷을 사러 간다.'라는 생각의 그림으로 꽉 채워져 있기 때문입니다. 신발을 사러 가는 날엔 길에 보이는 것은 온통 신발뿐이고, 머리를 하러 가는 날엔 다른 사람들의 머리에만 시선이 고정됩니다.

선거철이면 자신이 지지하는 후보나 정당에 대해 호의적인 정보만 받아들입니다. 자기 믿음과 기대, 즉 마음이 지어낸 관념을 확인시켜 주는 정보만 받아들이고 상충되는 쪽은 무시해 버립니다. 그래서 조선일보를 보는 사람은 조선일보만, 한겨레신문을 보는 사람은 한겨레신문만 보고 믿습니다.

스포츠 경기를 관람할 때, 더군다나 일본이나 중국과의 국가 대항전쯤 되면 상대팀 반칙이 눈에 더 잘 들어옵니다. 보고 싶은 대로 보는 것입니다. 그래도 불편함이 없고 그래야 재미가 있습니다. 이미 그렇게 살아가도록 우리의 일상적 사고 습관이 관성화 또는 중독되었기 때문입니다.

토마스 키다 교수는 「생각의 오류」라는 책에서 이런 내용을 더욱 자세하게 소개합니다. 자기가 투표한 정치인이 큰 부정을 저질럿시 다른 사람들이 비판을 하면 기분이 나빠집니다. 보고 싶은 대로 보고 듣고 싶은 대로 듣기를 원하기 때문입니다. 사람들이 이렇게 하는 이유를 학자들은 '인지부조화' cognitive dissonance라고 부릅니다. 자신이 내린 선택의 결과가 잘못되지 않았다는 것을 확인받고 싶은 '셀프 최면적 정신

상태'라는 것입니다.

예수는 하늘나라의 신비를 '씨 뿌리는 사람의 비유'를 통해 설명합니다. 진리의 씨앗은 때론 길에, 때론 돌밭에, 때론 가시덤불 속에, 때론 좋은 땅에 떨어져 어떤 것은 백 배, 어떤 것은 예순 배, 어떤 것은 서른 배의 열매를 맺는다는 말씀입니다. 이 비유 끝에 예수는 "보아도 보지 못하고 들어도 듣지 못하고 깨닫지 못한다."(마태 13,13)고 덧붙입니다.

물이 담긴 그릇이 있습니다. 그 물이 흔들리거나 흙탕물이면 자기 모습을 있는 그대로 비춰 볼 수 없습니다. 마찬가지로 우리 마음이 흔들리거나 생각의 그림으로 꽉 차 있으면 세상을 있는 그대로 볼 수 없습니다.

우리 마음이 흔들리고 생각의 그림으로 꽉 차 있는 이유를 종교에서는 일반적으로 탐욕과 어리석음 때문이라고 합니다. 자기 이익과 이권이 개입된 탐욕과 어리석음의 렌즈를 통해 자기가 보고 싶은 대로 보기 때문에 우리는 세상과 타인과 자기 자신을 있는 그대로 보지 못하는 것입니다.

앙산 스님이 하루는 꿈을 꿉니다. 꿈속에서 어느 존자가 스님에게 법을 설해 달라고 청합니다. 스님은 일어나서 나무망치로 받침대를 칩니다. 그리고 말합니다. "대승의 법은 사구四句를 떠나 백비百非를 끊습니다. 잘 들으시오, 잘 들으시오."(무문관 제25칙)

앙산 스님은 나무망치로 받침대를 치는 것으로 해야 할 설법을 다 했습니다. 이 보다 더 친절하고 구체적이고 분명한 가르침은 없습니다. 대승의 법은 모든 이의 눈과 귀 앞에 그대로 드러나 있습니다. 더 이상 보고 듣기를 요구한다면, 이는 욕심이 과한 것입니다.

그런데도 스님은 대승의 법은 사구와 백비를 끊는다고 사족을 답니다. 할 필요가 없는 말이긴 하지만 친절이 지나친 탓입니다. 나무망치로 받침대를 치는 소리 '탕'으로 충분합니다. 마치 향엄 스님이 대나무에 자갈이 부딪치는 '딱' 소리에 마음이 열렸듯이 말입니다. 무엇을 잘 들어야 할까요? '탕'과 '딱'입니다. 있는 그대로의 소리입니다.

사구와 백비는 일상생활에서 우리가 사용하는 일체의 언어와 사고 형식을 가리킵니다. 기본적인 네 가지 사고방식, 곧 '긍정', '부정', '긍정하면서 부정하는 것', '긍정하지도 않고 부정하지도 않는 것'과 그로부터 파생한 백 가지 언어 형식입니다.

이 다양한 말과 글로 우리는 생각의 그림을 그리고 관념의 그물을 짭니다. 그런데 앙산 스님은 너무나 친절한 나머지 필요 없는 말을 함으로써 본인 스스로 그 그물에 걸리고 맙니다. 마치 벽에 낙서를 하지 말라는 의미로 '낙서 금지'라는 낙서를 하듯이 말입니다.

8세기 인도의 승려 샨티데바는 세상을 두 종류로 나눕니다. 세상은 하나임에도 불구하고 마음의 차별에 의해 두 가지 세상으로 구분된다는 겁니다. 하나는 요가행자의 세상이고, 다른 하나는 범부의 세상입니다. 요가행자는 '내가 없는 마음으로' 세상을 보는 사람이고, 범부는 '나로 꽉 찬 마음으로' 세상을 보는 사람입니다. 내가 없는 마음으로 보기에 있는 그대로의 세상을 볼 수 있는 것입니다.

샨티데바는 범부들 사이에도 여러 세상으로 구분된다고 덧붙입니다. 그래서 어떤 범부는 한국을 희망이 사라진 지옥 같은 대한민국이란 뜻으로 '헬조선'이라 자조하며 부르고, 어떤 범부는 전쟁도 겪어 보지 않았고 굶어 보지도 않아서 잘 모른다며 '헬조선은 없다'고 말합니다.

자기가 서 있는 자리, 곧 자기 입장에서 자기가 보고 싶은 대로 보고 듣고 싶은 대로 듣기 때문입니다. 그렇지만 그 범부가 지도층 인사라면, 그럼에도 현실에 대한 불안과 절망 속에서 분노하고 있는 사람들의 목소리를 외면하고 듣지 않는 사람이라면, 분명 자질이 부족한 범부 지도층 인사인 것은 분명합니다.

우리는 하나의 세상에 살고 있지만, 그렇다고 같은 세상에 사는 것은 아닙니다. 함께 커피를 마시며 지나가는 행인과 자동차를 본다고 해서 똑같은 세상에 살고 있다고 착각해서는 안 됩니다. 물리적으로는 같은 세상이지만, 우리는 각자의 마음으로 그리는 세상 속에서 살고 있습니다.

일수사견一水四見입니다. 즉 같은 물이라도 보는 이의 마음에 따라 네 가지로 달리 보입니다. 천상의 사람이 물을 보면 유리로 장식된 보배로 보이고, 인간이 보면 마시는 물로 보입니다. 물고기가 보면 사는 집으로 보이고, 아귀가 보면 피고름으로 보입니다.

눈에 보이는 물을 두고도 이렇게 서로 다른데, 하물며 눈에 보이지 않고 만져지지도 않는 세상을 두고서야 더 무슨 말이 필요하겠습니까?

자기의 마음이 지어낸 생각의 그림은 세상을 있는 그대로 보는 데 장애물입니다. 보아도 보지 못하고 들어도 듣지 못하게 만듭니다. 그러니 내 생각만이 옳다는 마음이 생길 때, 먼저 내 마음속 어느 강아지가 짖고 있는지부터 살펴야 합니다. 그렇지 않고 무턱대고 자기 생각을 밖으로 드러내는 순간, 어쩌면 자신의 어리석음을 스스로 온 천하에 드러내는 꼴이 되고 말 것입니다.

화가와 음악가

보는 것은 같은데
보이는 것은 다르고
듣는 것은 같은데
들리는 것은 다르다.
마음속 주인이 다르니.

26

"두 죄수도 십자가에 못 박았는데, 오른쪽과 왼쪽에."

"일득一得 일실一失!"

    우리는 득실得失의 세계에 살고 있습니다. 순전히 얻기만 하는 '순득'의 세계와 순전히 잃기만 하는 '순실'의 세계는 그 어디에도 없습니다. 한쪽이 얻으면 한쪽이 잃는 세계입니다. 한쪽이 많이 얻으면 한쪽은 많이 잃고, 한쪽이 조금 얻으면 한쪽은 조금 잃습니다.

    얻은 쪽은 기쁘고 잃은 쪽은 속상합니다. 얻는 쪽은 웃고 잃는 쪽은 웁니다. 매번 똑같은 쪽이 얻고 똑같은 쪽이 잃는 것은 아닙니다. 얻을 때가 있으면 잃을 때도 있으니까요. 이것이 바로 우리네 일상입니다. 인연에 따라 얻기도 하고 잃기도 하면서 천차만별로 나타나는 이런 일상을 '차별 세계' 혹은

'분별 세계'라 합니다.

득실의 세계는 유무有無 · 생멸生滅 · 생사生死 · 선악善惡 · 미추美醜 · 고락苦樂 · 상하上下 · 빈부貧富 · 대소大小 · 고저高低 · 장단長短 등으로 차별되고 분별된 세계 가운데 하나의 이름입니다. 그런데 세계가 원래부터 차별적인 것은 아닙니다. 세계가 이처럼 차별되고 분별된 것은 우리 마음이 그와 같이 차별하고 또 분별하기 때문입니다. 태어나자마자 죽어 가기 시작하고, 누군가 높으면 그보다 낮고, 하나를 얻으려면 하나를 잃어야 하는 세상 이치를 체득하면서 자기 편의에 따라 '득'이니 '실'이니 이름 붙이며 차별과 분별의 눈을 마음속에 새겨 둡니다.

그렇다고 하여 차별의 세계만이 존재하는 것은 아닙니다. 차별의 세계 속에서도 평등을 보는 사람들이 있습니다. 죽는 것이 사는 것이고, 비우는 것이 채우는 것임을 아는 사람들입니다. 이들은 컵 속에 물이 비워져 있으면 공기가 채워져 있음을 봅니다. 비움이 곧 채움입니다. 잃으면서 행복해하고 더 잃기 위해 애를 씁니다. 잃음이 곧 얻음입니다. 바로 자녀들을 위해 썩은 사과를 선택하는 어머니들이 이런 사람들입니다. 사랑하는 사람을 위해 썩은 사과마저 포기하는 사람들입니다. '나'와 '너'로 차별된 세계에서 사랑의 힘으로 '나'와

'너'가 하나인 평등의 세계로 건너갑니다.

그렇지만 자기가 낳은 자녀만을 위해서 썩은 사과를 선택하고, 자기가 사랑하는 사람을 위해 사과를 포기하는 것이 무엇이 그리 대단하겠습니까? 누구나 다 그런 마음을 지니고 있으니까요.

그래서 예수는 말합니다. "너희가 자기를 사랑하는 이들만 사랑한다면 무슨 인정을 받겠느냐? 죄인들도 자기를 사랑하는 이들은 사랑한다."(루카 6,32) 이런 식으로 선택하고 포기하고 사랑하는 것은 결국 자기 이익을 위한 소꿉장난과 다를 바가 없습니다.

예수는 항상 가운데에 있습니다. 십자가에 못 박히는 죽음의 순간에도 가운데 있습니다. 예수와 함께 두 죄수도 십자가에 못 박았는데, 하나는 예수의 오른쪽에 다른 하나는 왼쪽에 못 박았습니다(루카 23,33).

예수는 오른쪽에 있는 죄수처럼 회개하는 사람만을 위해서 십자가에 못 박힌 것이 아닙니다. 왼쪽에 있는 죄수처럼 끝까지 회개하지 않고 자기를 조롱하며 비웃는 사람들을 위해서도 그들과 함께 못 박힙니다.

예수가 가운데에서 못 박힌 이유는 좌左와 우右를 구분하고 차별하기 위해서가 아닙니다. 선과 악을 명백하게 가르기 위해서도 아닙니다. 예수를 중심으로 해서 인류의 운명이 갈라지는 것을 나타내는 것은 더더군다나 아닙니다. 좌가 있기 때문에 우가 있고, 선이 있기 때문에 악이 있습니다. 자기 이익과 이권으로부터 멀리 떨어져서 좌우·선악의 차별 속에서 평등을 보고 평등 속에서 차별을 잊지 않기 위해서입니다. 그리하여 오른쪽에 있든 왼쪽에 있든 한 사람도 놓치지 않고 예외 없이 전부를 구원하기 위해서입니다.

그렇지만 차별을 모르는 평등은 위선이자 가짜입니다. 그래서 예수는 왼쪽에 못 박힌 이에게는 연민을 건네고 오른쪽에 못 박힌 이에게는 우정을 읽습니다.

반면 평등을 모르는 차별은 자기 이익만을 위한 소꿉장난입니다. 그래서 예수는 좌우 모두를 위해 십자가에 못 박힙니다. 예수는 어느 쪽에도 치우치지 않은 마음(불편심, 不偏心)으로 기도합니다. "아버지, 저들을 용서해 주십시오. 저들은 자기들이 무슨 일을 하는지 모릅니다."(루카 23,34)

어떤 사람들은 용서밖에 할 줄 아는 게 없는 하느님과 십자가에 못 박혀 기도밖에 할 게 없는 예수가 너무나도 무력하고 연약하다고 말합니다. 그렇게 약해 빠진 존재가 어떻게 인류를 구원할 수 있겠느냐고 말합니다. 맞는 말입니다. 차별과 분별의 세계 속에서만 살아가는 이들에게는 차별과 평등의 세계를 넘나들며 말하고 행동하는 예수가 이상하게 보이는 것이 당연하니까요.

차별과 분별의 눈만 지닌 이들에겐 법안 스님의 말과 행동도 이상하게 보일 것입니다. 하루는 점심 공양 전에 승려들이 제창을 듣기 위해 법당에 모이자 법안이 쳐진 발을 손가락으로 가리킵니다. 곁에 있던 두 승려가 일어나 발을 걷어 올립니다. 그러자 법안이 말합니다. "일득一得 일실一失."(무문관 제26칙)

창가에 쳐져 있는 발은 안과 밖을 구분합니다. 발을 걷어 올려 안과 밖을 평등하게 하나로 묶고, 다음 날 걷어 올린 발을 다시 쳐 안과 밖을 차별하는 것은 특별할 게 없는 우리들 일상의 모습입니다. 우리는 알게 모르게 나누고 구분하는 차별의 세계와 서로를 품어 안는 평등의 세계 속에 살고 있습니다. 그런데도 차별만 알 뿐 평등을 모른 채 전체를 보지 못합니다.

하나는 얻고 하나는 잃는 '일득一得 일실一失'도 특별할 게 없는 세상의 자연스런 모습입니다. 인연에 따라 생기고 인연에 따라 사라지는 세상의 실제 모습입니다.

겨울이 짙어지면 봄이 옵니다. 봄은 얻지만 겨울은 잃습니다. 봄이 무르익으면 여름이 옵니다. 여름은 얻지만 봄은 잃습니다. 얻는다고 자만하지 않고 잃는다고 괴로워하지 않습니다. 더 머물러 있으려고 다투거나 집착하지도 않습니다. 다만 사람의 마음만이 얻고 잃음에 집착하고 괴로워합니다. 그래서 누가 얻고 잃는지, 얼마나 얻고 잃는지, 언제 얻고 잃는지 차별하고 계산합니다.

발을 걷어 올린 두 승려에게도, '일득一得 일실一失'이라 말한 법안 스님에게도 아무런 허물이 없습니다. 누가 득이고 누가 실인지에 대한 차별심이나 우열을 가리는 분별심은 내 마음속 차별의 눈에 의해 비롯된 것이지 그들은 단지 인연에 따라 행동하고 진리의 실상을 읊조렸을 뿐입니다. 마치 득이라고도 실이라고도 차별하지 않는 세상 만물을 두고 사람들이 자기 편의에 따라 득이니 실이니 이름 붙이며 살아가듯이 말입니다.

차별의 눈으로 보면 '나' 하나조차도 수만 가지로 분별되지만, 평등의 눈으로 보면 온 세상이 하나입니다. 차별의 눈으로는 내 자녀를 위해서만 썩은 사과를 선택하지만, 평등의 눈으로는 옆집 아이를 위해서도 썩은 사과를 선택할 수 있습니다. 차별의 세계 속에서는 누군가를 위해 죽음마저 감수하며 십자가를 지는 것이 연약하고 어리석은 행동이지만, 평등의 세계 속에서는 그것이야말로 당연한 사랑의 모습입니다.

  우리는 차별과 평등이 어우러진 세계 속에 살고 있습니다. 차별 속에서 평등을, 평등 속에서 차별을 볼 줄 아는 눈을 감아서는 반쪽짜리 인생만 살게 됩니다.

밀과 포도

밀은 땅에 떨어지고 죽어
그리스도의 몸이 되고
포도는 밟히고 문드러져
그리스도의 피가 되는데
죽기는커녕 죽이기만 하고
밟히기는커녕 밟기만 하네.

27

"어떻게 말할까, 무엇을 말할까 걱정하지 마라."

"마음도, 부처도, 물건도 아니다."

 마음은 마치 화가와 같아서 무슨 그림이든지 그릴 수 있습니다. 풍경화를 그릴 수도, 정물화를 그릴 수도, 또는 인물화를 그릴 수도 있습니다. 물론 만화도 그릴 수 있습니다. 여러분의 인생이 한 권의 화첩이라면, 오늘이라는 도화지에 어떤 그림을 그리고 싶으신가요?
 마음이라는 화가는 어떤 그림이든 그릴 수 있지만 자신의 생각이 미치지 못하는 수준, 생각의 범위를 벗어난 그림은 그릴 수가 없습니다. 우리는 각자가 지닌 생각의 높이만큼만 그림을 그릴 수 있습니다.
 그 높이 아래에서 떠오르는 수많은 생각 중 어쩌면 우리는 자신의 마음을 사로잡고 있는 생각, 다시 말해 아침에 일어나자마자 떠오르는 생각, 하루 중 가장 자주 머무는 생각, 생각만으로 나를 흐뭇하게 하는 것, 잠자리에 들면서도 나를 설레게 하는 생각을 멋진 그림으로 그리고 싶어 할 것입니다.

내 마음이 사회 정의와 평등에 사로잡혀 있다면 광화문 광장을 배경으로 한 손에 촛불을 들고 있는 사람들의 모습을 그리고 싶을 겁니다. 연극이나 영화, 또는 전시회와 같은 문화 활동에 관심이 많으면 세종문화회관이나 박물관이 등장할지도 모르겠습니다.

내 마음을 경제적으로 크게 성공한 사람의 모습이 사로잡고 있다면, 63빌딩보다 더 높은 마천루들이 즐비한 풍경을 그릴 수도 있을 것입니다. 친구들과 어울려 술 마시고 노래 부르는 것에 마음이 사로잡혀 있으면, 이름도 모르는 길거리의 노래방 모습을 그릴 것입니다.

마음이라는 화가는 생각의 높이만큼 그림을 그리고, 우리는 생각의 높이만큼 살아갑니다. 생각의 범위를 벗어나서는 단 하루도 존재할 수 없으니까요.

저는 요즘 새 그림을 그리고 있습니다. 이 나무에서 저 나무로 옮겨 가는 작은 새가 아니라 큰 새를 그리고 있습니다.

날갯짓 한 번으로 서울에서 부산으로 날아가고, 또 한 번으로 바다 건너 이웃 나라로 날아가고, 이 별에서 저 별로 날아가는 새를 말이죠. 큰 새에게는 어떠한 경계나 장벽도 소용이 없습니다. 그보다 훨씬 높이 날아 어디든지 자유자재로 날아다닙니다.

철학자로 불린 벨기에의 화가 르네 마그리트는 '통찰력'이라는 그림에서 알을 보고 새를 그렸습니다. 그는 형태를 보되 그 너머의 것을 보았고, 소리를 듣되 그 너머의 것을 들었습니다. 그의 생각은 틀이나 울타리 안에 갇혀 있지 않았습니다. 알은 새가 갇혀 있는 세계, 즉 생각의 틀입니다. 그 틀을 넘어서서 세상의 본질을 꿰뚫어 보는 마음이 통찰력입니다.

그래서 헤르만 헤세는「데미안」에서 말합니다. "새는 알에서 나오려고 투쟁한다. 알은 새의 세계이다. 태어나려는 자는 하나의 세계를 깨뜨려야 한다." 새롭게 태어나기를 원하는 사람은, 그리고 훨훨 날아다니기를 원하는 사람은 지금까지 안주하던 알을 깨고 나와야 합니다. 물론 스스로 알을 깨뜨리면 새가 되겠지만, 남이 깨면 요리감이 될지도 모르니 신중해야 합니다.

예수는 제자들에게 항상 말합니다. "어떻게 말할까, 무엇을

말할까 걱정하지 마라. 너희가 무엇을 말해야 할지, 그때에 너희에게 일러 주실 것이다."(마태 10,19)

  우리는 틀을 뛰어넘는 것을 두려워합니다. 그동안 안주해 온 울타리를 벗어나는 것, 곧 알을 깨는 것을 걱정하고 주저합니다. 알 바깥에 무엇이 있을지 모르기 때문입니다. 하지만 생각의 높이를 올려 세상을 보다 넓고 깊게 보고 듣고자 한다면 알을 깨고 바깥으로 나와야 합니다. 그리고 새롭고도 낯선 것을 마주해야 합니다.

  우리들 대부분은 어쩌면 자기가 듣고 싶은 것만 들으면서, 들어야만 하는 것을 들으면서, 또 들리는 대로 들으면서 살아왔는지 모릅니다. 자기가 듣고 싶은 것만 들어왔다면 자기가 만든 울타리 안에 스스로를 가둔 것입니다. 들어야만 하는 것만 들어왔다면 타인의 평가라는 울타리 안에 가둔 것입니다. 들리는 대로 들어왔다면 불완전한 감각의 울타리 안에 가둔 것입니다.

  알을 깨기는커녕 알 속에 안주한 것입니다. 자기가 지니고 있는 잠재력과 가능성을 스스로 무시해 버리는 것입니다. 일종의 '요나 콤플렉스'입니다. 그러다 보니 무엇을 말해야 할지를 알려 주는 내면의 목소리, 곧 아름다운 울림을 선사하는 심장에서 뛰는 성령의 소리와 알을 깨고 "이리 나와라."(요한 11,43) 하는 예수의 목소리를 듣지 못합니다.

심장을 두드리고 심장에서 들리는 소리는 성장을 향한 초대입니다. 마음을 설레게 하는 목소리입니다. 그 소리를 듣기 위해서는 울타리를 허물어야 하고 자기 안에 꽉 차 있는 선입견과 편견을 비워야 합니다. 이런 선택에는 불편과 고통이 수반됩니다. 성장을 향한 통증입니다. 알을 깨고 나와 미지의 것으로 건너가는 아픔과 낡고 친숙한 믿음을 포기해야 하는 고통입니다.

그런 다음 마음 모아 주의 깊게 보고 경청해야 합니다. 실제로 우리들 대부분은 누군가의 말을 듣기도 전에 미리 자기 생각으로 짐작하고 판단하곤 합니다. 상대의 말을 왜곡하지 않고 있는 그대로 받아들이기 위해서는 '빈 마음'이 필요하지만, 이미 자기 생각으로 꽉 찬 마음은 상대의 이야기를 내 식으로 조작해서 듣습니다. 컵이 쓸모가 있는 것은 비어 있기 때문이고, 예쁜 꽃병과 큰 건물도 실은 비어 있기 때문에 쓸모가 있는데도 말입니다.

하루는 한 승려가 남전 스님에게 묻습니다. "아직 사람들에게 설하지 않은 진리가 있습니까?" 남전이 "있다."고 대답합니다. 승려가 다시 묻습니다. "그게 무엇입니까?" 남전이 말합니다. "마음도 아니고 부처도 아니고 물건도 아니다."(무문관 제27칙)

아직 설하지 않은 진리가 있느냐는 물음은 다름 아닌 설하려 해도 설할 수 없는 진리가 있느냐는 물음이기도 합니다. 사람들에게 설하지 않은 진리가 따로 있는 것은 아닙니다. 진리는 사람들에게 설하려 해도 설할 수 없기 때문입니다. 말로 표현할 수 있는 것이라면 이미 진리로부터 십만 팔천 리나 벗어나 있을 테니까요.

진리는 본시 이름도 없습니다. 이름도 없는 진리를 인연에 따라 어쩔 수 없이 부처니 불성이니 진여니 법계니 일심이니 실재니 신이니 법이니 이름 붙여 억지로 부를 뿐입니다. 따라서 진리를 알려면 먼저 그 이름부터 하나씩 지워야 합니다.

우리 마음속에는 수많은 이름들이 있습니다. 이름은 이름 붙일 수 없는 진리를 가리키는 중요한 손가락이지만 그 이름 속에 갇혀 버리면, 즉 손가락의 높이에 시선이 머무르게 되면 더 높은 곳에 있는 달을 볼 수가 없습니다. 물론 달조차도 이름일 뿐입니다. 이름을 붙이지 않아도 진리는 진리입니다.

이름이라는 벽돌이 하나둘 더해져 거대한 성벽이 만들어집니다. 이름은 진리를 조망하기 위해 올라가는 중요한 성벽이지만 깨어 있지 않으면 자신도 모르는 사이에 자신이 쌓은 성벽 속에 갇혀 버립니다.

진리를 알기 위해서는 벽돌을 하나씩 덜어 내야 합니다. 그래서 남전 스님은 말하는 것입니다. 마음이라는 이름도 아니고 부처라는 이름도 아니고 물건이라는 이름도 아니라고 말이죠.

이름을 하나씩 지우고 벽돌을 하나씩 덜어 내면, 게다가 듣고 싶은 것, 들어야만 하는 것, 들리는 것을 하나씩 비우다 보면 어느새 텅 빈 자리만 남습니다. 텅 빈 자리는 만물의 본래 자리입니다. 그 어떤 생각도, 생각의 틀도 없는 있는 그대로의 자리입니다. 텅 비어 있기에 있는 그대로의 진리를 새롭게 그릴 수 있습니다. 그래서 충만합니다. 텅 빈 충만의 자리에 자잘한 그림을 그리며 소꿉장난만 하다 한생을 마감한다면 이보다 억울한 일은 그 어디에도 없을 것입니다.

훈수

이웃집 노자 영감님

지나가다 한마디 툭,

"덜어 내고 또 덜어 내면

무위에 이른다네."

損之又損 以至於無爲

28

"요한은 타오르며 빛을 내는 등불이었다."

"훅 불어 꺼 버려라."

한 사람의 인생은 한 권의 책에 비유되기도 합니다. 몇 년을 사느냐에 따라 책 두께는 달라지지만, 책이 두껍다고 반드시 좋은 책이 되는 것은 아닙니다. 저는 제 인생의 책이 틀에 박힌 자기 계발서나 장황한 무협지, 또는 답이 정해진 시험 문제지가 되는 것을 원치 않습니다. 적당한 두께의 아름답고 행복한 러브 스토리였으면 좋겠습니다.

이왕이면 해피엔드였으면 합니다. 게다가 군데군데 예쁜 그림이 그려진, 그리고 아름다운 울림과 눈물이 있는 일화도 담겨 있으면 좋겠습니다. 그러기 위해선 하루의 일상을 담을 오늘 한 페이지를 주의 깊게 마음 모아 써 내려가야 할 것입니다.

　인생이라는 책은 종이로 만든 책과는 달리 한 부밖에 찍지를 못합니다. 제본도 불가능하고, 독자층이 누군지 알 수 없습니다. 종이로 만든 책은 물에 젖으면 훼손되어 버려지지만, 이 책은 땀과 눈물에 젖지 않으면 사람들로부터 버림받습니다.

　어떤 사람들은 이 책을 읽고 감동을 받아 자신의 인생을 새롭게 설계하기도 합니다. 많은 이들에게 영향을 미치고 울림을 줍니다. 세례자 요한의 인생이라는 책도 그리스도인들에겐 그런 책들 중의 하나입니다.

　세례자 요한은 사막 또는 광야에서 살았습니다. 그래서일까요? 그를 떠올리면 오르팅스 블루의 '사막'이라는 시가 자연스레 떠오릅니다.

　그 사막에서 그는
　너무도 외로워
　때로는 뒷걸음질로 걸었다
　자기 앞에 찍힌 발자국을 보려고

　세례자 요한의 삶은 등불이었습니다. 자기 뒤에 오는 누군가에게 길을 밝혀 주기 위해 스스로를 불쏘시개 삼아 내어던 진 겸손의 삶입니다. 누군가를 위해 등불을 밝히다 보니 자기 발아래도 덩달아 밝아졌습니다. 자기 발아래가 밝아지니 자연히 '지금 여기' 자기가 선 자리와 지금까지 걸어온 발자국도 선명해졌습니다. 조고각하照顧脚下, 곧 발아래를 살피게 된 것입니다. 자신이 걸어온 길을 성찰하고 걸어갈 길을 준비하기 위함입니다. 그래서 성경은 말합니다. "요한은 타오르며 빛을 내는 등불이었다."(요한 5,35)

세례자 요한의 삶은 분명 큰 등불입니다. 하지만 우리는 언제까지나 그 등불에 의지한 채로 우리 발아래를 살펴볼 수는 없습니다. 요한이 산 시대와 우리가 발을 디디고 서 있는 시대의 역사적·사회적 맥락이 다르기 때문입니다.

우리는 요한이 세상을 바라본 눈과 삶을 대하는 태도를 배워야 하지만, 그의 일거수일투족을 모방해서는 안 됩니다. 모방은 자율성과 창의성을 죽일 뿐만 아니라 심할 경우에는 신실함마저 빼앗아 가기 때문입니다. 요한이 일상의 삶을 통해 등불을 밝힌 것은 우리로 하여금 각자의 등불을 밝히라는 초대입니다.

그런데 용담 스님은 그 등불을 훅 불어 꺼 버립니다. 요한의 등불뿐만 아니라 우리가 어렵게 켠 등불마저도 꺼 버립니다.

용담을 찾아와 가르침을 청한 한 승려가 밤이 되어 돌아가려 합니다. 그 승려는 「금강경」의 대가로 알려진 덕산입니다. 밖은 어느새 칠흑처럼 어두워졌습니다. "스님, 밖이 너무 캄캄합니다." 용담 스님이 종이로 만든 등불을 건네주고 덕산이 그것을 받으려 할 때, 용담은 등불을 훅 불어 꺼 버립니다(무문관 제28칙). 그 순간 덕산은 깨달음의 빛을 온몸으로 받아들입니다.

용담 스님이 어둠을 밝히는 등불을 끈 것은 더 이상 '밖'을 비출 것이 아니라 이제부터라도 '안'을 비추라는 초대입니다. 회광반조廻光返照, 곧 밖으로만 흘러가는 빛을 되돌려 자신의 내면을 비추라는 가르침입니다. 밖이 훤하게 밝아 타인이 걸어간 발자국을 아무리 잘 보더라도, 안이 어두워 자신의 발자국을 보지 못한다면 한 걸음도 더 나아가지 못할 테니까요.

그런데 등불을 꺼 버린 용담 스님에게는 또 다른 의미가 있기라도 한 듯 느껴집니다. 용담 스님이 건네준 종이 등불은 「금강경」, 곧 종이로 만든 책을 상징합니다. 종이로 만든 책은 분명 한줄기 환한 깨달음의 빛을 제공하기 때문에 대부분의 수행자들은 책에 크게 의지합니다. 하지만 책에만 의지한다면, 이는 일상의 삶 속 사방팔방 위아래에서 나를 비추고 있는 엄청나게 큰 진리의 빛을 차단하는 꼴이 됩니다.

인도의 시성 타고르는 그의 수상록 「삶의 불꽃을 위하여」에서 어느 날 밤의 신비로운 체험을 다음과 같이 말합니다.

"밤이 꽤 깊었다. 나는 책을 탁 덮고는 탁자 위로 집어던졌다. 그리고 잠자리에 들려고 등불을 불어 껐다. 그 순간 열린 창문을 통해 달빛이 충격을 받고 놀란 듯이 몰려들어 왔다. (중략) 정말이지 공허하고 장황한 말이 담겨 있는 책 속에서 내가 찾고 있었던 것이 무엇이었던가? 그것은 하늘을 채우고 밖에서 고요하게 지금까지 나를 기다리고 있던 것이었다! 내가 만약 덧문을 내리고 잠자리에 들었더라면 이 광경을 놓치고 말았을 것이다."

보름달이 밤하늘을 가득 채운 깊은 밤이었나 봅니다. 타고르는 읽던 책을 덮고 잠자리에 들기 위해 등불을 끕니다. 그 작은 등불이 꺼지는 순간, 열린 창문으로부터 달빛이 춤추듯이 흘러들어 옵니다. 타고르는 말문을 잊고 눈을 크게 뜹니다. 놀랍고도 신비로운 체험입니다. 아름다운 달빛이 사방에서 자신을 에워싸고 있음에도 불구하고, 작은 등불 하나가 그 빛을 차단하고 있었던 것입니다. 그 등불 때문에 달빛이 방 안으로 들어오지 못하고 있었던 것입니다.

용담 스님이 훅 불어 끈 등불은 종이로 만든 책이기도 하고, 또한 위대한 한 인물의 인생이라는 책이기도 합니다. 타인의 인생은 분명 우리에게 한줄기 빛을 비춥니다. 그렇지만 그 빛은 지금 내가 서 있는 발밑까지 비추기에는 너무 멀고 약합니다.
  게다가 그 빛은 늘 우리를 모방과 복사의 길로 걸어가도록 유혹합니다. 우리가 그 작은 빛에 매달린다면, 이 역시 창문을 통해 사방에서 들어와 내 발밑을 비추는 거대한 빛을 차단하는 꼴이 됩니다.

여러분은 지금 어떤 등불을 들고 있습니까? 부디 '나' 또는 '에고'의 작은 등불만은 아니길 바랍니다. 우리의 작은 이기심이 진리가 전해 주는 사랑과 자비의 충만한 빛을 가로막고 있을지도 모르니까요.
  사방에서 우리를 비추는 진리의 빛은 언제나 우리와 함께 하지만, 우리가 집착하고 매달리는 작은 등불 하나가 그 빛을 차단하고 있을지 모릅니다. 우리를 에워싼 채 사방팔방으로 펼쳐진 세계의 참모습을 있는 그대로 볼 수 있도록 잠시나마 작은 등불을 훅 불어 꺼 보는 것도 좋을 듯합니다.

동굴

밤낮으로 40일을 걸어
광야 어느 동굴에 이른 엘리야
오랜만에 단잠을 청하는데
누군가가 흔들어 깨운다.
"엘리야야, 여기서 무엇을 하고 있느냐?"

우리 삶이 광야인데
때론 마음 동굴에서 귀 막고 눈 감고 싶은데
지진도 바람도 불도 그냥 지나가건만
완전한 침묵의 소리가 나를 흔들어 깨운다.
"여기서 무엇을 하고 있느냐?"

29

"잠잠해져라. 조용히 하여라."

"다만 마음이 움직일 뿐!"

학창 시절 우리 모두는 바람에 펄럭이는 태극기를 바라보며 가슴에 손을 대고 마음으로 다짐했습니다. "나는 자랑스런 태극기 앞에 조국과 민족의 무궁한 영광을 위하여 …." 언젠가 이 '국기에 대한 맹세문'이 문법과 시대정신에 맞지 않는다 하여 수정되었다는 뉴스를 들었지만, 그 뉴스를 듣기 한참 전부터 우리늘 대부분은 더 이상 이 맹세를 하시 않았습니다. 그렇지만 아직도 짧은 전문이 또렷이 기억나는 걸 보니, 오래 전 저는 바람에 움직이는 태극기를 바라보며 나름대로 마음을 크고 깊게 움직였나 봅니다.

여기 움직이는 것이 세 가지 있습니다. 바람, 태극기, 그리고 마음. 이 중에 어느 것이 정말 움직이는 것일까요?

　우리는 바람이 움직이는 것을 눈으로 보지 못합니다. 아니 볼 수 없습니다. 바람은 눈에 보이지 않으니까요. 다만 움직이는 태극기를 보고 바람이 움직이는 것을 압니다. 사실 바람이란 단어 안에는 이미 움직임이 들어 있기도 합니다. 움직이지 않는 바람은 존재하지 않을뿐더러, 설상 존재한다 하더라도 그것을 바람이라고 부르지는 않을 테니까요. 그래서일까요. 윤희상 시인은 '화가'라는 시에서 다음과 같이 노래합니다.

　화가는
　바람을 그리기 위해
　바람을 그리지 않고
　바람에 뒤척거리는 수선화를 그렸다
　바람에는 붓도 닿지 않았다

　윤희상 시인이 노래하는 '화가' 중에 대표적인 화가는 어쩌면 클로드 모네일지도 모르겠습니다. 모네의 '양산을 든 여인'이란 그림을 보면서 우리는 여인의 흔들리는 옷자락과 머리카락을 통해 바람을 보게 되니까요.

시인과 화가는 눈에 보이지 않는 바람을 수선화와 여인을 통해 노래하고 그립니다. 그런데 어떤 사람은 수선화와 여인만 보고 바람을 보지 못합니다. 눈에 보이는 것만 보고 눈에 보이지 않는 것을 보지 못합니다. 윤희상 시인은 계속 노래합니다.

그러는 사이,
어떤 사람들은
그곳에서 바람은 보지 않고
수선화만 보고 갔다

사찰의 깃발이 바람에 휘날리고 있습니다. 이 모습을 보고 두 승려가 논쟁을 합니다. 한쪽은 "깃발이 움직인다."고 하고, 다른 쪽은 "바람이 움직인다."고 합니다. 두 승려가 옥신각신하고 있는 모습을 본 혜능이 말합니다. "바람이 움직이는 것도, 깃발이 움식이는 것도 아니다. 다만 그대들의 마음이 움직이고 있을 뿐이다."(무문관 제29칙)

깃발은 저절로 움직이지 않습니다. 바람이 움직이기 때문에 움직이는 것입니다. 그렇다면 바람은 스스로 움직이는 것일까요? 바람 역시 스스로 움직이지 않습니다. 깃발이 움직이지 않으면 바람도 없을뿐더러 바람의 존재 여부도 알 수 없으니까요. 바람과 깃발은 함께 존재합니다. 공존이자 상호 의존적입니다.

우리는 깃발과 바람을 함께 보는 눈을 지녀야 합니다. 보이는 것과 보이지 않는 것을 함께 볼 수 있는 눈이 필요합니다. 그런데 상호의존적으로 존재하는 바람과 깃발도 우리 마음이 거기 없으면 움직이지 않습니다.

깃발이 움직이더라도 바람이 움직이더라도 내 마음이 움직이지 않으면 그것은 나랑 아무런 상관이 없습니다. 다른 사람이 아파하건 피눈물을 흘리건 내 마음이 거기 없으면 그것이 나랑 무슨 상관이 있겠습니까?

아픔은 보이지 않지만 피눈물을 통해 아픔을 읽습니다. 하지만 마음이 가지 않으면 아픔은커녕 눈물조차 보이지 않습니다. 우리 마음이 거기 없으면 깃발도 바람도 없을 뿐만 아니라, 아파서 피눈물 흘리는 사람도 없습니다.

얼마 전 광화문 광장에 몇몇 아는 분들과 함께 갔습니다. 그곳에는 상처 입은 사람들이 모여 함께 아픔을 어루만지고 있었습니다. 예전엔 명동성당이 그런 분들이 모이는 곳이었는데, 더 이상 그곳에는 마음이 없나 봅니다.

여럿이 함께 광화문 광장에 갔지만, 어떤 이는 거기 마음이 있었고 어떤 이는 마음이 없었습니다. 똑같은 장소에서 어떤 이는 타인의 눈물을 보고 아픔을 읽었고, 어떤 이는 자기 자신만 보았습니다. 똑같은 장소에 갔지만 실제로는 서로 다른 장소에 간 것입니다. 우리는 서로 다른 세상에 살고 있습니다. 마음이 가지 않으면 아무것도 일어나지 않습니다. 마음이 없으면 아무것도 없는 것이나 마찬가지입니다.

어느 날 저녁 예수와 제자들은 배를 타고 호수 건너편으로 갑니다. 그때 거센 바람이 불어 물결이 배 안으로 들이칩니다. 그런데도 예수는 편안히 자고 있습니다. 겁이 난 제자들이 예수를 깨웁니다. 두려움에 떨고 있는 제자들 곁에서 예수가 바람을 꾸짖습니다. "잠잠해져라. 조용히 하여라!"(마르 4,39) 즉시 바람이 멎고 고요해집니다.

예수가 바람을 꾸짖고 있지만 실제로는 제자들을 꾸짖은 것입니다. 호수 건너편은 피안彼岸의 세계, 곧 하느님 나라를 상징합니다. 그곳으로 건너가는 여정에 마음속에서 이런저런 생각이라는 바람이 일어 세상사 근심 걱정이라는 풍랑을 일으킵니다. 우리 마음이 세상일과 자기 자신에게로 향한 것입니다. 그래서 겁을 먹고 두려움을 느낀 것입니다. 우리 마음이 하느님에게로 향했더라면 예수와 함께 깊은 잠을 잤을지도 모릅니다.

예수는 풍랑과 제자들의 모습을 보고 그들의 마음을 읽어 갑니다. 타인의 마음을 보고 읽는 것은 마술입니다. 새로운 세상이 펼쳐지는 것을 경험하게 되니까요. 제자들의 마음속에서 바람이 멎고 고요해진 것처럼 말입니다. 물론 타인의 마음을 보고 읽는 것과 마찬가지로 자신의 마음을 보고 읽는 것도 마술입니다.

마음이 있는 곳에 세상이 있습니다. 마음이 움직이는 곳에 깃발과 바람이 움직이고, 마음이 있는 곳에 눈물과 아픔이 있습니다. 마음이 거기 있다는 것은 의식하고 있고 현존하고 있고 공감하고 있다는 말입니다.

부부가 같은 방에 함께 누워 있어도 서로 의식하면서 현존하지 않으면 없는 거나 마찬가지입니다. 연인이 비록 멀리 떨어져 있더라도 서로의 마음을 읽고 상호 의식을 지니고 있다면 서로에게 현존하고 있는 것입니다. 그래야 비로소 공감할 수가 있습니다.

마음이 있어야, 그리고 마음을 읽어야 사랑이 있습니다. 세상 모든 곳이 삶과 사랑을 배우고 익히는 도량道場입니다. 마음이 그곳에 있다면 말입니다.

더위

방학이 보름이나 남았는데
날씨는 이미 한여름
부채로 바람을 일으키며
덥다고 짜증을 내다가
문득 마음을 들여다본다.
날씨가 더운 것인지
내가 더운 것인지.

30

"하느님 나라를 무엇에 비길까?"

"마음이 곧 부처다."

배꼽을 잃어버린 현대인이라는 말이 있습니다. 배꼽의 역할이 무엇인지 제대로 이해하고 있지 못하기 때문에 이런 말이 생겼을 것입니다. 배꼽은 우리 몸의 앞뒤를 구분하기 위해서 존재하는 것이 아닙니다. 배꼽티를 입기 위해서도 아닙니다. 배꼽은 우리가 어디에서 왔는지 알게 해 주는 표지입니다. 배꼽이 우리 눈에 가장 잘 뜨이는 곳에 위치한 까닭은 우리의 고향이 어디인지 잊어버리거나 잃어버리지 말라는 신의 배려입니다.

인도에서 전해져 내려오는 이야기입니다. 바다가 얼마나

짠지를 알고 싶은 소금 한 알이 있습니다. 물론 이 소금에게는 배꼽이 없습니다. 소금은 용하다고 소문이 난 곳을 돌아다니며 바다가 얼마나 짠지에 대해 묻습니다.

그러던 어느 날 천년 동안 도를 닦고 있다는 '왕소금'에 대한 소문을 듣습니다. 우여곡절 끝에 왕소금을 만난 소금은 바다에 대해 질문을 던집니다. 왕소금은 대답합니다. "비록 천년이나 도를 닦고 있지만 나도 아직 모른다네. 왜냐하면 한 번도 바다를 만난 적이 없기 때문이지. 하지만 그대가 바다를 만나 그 속으로 뛰어들어 바닷물과 하나가 된다면, 바다가 얼마나 짠지에 대해 참된 깨달음을 얻게 될 것이네."

소금은 바다로부터 왔습니다. 소금의 고향은 바다입니다. 하지만 소금은 고향에 대한 기억이 전혀 없습니다. 자신도 바다처럼 짜다는 사실조차도 모릅니다. 소금처럼 우리 주위에는 고향을 잃어버린 사람들이 종종 있습니다. 육신의 고향뿐만 아니라 영적인 고향마저 잃어버린 것입니다. 우리에게는 몸에 새겨진 배꼽도 있지만, 마음에 새겨진 배꼽도 있기 때문입니다.

한때 우리는 우리의 고향에서 천진난만한 어린아이처럼 자유롭게 뛰어다녔습니다. 무거운 짐을 진 채 허덕이지도 않았고, 죄 때문에 자신을 구속하지도 않았습니다. 좋고 싫음이나 선과 악에 대한 분별도 없었습니다. 무엇보다도 벌거벗은 몸을 부끄러워하지 않을 만큼 남자와 여자는 서로에게 숨기고 감출 것이 없는 투명한 관계였습니다.

성경은 남자의 갈비뼈로부터 여자를 만들었다고 들려줍니다. 남자는 부르짖습니다. "이야말로 내 뼈에서 나온 뼈요 내 살에서 나온 살이로구나!"(창세 2,23) 얼마나 좋았으면 이렇게까지 부르짖었을까요. 가슴에서 태어난 사랑이기에 기뻤고, 마음으로 태어난 사랑이기에 서로에게 숨길 것이 없었던 것입니다.

몸에 난 배꼽은 우리가 사랑의 관계 속에서 태어났음을 상기시켜 줍니다. 부모와의 사랑의 관계 속에서 태어났고, 그 관계의 탯줄을 끊음으로써 새로운 관계 속으로 들어왔음을 이야기해 줍니다. 영에 난 배꼽은 우리가 하느님과의 사랑의 관계 속에서 태어났고, 그 관계의 탯줄을 끊음으로써 이웃과의 사랑의 관계 속으로 들어왔음을 상기시켜 줍니다.

오래전에 네 살짜리 여자아이에 대한 이야기를 책을 통해 본 적이 있습니다. 이 소녀는 첫아이였고, 유일한 아이였습니다. 당연히 아빠 엄마의 사랑을 독차지하며 행복하게 살았습니다. 그런데 엄마가 또 아이를 가지게 되었습니다. 마침내 아이가 태어났는데, 사내아이였습니다. 할아버지 할머니를 비롯해 온 가족이 너무나도 기뻐했습니다. 모든 가족들의 관심이 온통 새로 태어난 아이에게 쏠렸고, 소녀는 약간 섭섭했지만, 그래도 동생이 생겼다는 사실에 자기도 기뻤습니다.

며칠 뒤 엄마 아빠는 갓난아기를 데리고 병원에서 집으로 돌아왔습니다. 집에 도착하자 소녀는 엄마 아빠에게 한 가지 부탁을 했습니다. 잠시 동안만이라도 동생이랑 자기랑 둘만 있게 해 달라고. 엄마 아빠는 처음에는 안 된다고 했지만, 이 소녀가 너무나 진지하게 거듭 부탁하는 바람에 마침내 허락을 했습니다.

모두 방을 나가고 소녀와 태어난 지 삼 일밖에 되지 않은 동생만이 남았습니다. 아빠 엄마는 방문에 귀를 바짝 대고 방에서 무슨 일이 벌어지나 촉각을 곤두세웠습니다. 곧이어 아기 위에 몸을 바짝 기대는 딸의 숨소리가 들렸습니다. 그리고는 네 살 소녀의 목소리가 들려왔습니다. "아가야, 하느님에 대해 말해 봐. 난 거의 잊어버렸어."

네 살짜리 어린아이가 하느님에 대해 거의 잊어버렸다면, 우리는 어떨까요? 물론 유아와 어린아이, 그리고 어른의 의식

발달 단계와 상태는 분명 다르기 때문에 그들의 하느님 체험
을 낭만적 관점에서 단순하게 비교할 수는 없습니다.

그렇지만 그들 모두의 몸과 마음에는 배꼽이 자리하고 있
습니다. 그곳에 새겨진 배꼽의 의미를 잊어버리지 말라는 뜻
으로 예수는 여러 가지 비유를 들어 말합니다. "하느님의 나
라를 무엇에 비길까? 무슨 비유로 그것을 나타낼까?"(마르
4,30)

예수는 씨 뿌리는 사람, 가라지, 겨자씨, 누룩, 진주 상인,
고기잡이 그물 등과 같은 일상의 사건과 사물 '안에서 그리고
통하여' 경험하게 되는 하느님 나라에 대해 들려줍니다. 왜냐
하면 우리는 일상을 떠난 다른 곳에서 사랑의 관계 안에 머물
고 있는 하느님을 찾을 수가 없기 때문입니다. 하느님 나라는
관계 속에 있으니까요.

일상의 관계 속에는 초월성의 체험이 충만합니다. 우리의
삶이, 우리가 만나는 사람과 사건이 바로 진리가 머무는 장소
이기 때문입니다. 이 초월성의 체험을 마조 스님은 한마디로
'마음이 곧 부처'라고 말합니다. 물론 마조 자신이 온몸으로
경험하고 체득한 부처를 말하고 있습니다.

하루는 제자가 마조에게 묻습니다. "무엇이 부처입니까?"

스님이 답합니다. "즉심시불卽心是佛, 마음이 곧 부처이니라."
(무문관 제30칙)

  우리의 모든 일상은 우리 각자의 마음속에 담깁니다. 내 마음이 간장 종지 정도의 크기라면 물 한 방울이 떨어져도 큰 파문을 일으킵니다. 내 마음이 바다와 같을 수는 없지만, 호수 정도의 크기라면 웬만한 물이 들이닥쳐도 끄떡없습니다. 내 마음이 간장 종지 정도의 크기라면 한 스푼의 소금을 털어 넣고 마시면 짜지만, 한 바가지나 되는 소금을 호수에 넣고 마셔도 시원합니다.

  마음이 곧 부처인 까닭은 우리 마음이 본래 바다이기 때문입니다. 이 마음은 생기거나 사라진 적이 없이 언제나 한결같기 때문에 무한하고, 이 마음은 깨끗한 물 오염된 물 가리거나 차별하지 않고 다 품기 때문에 청정하고, 이 마음은 크고 작은 온갖 물고기들이 자유롭게 노닐기 때문에 풍요합니다.

  이 마음이 흔들림이 없고 평화로운 까닭은 비록 표면에는 파도가 일렁이지만 바닥은 언제나 고요하고 평온하기 때문이고, 이 마음이 어디에도 속박되지 않은 까닭은 어디에도 걸림이 없이 흐르기 때문입니다.

소금은 바다가 고향입니다. 자기가 바다라는 사실을 진즉 알았더라면 소금은 오랜 세월 방황하지 않았을 것입니다. 사랑에 빠진 사람이 사랑이 무엇이냐고 묻지 않듯이, 바다에 사는 물고기가 바다가 무엇이냐고 묻지 않듯이, 바다 같은 마음을 지닌 사람은 부처가 무엇이냐고 묻지 않습니다. 우리 마음이 곧 하느님 나라입니다.

남자와 여자

"내 뼈에서 나온 뼈요 내 살에서 나온 살이로구나!"
이랬던 관계가
"당신께서 저와 함께 살라고 주신 여자 때문에"
라고 책임을 떠넘기는 관계로
좀 더 직설적으로 "저 여자 때문에"
라고 손가락질하는 관계로,
서로 숨길 것이 없던 투명했던 관계가
알몸이 부끄러워 감추고 가리는 관계로,
마음으로 태어나던 관계가
머리로 따지는 관계가 되면서부터.

31

"쟁기에 손을 대고 뒤돌아보지 마라."

"곧장 가라!"

요즘 같은 기계화 자동화 세상에도 여전히 소 쟁기질을 하는 농부들을 심심찮게 봅니다. 트랙터로 쟁기질을 하는 경우가 대부분이고, 가끔씩은 사람 어깨에 쟁기를 메는 경우도 있긴 합니다만, 저에게는 소가 쟁기를 끄는 것이 왠지 정겹고 익숙합니다. 어린 시절 시골 큰집에서 몇 해를 보낸 덕분입니다. 그 당시 큰집에는 쟁기를 끄는 늙은 어미 소랑 송아지가 있었습니다. 마을 또래들과도 친했지만, 가장 친한 친구는 그 송아지였습니다.

육우肉牛와는 달리 쟁기를 끄는 소는 대부분 어린 송아지 때부터 특별한 사랑을 받고 가족 대우를 받습니다. 그 집에서 태어나서 쭉 자라는 경우도 많지만, 어떤 경우엔 어린 송아지 때 팔려 오기도 합니다.

큰집의 송아지 친구는 얼마 전에 장터에서 사 왔다고 했습니다. 그런데 집에 오자마자 사람 말귀를 알아들었다고 큰집 식구들의 애정과 자랑이 이만저만이 아니었습니다. 그렇지만 쟁기 끄는 소는 코뚜레를 하면서부터 진짜 가족의 일원이 됩니다.

송아지 친구가 코뚜레 하던 날의 기억이 생생합니다. 송아지가 꼼짝 못하도록 큰 나무에 단단히 묶고는, 그것도 모자라 어른들이 송아지를 에워싸고 나무쪽으로 힘껏 밀었습니다. 그러다 갑자기 어른 손가락만한 굵기의 앞이 뾰족한 나무가 송아지의 콧살을 찔러서 관통했습니다.

붉은 피를 흘리며 송아지는 아프다고 몸부림을 쳤지만, 어른들의 힘을 당해 낼 수는 없었습니다. 곧이어 물푸레나무를 불에 달구어 구부려서 준비해 두었던 코뚜레가 구멍 난 코에 끼워지고, 양쪽으로 겹치는 위쪽에 고삐를 묶어서 이마 쪽으로 넘겨 목줄에 매는 것으로 코뚜레가 완성되었습니다.

코뚜레를 하는 이유는 소를 잘 길들이고 부리기 위해서입니다. 코뚜레를 한다고 해서 처음부터 소가 농부의 의도대로 똑바로 가지는 않습니다. 훈련과 연습이 필요합니다.

우리 마음에도 소 한 마리씩 들어 있습니다. 그래서 선가禪家에서는 일찍부터 마음 닦는 일을 소를 찾는 일, 곧 심우尋牛로 불러왔습니다. 농부가 되려면 소를 잘 부릴 줄 알아야 하듯이, 수행자가 되기 위해서는 우리 마음속 소를 찾아 코뚜레를 내고 잘 부려야 한다는 의미입니다.

예수는 당신을 따르는 제자의 길을 걷고자 하는 이들에게 "쟁기에 손을 대고 뒤를 돌아보는 자는 하느님 나라에 합당하지 않다."(루카 9,62)고 냉정하게 말합니다.

쟁기질을 하면서 농부는 뒤를 돌아보지 않고 앞에 난 표지를 바라봅니다. 표지라고 해서 특별한 표시를 해 두는 것은 아닙니다. 다만 이편에서 저편까지 똑바로 흙을 파기 위해 눈대중으로 어림잡아 앞을 보고 나아갑니다. 그래서 쟁기질을 한 이랑은 대체로 이편에서 저편까지의 가장 짧은 길, 곧 거의 직선에 가깝습니다. 그렇다면 예수를 따르는 세사의 길에서 똑바르고 가장 짧은 길이 있을까요?

제자의 길을 걷는 사람들이 자주 마주치는 도전 중의 하나는 앞서간 스승들의 발자취입니다. 비록 앞서간 이들의 발자

취가 도움이 되긴 하지만, 우리는 그들의 말 한마디 한마디, 행동 하나하나를 모방하며 살아갈 수는 없습니다. 그들이 걸었던 길을 똑같이 따라 걸을 수는 없습니다. 그들의 길은 어쩌면 걸림이 되기도 합니다. 그 길은 그들이 체험한 그들의 길이지 나의 길이 아니기 때문입니다.

우리가 예수의 제자로서 살아가기 위해서는 예수를 직접 만나야 하고, 예수가 체험한 하느님을 우리도 체험해야 합니다. 자신의 길을 만들어야 합니다. 그러기 위해서 가장 도움이 되는 것이 바로 시간과 공간을 뛰어넘어 스스로 성경 속 등장인물이 되는 것, 즉 성경에 나타난 예수의 일상 속에 직접 들어가 보는 '관상觀想 기도'일 것입니다.

예수를 따르는 길에서 가장 짧은 길은 없을지도 모릅니다. 제자의 길에 가장 짧은 직선만을 고집한다면 갑자기 답답해지고 슬퍼집니다. 그래서 박노해 시인은 노래합니다.

직선으로 달려가지 마라
아름다운 길에 직선은 없다
바람도 강물도 직선은 재앙이다
굽이굽이 돌아가기에

깊고 멀리 가는 강물이다.

물론 제자의 길에 드물게는 직선도 있겠지만, 우리들 대부분은 굽이굽이 돌아가는 곡선을 걸어가고 있습니다. 그러니 조금 늦더라도 조급해하지 말고 한 걸음씩 제자의 길을 걸어가도 좋을 것입니다.

어느 승려가 노파에게 길을 묻습니다. "오대산으로 가는 길은 어느 쪽입니까?" 노파가 대답합니다. "맥직거驀直去, 곧장 가십시오." 승려가 서너 걸음쯤 걸어가자 노파는 "훌륭한 스님이 또 저렇게 가시네."(무문관 제31칙)라며 비아냥거립니다.

'오대산으로 가는 길'이란 두 가지 의미가 있습니다. 한 가지는 당시 뛰어난 선승으로 존경받던 조주 스님이 머물고 있던 산으로 가는 길路을 뜻하고, 다른 한 가지는 진리로의 길이자 깨달음의 길道을 뜻합니다. 노파에게 길을 물은 승려는 전자의 의미로, 노파는 후자의 의미로 이야기합니다.

오대산을 향한 승려의 행각行脚은 다름 아닌 깨달음의 추구였습니다. 아마도 승려는 그동안 이곳저곳을 굽이굽이 돌아다녔을 겁니다. 그러다 마침내 조주 스님 소식을 듣고 그분을 만나 가르침을 얻고자 한 것입니다. 하지만 노파는 자기 마음

밖에 있는 것에 의지할 것이 아니라 직지인심直指人心의 길, 곧 자기의 참마음속으로 직접 들어가서 진리를 파지하라고 일러 줍니다. 그래서 마음으로 "곧장 가라!"입니다.

　마음으로 곧장 가는 길은 직선일까요? 처음부터 곧장 가는 사람은 거의 없을 것입니다. 부처도 조주도 첫걸음에 마음으로 곧장 가지는 못했습니다. 굽이굽이 돌아갔기에 그 깊고 먼 길을 지치지 않고 갈 수 있었던 것입니다.
　직지인심 견성성불直指人心 見性成佛입니다. 곧 마음속으로 곧장 들어가서 바다와 같고 허공과 같이 시작도 끝도 없는 본래면목本來面目의 불성佛性을 보는 것입니다. 이것은 문자를 통하지 않는 불립문자不立文字요, 마음에서 마음으로 전하는 이심전심以心傳心의 교외별전敎外別傳이며, 너도 나도 지니고 있지만 깨닫지 않으면 들어갈 수 없는 미묘법문微妙法門입니다. 그래서 각자의 마음에 있는 소에 코뚜레를 끼워 자기 스스로 잘 부려야 하는 것입니다.

　노파의 소식을 접한 조주가 다음 날 직접 노파를 찾아갑니다. 그리고는 얼마 전 그 승려와 똑같이 묻습니다. 노파 역시 똑같이 대답합니다. 물음이 같으니 대답 또한 같을 수밖에요.

하지만 문자만 똑같지 뜻하는 바는 완전히 다릅니다. 마치 잘 알려진 수피 우화처럼 말입니다.

한 노인이 마을로 들어가는 입구에 앉아 있습니다. 외지인이 이 마을에 들어서면서 노인에게 묻습니다. "이 마을 사람들은 어떤 사람들입니까?" 그러자 노인이 되묻습니다. "자네가 떠나온 곳의 사람들은 어떤 사람들이던가?" "이기적이고 고약합니다. 그 때문에 저는 그곳을 떠나왔습니다." 노인이 대답합니다. "자네는 이곳에서도 똑같은 사람들을 만날 걸세!" 얼마 후 또 한 외지인이 다가와 노인에게 똑같이 묻고, 노인 역시 똑같이 되묻습니다. "자네가 떠나온 곳의 사람들은 어떤 사람들이던가?" "제가 떠나온 곳의 사람들은 착하고 호의적이었습니다. 저는 그곳에 친구들이 많습니다. 그래서 떠나오기 힘들었습니다." 그러자 노인이 대답합니다. "자넨 이곳에서도 똑같은 사람들을 만날 걸세!"

마음

길들이지 않은 마음은

코 뚫지 않은 송아지
집을 나서자마자
산으로 내달리고,
길들인 마음은
힘차게 달리는 말
고삐 쥔 한 손으로도
집으로 들어간다.

32

"여인아! 네 믿음이 참으로 크구나!"

"채찍의 그림자만 보고도 달리는 명마名馬처럼."

오래전 직장에 다니던 어느 날 퇴근길이었습니다. 반대편 차선 저 먼 곳에서 조그마한 불빛이 보이기 시작하더니 차츰 조금씩 커져 갔습니다. 차에서 나오는 전조등과는 달리 그 불빛은 눈을 자극할 정도로 강렬하지는 않았습니다. 그러다 어느 순간, 불빛은 불꽃이 되고 강이 되고 바다가 되었습니다. 부처님 오신 날을 며칠 앞두고 도심 거리를 아름다운 연등 행렬이 수놓고 있었던 것입니다.

왜 그랬는지 모르지만, 저는 낡은 하얀색 프라이드를 도로 한쪽에 세워 둔 채 행렬이 끝날 때까지 그곳에 머물렀습니다. 한복을 곱게 차려입고 정성스레 두 손으로 부여잡은 수천수만의 연등 불꽃은 제 눈을 자극할 정도로 강렬하지는 못했지만, 제 마음을 자극하기에는 충분했습니다. "나도 등불을 들고 저 행렬 속에 있어야 하는데…."

언제부터인지도 모르게 꺼져 있던 제 마음속 심지로 불이 옮겨 붙었나 봅니다. 옮겨 붙은 불꽃은 이내 제 마음을 몽땅 태워 버리고 말았습니다. 그런데도 그 불꽃은 꺼지지 않았습니다. 며칠 뒤 저는 회사에 사표를 냈습니다.

그날 하루의 사건으로 인해 제가 직장을 그만두고 수도원에 들어간 것은 아닙니다. 수많은 원인과 결과가 만나고 헤어지기를 반복하다가 마침내 그날의 작은 불꽃이 님을 향한 제 마음속 등불을 활활 타오르게 한 것입니다.

어쩌면 님은 수많은 사건 속에서 오래도록 저를 부르며 기다려왔을 것입니다. 길거리의 이름 모를 꽃과 돌멩이를 통해서도, 하늘의 해와 달을 통해서도, 출퇴근길 마주친 수많은 사람들을 통해서도 저에게 말없이 말을 건네 왔을 것입니다.

책을 통해서도, 다른 이들의 입을 빌려서도 말을 걸어왔을 것입니다. 님은 말로도 침묵으로도 수없이 부르고 손짓하며 기다렸지만, 시절인연時節因緣이 무르익지 않아 제대로 알아듣지 못했던 것입니다.

님이 말과 침묵으로 수없이 말을 걸고 오래도록 기다려 준 것은 그럴 수밖에 없는 사연이 있습니다. 님은 친절하고 자비가 충만합니다. 사람들이 자비를 입을 만한 조건과 자격이 있어서 님이 자비로이 기다리고 말을 건네는 것은 아닙니다. 자비는 본래 조건과 자격 따위에 관심조차 없습니다. 조건과 자격을 따지는 자비라면 그것은 님으로부터 흘러나오는 자비가 아닐 것입니다.

님의 자비는 충만하고 넘쳐나기 때문에 온갖 만물들 안에서 그리고 통하여 사람들에게 다가옵니다. 심지어 다른 종교의 거룩함 안에서 그리고 통해서도 말이죠. 님은 때가 무르익어 자신을 알아볼 때까지 기다려 줄 뿐입니다.

한 이방 여인이 예수에게 다가와 병으로 고생하는 딸을 고쳐 달라고 간청합니다. 사람에게야 이방인이니 선민이니 구분이 있겠지만, 님에게는 무슨 차별이 있겠습니까? 평등할 뿐입니다. 그런데 예수는 침묵합니다. 예수의 침묵을 매성하나고 오해해서는 안 됩니다. 침묵으로 말을 건네고 있는 것이니까요. 제자들은 이방 여인에게 눈살을 찌푸립니다. 그들에게는 차별과 분별이 중요한 삶의 주제이니까요.

예수는 마지못한 듯 여인에게 차갑고 냉정하게 대꾸합니

다. 자신은 오직 이스라엘 집안의 양들을 돌볼 뿐이지 이방인을 보살피기 위해 온 것이 아니니 그만 물러가라고 말이죠. 하지만 여인은 물러서지 않습니다.

마침내 예수는 "자녀들의 빵을 집어 강아지들에게 던져 주는 것은 좋지 않다."고까지 말합니다. 여인의 마음을 자극하고 있는 것입니다. 이에 대해 여인은 다음과 같이 응수합니다. "주님, 그렇습니다. 그러나 강아지들도 주인의 상에서 떨어지는 부스러기는 먹습니다."(마태 15,27)

예수는 놀랍니다. 이런 마음을 선민이라고 자처하는 이스라엘 사람들에게서도, 더군다나 늘 붙어 다니는 제자들에게서도 발견하지 못했기 때문입니다. 그래서 말합니다. "아, 여인아! 네 믿음이 참으로 크구나. 네가 바라는 대로 될 것이다."(마태 15,28)

화과동시花果同時입니다. 꽃과 열매가 동시에 이루어지듯이 원하는 바가 반드시 이루어지리라는 믿음이 있으면 언젠가 꼭 성취된다는 말입니다.

진리와의 만남, 곧 깨달음은 비록 한순간에 이루어지지만, 그 만남이 있기까지는 수많은 인연이 모이고 흩어지고를 반복하며 성숙의 과정을 거칩니다. 어쩌면 이 여인은 예수를 만나기 전까지 수많은 거짓 예언자들을 만났고 속임을 당했고 실망했을 것입니다.

하지만 무너지지는 않았습니다. 여인이 예수의 침묵과 차가운 응대에도 더 이상 물러서지 않은 까닭은 딸을 고치려는 간절함과 진짜 예언자를 만나려는 갈망을 잃어버리지 않았기 때문입니다. 그러다 때가 무르익어 마침내 님을 만나고 알아본 것입니다.

한 외도外道가 세존을 찾아와 "말 있음有言에 대해 묻는 것도 아니고, 말 없음無言에 대해 묻는 것도 아닙니다."라고 말합니다. 세존은 묵묵히 앉아 있을 뿐입니다. 외도가 찬탄하며 말합니다. "세존의 대자대비가 제 어리석음의 구름을 걷어 내어 깨달음에 들게 해 주었습니다." 그러고는 예를 갖추어 절을 하고 떠납니다.

아난이 세존에게 묻습니다. "외도가 무엇을 깨달았기에 저리 찬탄하며 돌아가는 것입니까?" 세존이 말합니다. "닝마名馬는 채찍의 그림자만 보고도 달리는 법이니라."(무문관 제32칙)

외도의 질문에 부처는 아무 말 없이 묵묵히 앉아 있습니다. 사람들은 말 있음과 말 없음을 따지며 말과 침묵으로부터 자유로운 진리를 찾아 헤매거나, 또는 말과 침묵에 의지하지 않고 진리를 드러내라고 서로에게 요구하지만, 부처는 말로도 침묵으로도 사람들에게 다가와 말을 걸고 어깨를 두드립니다. 대자대비의 부처에게는 말이냐 침묵이냐가 중요하지 않습니다. 다만 때가 무르익어 외도든 불자든 누구라도 불법의 진수를 알아보기를 묵묵히 앉아 기다릴 뿐입니다.

우리는 도처에 묵묵히 앉아 있는 부처를 만날 수 있습니다. 온 대지가 대자대비의 부처를 만날 수 있는 문입니다. 문을 열고 들어서는데 외도면 어떻고 불자면 어떻습니까? 사람에게야 외도니 불자니 구분이 있겠지만, 부처에게는 무슨 차별이 있겠습니까? 차별에만 신경을 쓰다 보니 문이 보이지 않는 것입니다.

실제로 태어나면서부터 명마 아닌 말은 없습니다. 모든 중생이 불성을 지니고 있고, 모든 인간이 하느님의 모습으로 태어났으니 말입니다. 명마와 보통 말 사이에 공통점이 하나 있다면, 모두가 본래부터 뛰어난 재능을 타고났다는 점입니다. 그런데 차이점이 하나 있다면, 일상 안에서 꾸준한 훈련과 연습을 통해 재능을 더욱 빛나게 닦고 성장시켰느냐, 아니면 타고난 재능을 성장시키기는커녕 발견조차 못했느냐 하는 점입니다.

　채찍의 그림자만 보고도 달리는 명마처럼 우리 모두는 세상 만물의 그림자 안에서도 님을 발견할 수 있는 감각을 지니고 있습니다. 채찍이 몸의 털에 닿기를 기다리거나 몸의 살갗에 닿기를 기다릴 이유가 없습니다. 더군다나 보통 말처럼 채찍이 살과 뼈에 사무친 뒤에야 달리기 시작한다면, 이 얼마나 어리석은 삶입니까?

　님은 자비 그 자체이기에 끝까지 기다려 주고 말을 걸어 주겠지만, 그 사이에 우리에게 무슨 일이 생길지 모를 일입니다. 우리의 감각을 계발하고 성장시키기 위해 깨어 있어야 하겠습니다.

meditation

말없이 곰곰이 생각하는 것을
묵상이라 부르고
생각마저 그치고 묵묵히 앉아 있는 것을
명상이라 부르는데
묵상이건 명상이건

어디를 향해 가고 있는가.

입은 닫되 생각을 여는 묵상은
이웃을 내 몸같이 사랑하라 하고
입도 닫고 생각도 닫는 명상은
나와 너를 차별하지 마라 하는데
채찍의 그림자만 보고도 달리는 명마는
어디를 향해 달리는가.

33

"진리가 무엇이오?"

"마음도 아니고 부처도 아니다."

손님이 방문했습니다. 매년 이맘때면 어김없이 찾아오는 '감기 손님'입니다. 약을 먹으면 일주일 머물다 떠나고 약을 먹지 않으면 7일 만에 떠난다고들 하는데, 저는 손님과 일주일만 함께 있고 싶어서 병원을 찾았습니다.

제 마음과 달리 올해는 손님이 제 곁에 더 머물고 싶은가 봅니다. 열흘이 지나도록 여전히 감기 기운에 시달리고 있습니다. 병원에 벌써 두 번이나 갔지만, 약이 제대로 처방되지 않았는지 그 손님이 끈질긴 것인지 모르겠습니다.

병에 따라 약을 처방하는 것을 응병여약應病與藥이라 합니다. 「유마경」 불국품佛國品에서 보살菩薩의 덕행에 대해 설명하면서 나오는 말입니다. "중생들의 병을 고쳐 주는 큰 의사가 되어서 갖가지 병들을 잘 치료해 주고, 병에 따라 약을 주어 먹게끔 한다." 곧 환자의 병을 정확히 알아 약을 처방하는 뛰어난 의사처럼, 보살은 중생의 근기에 맞게 그때그때 부처의 가르침을 편다는 것입니다.

중생의 근기를 정확히 아는 것도 예삿일은 아니지만, 전한 바 없이 전해졌다고 하는 팔만 사천 가지 법문 중에서 상대의 상태에 따라 적절한 가르침을 고르고 펴는 것도 보통 일은 아닙니다.

그렇다고 해서 병에 따른 약의 처방이 건강 자체는 아닙니다. 처방대로 약을 복용했을 경우에라야 건강을 회복할 수 있습니다. 응병여약은 건강을 위한 수단으로서의 방편方便일 뿐이며, 따라서 병에 따라 여러 가지로 달리 처방할 수밖에 없습니다.

마찬가지로 중생의 근기에 따른 일종의 처방전인 팔만 사천 가지 법문도 진리를 깨닫기 위한 수단으로서의 방편입니다. 법문 자체가 진리는 아닙니다. 법문은 진리에 대한 견해이고 주장이며 설명입니다. 부처의 가르침 가운데 때론 서로 모순되는 부분이 있는 것도 바로 이 때문입니다. 부처가 설한 팔만 사천의 모든 말씀은 진리의 세계로 건너가기 위한 '뗏목'이자 우는 아기 달래는 '가짜 돈'이고 달을 가리키는 '손가락'입니다.

진리는 물어서 알 수 있는 것이 아닌 까닭도 바로 이 때문입니다. 진리의 세계는 물어서 건너갈 수 있는 곳이 아닙니다. 진리가 물어서 알 수 있고 건너갈 수 있는 곳이라면 그토록 수많은 수행자들이 긴 밤을 잠 못 이루며 꼬박 지새우지는 않았을 것입니다. 그런데도 사람들은 진리가 무엇인지 끊임없이 묻고 답합니다. 날로 먹으려는 속셈입니다.

그런 사람이 성경에도 등장합니다. 예수의 죽음과 관련이 깊은 총독 빌라도입니다. 그가 예수에게 묻습니다. "진리가 무엇이오?"(요한 18,38)

성경에는 예수가 이 물음에 딱히 무어라 대답했다는 기록이 없습니다. 그렇지만 어쩌면 이렇게 대답했을 수도 있겠다고 상상해 봅니다. "내가 말해 준다고 네가 정말 믿겠느냐?"

성경은 예수를 가리켜 "진리가 충만한"(요한 1,14) 사람이고, 세례자 요한은 그 진리를 증언했다(요한 5,33)고 말합니다. 그리고 예수의 입을 통해서 "나는 길이요 진리요 생명이다."(요한 14,6)라고 스스로를 진리라고 밝힙니다.

자기 자신을 진리라고 인식한 예수의 마음에는 진리, 곧 하느님 나라가 충만했습니다. 어디를 가든 누구를 만나든 예수는 언제나 하느님 나라 자체였습니다. 예수가 하느님 나라를 겨자씨와 누룩과 같다(루카 13,18-21)고 말할 수 있었던 것도 마음속에 진리가 충만했기 때문입니다. 겨자씨와 누룩같이 아주 작고 보이지도 않은 사건과 만남 속에서도 예수는 하느님 나라를 볼 수 있었던 것입니다. 작은 미소, 작은 격려, 작은 손짓 하나에서도 예수는 하느님 나라의 진리를 놓치지 않았던 것입니다. 자기 이권과 이익으로 가득 찬 빌라도가 어떻게 이런 진리를 믿을 수 있겠습니까?

하느님 나라가 겨자씨와 누룩과 같다면, 지옥 역시 겨자씨와 누룩과 같습니다. 마음속에 지옥·아귀·축생의 삶이 가득하다면, 어디를 가든 누구를 만나든 지옥·아귀·축생 같지 않은 것이 없을 것이기 때문입니다.

예수처럼 스스로를 진리라고 부를 수 있는 사람이 과연 몇이나 될까요? 한때 마조 스님은 무엇이 부처냐는 제자의 질문에 즉심시불卽心是佛, '마음이 곧 부처다.' 또는 '그 마음이 바로 부처다.'⁽무문관 제30칙⁾라고 말했습니다. 묻고 있는 네가 바로 부처라는 뜻입니다.

그런데 이번에는 달리 말합니다. 어느 승려가 또 다시 마조에게 묻습니다. "무엇이 부처입니까?" 그러자 마조가 말합니다. "비심비불非心非佛, 마음도 아니고 부처도 아니다."⁽무문관 제33칙⁾

응병여약應病與藥입니다. 우는 아기를 달래기 위해서는 '즉심시불'이지만, 울음이 그친 뒤에는 '비심비불'입니다. 부처를 자기 밖에서 찾아 떠돌다 지치고 낙담한 사람에게는 '즉심시불'이지만, 이 즉심시불에 집착하여 자만과 나태, 그리고 도덕적 불감증이라는 마음의 병이 깊어진 사람에게는 '비심비불'입니다.

즉심시불과 비심비불이 서로 모순되고 양립할 수 없는 명제라고 따지고 들면 딱히 설명할 말이 없습니다만, 부처를 '마음이다'라고 하던 '마음이 아니다'라고 하던 부처의 본질에는 무슨 차이가 있겠습니까?

마음이라고 해도 부처이고 마음이 아니라고 해도 부처입니다. 게다가 부처라고 불리는 '그것'을 다른 이름으로 부른다고 해서 '그것'의 본질에는 무슨 변화가 생기겠습니까? 부처라고 불러도 '그 물건'이고, 부처가 아니라고 불러도 '그 물건'입니다.

　진리는 긍정한다고 존재하거나 생기고 부정한다고 사라지거나 멸하는 것이 아닙니다. 긍정과 부정이라는 언어적 표현으로부터 자유자재한 것이 진리입니다. 그래서 예수도 "진리가 너희를 자유롭게 할 것이다."(요한 8,32)라고 귀띔해 줍니다.

　서울에서 부산까지 가장 빨리 가는 방법은 사랑하는 사람과 함께 가는 것이라고들 합니다. 기차를 타고 가건 버스를 타고 가건 사랑하는 사람과 함께 있는 그 순간에는 시간이 없어지는, 즉 영원의 초시간적 경험 속에 머물기 때문일 겁니다. 만약 직장 상사와 함께 간다면, 비행기를 타고 가더라도 매우 느리게 느껴질 것입니다.

　서울과 부산 사이의 거리는 하나입니다. 하지만 사람에 따라 상황에 따라 수천수만 가지가 됩니다. 그래서 어떤 사람은 서울에서 부산까지의 거리가 가깝다고 주장하고, 어떤 사람은 멀다고 진술합니다. 거리를 가깝다고 말한다고 해서, 멀다고 말한다고 해서 서울에서 부산까지의 거리 그 자체, 곧 진리가 사라지거나 변하는 것은 결코 아닙니다.

　진리를 듣거나 보고도 믿지 못하는 까닭은 용기가 없어서입니다. 자기 이권과 이익으로부터 초연할 용기, 자기 틀을 뛰어넘어 초월을 꿈꾸는 용기, 알을 깨고 비상할 용기, 백척간두진일보百尺竿頭進一步의 용기가 없기 때문에 새로운 모험과 도전에 나서지 못하는 것입니다. 따라서 진리를 체득할 수도 없는 것입니다. 진리를 알지 못하기에 당연히 다른 사람에게 진리를 전해 줄 수도 없습니다.

성경에는 12년 동안이나 하혈하는 병으로 고통받는 여자가 등장합니다(루카 8,43). 그녀는 의사를 찾아다니느라 가산을 탕진합니다. 아무도 그녀를 고쳐 주지 못합니다. 응병여약의 의사를 만나지 못했기 때문입니다.

병을 정확히 알고 적절한 처방을 하는 것이 예삿일은 아니지만, 이 일은 바로 여러분이 해야 할 일입니다. 예수의 벗으로 불림 받고 부처의 자녀로 불림 받은 여러분들이 이 일을 하지 않는다면, 누가 이 일을 감당할 수 있겠습니까?

응병여약 應病與藥

설악산 엠티
술과 분위기에 취한 친구

머리 아프다며 진통제를 찾는다.
진통제 대신 소화제를 먹이곤
텐트에 눕혀 곁을 지키다
살며시 이마에 손을 대니
어느새 소곤소곤 잠이 든다.

34

"하느님은 사랑이시다."

"마음은 부처가 아니고 지혜는 도가 아닌데…."

"청년이 꿈을 이루는 도시!" 얼마 전 기차를 타고 가다 객실 안에서 본 홍보 영상입니다. 2016년을 '청년 대구' 건설의 원년으로 삼아 청년이 떠나지 않는 도시, 청년이 웃는 도시를 추진하겠다는 내용의 영상이었습니다. 흥미로운 내용의 홍보물이었습니다.

그러고 보니 다수의 지방 자치 단체들이 '청년 문제'라는 어려운 주제를 해결하기 위해 다양한 내용의 홍보물을 봇물처럼 쏟아 내고 있었습니다. 그런데도 청년들이 당면하고 있는 일자리와 주거와 같은 여러 문제들은 해결될 기미가 보이지 않고, 더군다나 점점 더 심각해지는 것은 무엇 때문일까요?

사실 일자리와 주거 문제가 다 해결된 청년은 그 어디에도 없습니다. 있다면 그들은 경제적으로 넉넉한 부모를 둔 극소수의 청년일 것입니다. 게다가 많은 아버지와 어머니들 역시 일자리와 주거 문제로 고통을 겪고 있습니다. 그럼에도 불구하고 청년 문제를 강조하는 것은 그들이 우리 사회의 미래이자 희망이기 때문입니다.

미래가 희망의 끈을 놓아 버리는 사회는 망하기 마련입니다. 청년들에게서 희망을 빼앗아서는 안 됩니다. 청년 문제는 청년들만의 문제가 아니라 전체의 문제이고 우리 모두의 책임입니다. 그렇지만 정책을 수립하는 어른들이 책임 의식을 가지지 않은 채 청년들이 마주한 문제를 그들만의 문제로 본다면, 그래서 구체적이고 효과적인 정책 없이 보여 주기식의 정책만을 홍보하는 데 집중한다면, 청년들로부터 희망을 뺏는 것입니다.

그럴싸한 이름 하나 짓고 멋진 홍보 영상 하나 만든다고 희망이 생기고 문제가 해결되지 않습니다. 내용과 실체가 없다면 아무리 좋은 이름이라도 사상누각일 뿐이며 비웃음만 살 뿐입니다. 내용과 실체가 있는 정책, 그로 인해 이성적 가치와 감성적 가치를 동시에 제공하는 정책만이 청년들을 비롯해 우리 모두에게 희망을 줄 것입니다.

그리스도교는 사도 요한의 입을 빌려 "하느님은 사랑이십니다."(1요한, 4,16)라고 고백하고 또 선교합니다. 이 문장은 이제껏 인간의 언어로 표현된 말마디 가운데에서 가장 놀랍고 역설적인 말마디 중의 하나라고들 합니다. 전적으로 '비관계적' 존재인 절대자가 '관계'의 완성인 사랑이라고 말하고 있기 때문입니다.

물론 이 사랑은 성부 성자 성령이라고 하는 성삼위 사이의 관계에서 이루어집니다만, 사랑은 언제나 밖으로 표현되고 확장되기 마련입니다. 자기 안에서만 머무는 사랑은 병적인 자기애에 지나지 않으니까요.

하느님은 외로워서 사람을 만든 것이 아닙니다. "우리와 비슷하게 우리 모습으로 사람을 만들자."(창세 1,26)고 한 것은 사랑의 확장입니다. 창조의 행위는 성삼위가 나누는 사랑의 관계를 보다 확장하기 위한 신의 열망입니다. 그 사랑의 공동체 속으로 사람들을 초대하기 위한 이기심 없는 선물입니다.

사랑의 공동체 또는 사랑의 확장이라는 말은 우리에게 시사하는 바가 큽니다. 왜냐하면 인간 고통의 대부분은 관계에서 생기기 때문입니다.

관계의 완성이 사랑입니다. 사랑은 관계를 떠난 고립이 아니라 관계 안에서의 나눔과 자기 증여를 통해 이루어집니다. 관계의 완성으로 가는 여정은 모든 이에게 열려 있지만, 아무나 걸어갈 수 있는 길이 아닙니다. 나눔과 자기 증여 속에는 비움과 죽음이 들어 있어서 선뜻 첫걸음을 내딛기가 쉽지 않은 까닭입니다.

그렇지만 하느님의 초대와 선물을 받은 그리스도인들이, 그리스도와 하나 되는 세례를 받은 우리들이 책임감을 가지고 이 길을 걷지 않는다면, "하느님은 사랑이십니다."라는 고백은 내용도 실체도 없는 말잔치 선교에 지나지 않을 뿐더러 비웃음만 사는 홍보 구호만 될 뿐입니다.

많은 그리스도인들이 이 길을 걷지 않았고 또 걷지 않습니다. 그래서 마하트마 간디는 영국군 장성들의 초대를 받은 자리에서 일갈합니다. "당신들은 가는 곳마다 십자가가 달린 교회를 짓는데, 당신들이 그리스도인이라면 교회 건물이나 선전 벽보가 아니라 당신들의 삶으로 예수를 보여 주시오. 당신들이 믿는 예수가 부당하게 폭력을 휘두르며 살인하라고 가르쳤습니까? 당신들의 예수가 나약한 여인들을 겁탈하라고 가르쳤습니까? 가난한 이들의 재산을 약탈하라고 가르쳤습니까? 나는 예수를 사랑하지만 그리스도인들은 싫어합니다."

내용도 실체도 없는 말잔치를 경계하는 의미로 남전 스님은 말합니다. "마음은 부처가 아니고, 앎은 도道가 아니다."(무문관 제34칙) 마음이 있어도 수행하지 않으면 부처가 될 수 없고, 머리로 알아도 직접 걸어가지 않으면 도를 이룰 수 없다는 말입니다.

남전의 스승인 마조는 어느 때는 "즉심시불即心是佛, 마음이 곧 부처다."(무문관 제30칙)라고 말하고, 또 어느 때는 거꾸로 "비심비불非心非佛, 마음도 아니고 부처도 아니다."(무문관 제33칙)라고 말합니다.

마음이 부처이건 부처가 아니건 그것이 중요한 것은 아닙니다. 백척간두의 현장에서 자신이 체험한 마음이고 자신이 체득한 부처이기에 그 마음과 부처가 중요한 것입니다. 그런 마음과 부처라야 마치 살아 있는 물고기가 급류를 헤치고 폭포를 뛰어오르듯 활발발活潑潑한 진리인 것입니다.

스승의 깨달음이나 타인의 체험을 앵무새처럼 입으로만 읊조리는 것은 삶과 진리의 현장인 급류를 벗어나 어물전에 발라당 누워 있는 생선에 지나지 않습니다. 자신이 직접 깨닫지 못하고, 또 그렇게 살아가지 못하면서 흉내만 내는 것은 조롱거리입니다. 그래서 마음이 부처가 아니고 아는 것이 도가 아닌 것입니다.

세상에서 가장 먼 거리를 두고 어떤 이는 가슴에서 머리까지라고 하고, 어떤 이는 가슴에서 손과 발까지의 거리라고 합니다. 최근 들어선 소파에서 현관까지의 거리가 가장 멀다고 느끼는 사람들이 늘어나고 있습니다.

인도의 시성 타고르는 세상에서 가장 먼 거리는 물고기와 새의 거리라고 노래합니다. 하나는 하늘에 있고 하나는 바다에 있어 만날 수가 없기 때문입니다. 그렇지만 다른 세상에 머물고 있는 두 가지는 서로 만나야 하고 반드시 만나야만 합니다. 가슴의 세상과 머리의 세상이 만나고, 가슴과 손발이 만나고, 소파와 현관이, 정신과 육체가, 생각과 실천이, 가르침과 삶이, 그러다 마침내 내 마음과 네 마음이 만날 때, 마음은 부처가 되고 아는 것은 도가 될 것입니다.

영국군은 교회를 짓고 벽보를 붙이며 온갖 말로 그리스도를 전했지만, 살아 있는 그리스도와 사랑이신 하느님을 전하지는 못했습니다. 그런데 똑같은 인도에 마더 데레사가 갔습니다. 데레사 수녀는 아무 말 없이 가장 가난한 도시 콜카타의 빈민가에 들어가 길거리에서 죽어 가는 병자들을 돌보기 시작했습니다. 데레사 수녀는 교회도 짓지 않고 십자가도 세우지 않고 벽보도 붙이지 않았습니다. 오로지 하느님의 자비와 사랑을 자신의 삶 안에서 그리고 통하여 드러냈을 뿐입니다.

장미는 설교가 필요 없습니다. 다만 향기를 퍼뜨릴 뿐입니다. 그 향기에 취해 벌과 나비가 찾아듭니다.

한계

꽃에게 무슨 차별이 있는가
그것에 이름 붙이는 이에게 있고
사랑에게 무슨 등급이 있는가
그것에 값을 매기는 유다에게 있고
언어에게 무슨 허물이 있는가
그것을 잘못 사용하는 이에게 있지.

35

"너 어디 있느냐?"

"어느 것이 진짜냐?"

오늘 밤 구름 사이에 달이 하나 걸려 있습니다. 그 달빛이 계곡에도 비치고 산에도 비칩니다. 연못에도 비치고 내 마음에도 비칩니다. 그렇다면 이곳저곳에 비치는 달빛 중에 어느 것이 진짜배기일까요?

계곡을 품은 달빛과 산에 안긴 달빛은 분명 다릅니다. 내 마음에 비친 달빛과 네 마음에 비친 달빛도 분명 다릅니다. 모양도 다르고 크기도 다릅니다. 그렇다고 둘이 완전히 다른 것일까요, 아니면 같은 것일까요? 분명한 것은 구름 사이에는 여전히 달 하나가 걸려 있다는 사실입니다.

이와 같은 일이 우리 일상에서도 자주 발생합니다. 나는 분명히 지금 교실에서 공부를 하고 있습니다. 그런데 동시에 콩밭에도 가 있습니다. 교실에 있는 나와 콩밭에 있는 나 가운데 어느 것이 진짜배기일까요? 그리고 교실에 앉아 있는 나와 콩밭에 가 있는 나는 완전히 다른 나일까요, 아니면 같은 나일까요? 그렇다면 나는 어디에 있을까요?

비슷한 사건이 우리의 일상에서 자주 발생합니다. 출근길에 아는 사람이 인사를 받지 않고 그냥 지나갑니다. 사무실에 앉아 있으면서, 점심을 먹으면서, 또 집에 돌아와서도 계속해서 이런저런 생각을 합니다. "왜 인사를 안 받고 지나갔을까? 나를 무시하나? 나를 싫어하나? 내가 뭘 잘못했나? 뭐 저런 사람이 다 있나? 무례하군! 다시는 인사하나 봐라!"

우리들의 일반적인 생각이고 감정이고 반응입니다. 그런데 이 생각과 감정과 반응 속에서 나는 어디에 있을까요?

이러한 생각과 감정 속에는 과거와 미래만 있지, 현재는 없습니다. 과거에 벌어진 언짢은 사건에 대한 생각과 앞으로 나시는 인사하지 않겠다는 감정적인 반응만 있을 뿐 현재는 없습니다. 현재가 없기 때문에 나는 없습니다. 지금 여기 내가 존재하지 않으면 나는 없는 것이나 마찬가지이니까요. 존재는 현재입니다.

「능엄경」은 우리 마음을 하늘이라고 표현합니다. 반면 생각과 감정은 맑은 하늘에 일어나는 구름 한 점과 같다고 합니다. 하늘은 언제나 지금 여기에 있지만, 구름은 생겼다 사라지기를 반복합니다. 과거에 생겼다 사라지고 미래에 생길 것이고 사라질 것입니다. 이와 같이 생각과 욕구와 감정은 생기고 사라지지만 나는 늘 지금 여기에 존재합니다.

아담과 하와가 나무 열매를 따 먹고 난 뒤, 그들은 하느님을 피해 동산 나무 사이에 숨어 있습니다. 그때 하느님께서 그들을 부르십니다. "너 어디 있느냐?"(창세 3,9)

하느님의 부르심을 이렇게 해석할 수도 있습니다. "너는 지금 어디 있느냐? 과거에 있느냐, 미래에 있느냐, 아니면 지금 여기 현재에 있느냐?"

우리가 현재에 있지 않으면 우리는 없는 것이나 마찬가지입니다. 과거란 이미 지나가 버린 것(없는 것)이고, 미래는 아직 오지 않은 것(없는 것)이기에 우리가 과거와 미래에 머물러 있다면 우리는 지금 여기에 존재하지 않는 것입니다.

아담은 과거의 잘못에 머물러 있었고, 그 잘못의 원인을 아내에게 두고 있었기 때문에 아담은 지금 여기에 없습니다. '지금 여기'에 없다면 '나중 거기'에도 없을 겁니다. 왜냐하면

'지금 여기'를 놓친다면 십중팔구 '나중 거기'도 놓칠 것이기 때문입니다.

만약 아담이 하느님의 부르심에 "네, 여기 있습니다. 제가 죄를 지었습니다."라고 했더라면, 지금과는 다른 창세기가 펼쳐졌을 겁니다. 마찬가지로 우리가 하느님의 부르심에 "네, 여기 있습니다."라고 응답한다면, 우리의 역사도 새롭게 전개될 것입니다.

오조 법연五祖 法演이 한 승려에게 묻습니다. "천녀는 혼과 육체가 분리되었다. 어느 것이 진짜인가?"(무문관 제35칙)

천녀리혼倩女離魂으로 알려진 중국의 전설을 모티브로 한 화두입니다. 이 화두를 오해해서는 안 됩니다. 이 화두는 5년 동안 방 안에서 꼼짝도 않고 누워 있던 천녀와 사랑하는 님을 따라 먼 고장으로 떠나 5년 동안 살았던 천녀 중 어느 쪽이 진짜인지 묻는 것이 아니기 때문입니다.

이 화두는 천녀의 상황을 빗대어 지금 이 순간 내가 신싸인 지를 묻고 있는 것입니다. 지금 이 순간 내가 어디에 있는지를 묻는 것입니다. 마음이 콩밭에 가 있을지도 모르기 때문입니다. 몸은 여기 있지만 마음은 저기 있을지도 모르기 때문입니다. 몸은 회사에 마음은 집에 있을 수도 있고, 몸은 집에 마음은 회사에 있을 수도 있으니까요.

요즘은 몇 가지 일을 동시에 수행하는 '다중 작업' 또는 '멀티태스킹'multitasking에 능한 사람이 많습니다. 그리고 다중 작업에 능한 사람이 능력 있는 사람으로 인정받습니다. 그래서인지 의도적이든 의도적이지 않든 많은 사람들이 다중 작업을 하며 살아갑니다.

음악을 들으며 리포트를 작성하는 것쯤은 멀티태스킹에 끼지도 못합니다. 스마트폰을 보면서 커피를 마시고 동시에 친구들과 대화하면서 리포트를 작성해야 그나마 축에 낍니다. 그렇게 살아도 크게 잘못은 아니기에 뭐라 참견할 입장은 못 됩니다만, 몇 가지 질문은 던지고 싶습니다. 왜 그렇게 바빠 사는지, 왜 그렇게 뇌를 혹사하는지, 왜 그렇게 삶을 소비하는지.

어느 선사의 평범한 가르침처럼 밥 먹고 잠자는 것이 도道를 닦는 것입니다. 이것은 누구나 하지만 아무나 할 수 없는 것입니다. 왜냐하면 대부분의 우리는 밥 먹을 때 밥을 먹지 않고, 잠잘 때 잠을 자지 않기 때문입니다.

밥 먹을 땐 밥 먹고 잠잘 땐 자야 합니다. 밥 먹으면서 밥은 안 먹고 이런저런 걱정과 번뇌에 시달리고, 잠자리에 누워 잠은 자지 않고 온갖 망상으로 뒤척입니다. 그래서 삶이 고통스럽게 여기지는 것입니다. 어느 '나'가 '진짜 나'입니까? 밥 먹고 잠자는 '나'입니까, 아니면 걱정하고 뒤척이는 '나'입니까?

예수는 언제나 "깨어 있어라!"(마르 13,32-37) 하고 강조합니다. 온종일 잠자지 않고 눈을 뜨고 있으라는 말이 아닙니다. 잠잘 때 자야 깨어 있을 때 온전히 깨어 있을 수 있습니다. 깨어 있음은 우리가 지금 여기에 온전히 존재하고 있음을 알아차리는 것입니다. 그래서 '어디 있느냐?'와 '깨어 있어라!'와 '너 진짜냐?'는 같은 말입니다.

깨어 있어라

누구나 할 수 있지만
아무나 할 수 없는 일
지금 여기 온전히 존재하는 것
그리하여 지금 여기서
삶을 사랑하는 것

그리하여 지금 여기서
인생의 사계절을 충만하게 사는 것

36

"나 때문에 울지 말고 너희와 자녀들 때문에 울어라."

"말이나 침묵으로 대하지 말고."

말을 전혀 안 해도
따스한 사랑의 향기가
전해지는 사람이 있고
사랑의 말을 많이 해도
사랑과는 거리가 먼 냉랭함이
전해지는 사람이 있지

이해인 수녀님은 '말과 침묵'이라는 시에서 이렇게 노래합니다. 그렇습니다. 주위를 둘러보면 별 말이 없는데도 향기가 피어나는 사람이 있고, 말이 많은데도 아무런 향기가 전해지지 않는 사람이 있습니다. 여러분은 어떤 사람과 함께 있고 싶으신가요? 여러분은 어떤 사람인가요?

한 농민이 쓰러져 병원에 누워 있습니다. 움직이지도 못하고 먹지도 못하고 말도 못합니다. 호흡조차 스스로 하지 못해 기계에 의존하고 있습니다. 가끔 서울대병원 길가 천막 미사에 참석해서 그분이 하루빨리 회복되기를 기도했습니다.

12월 24일 성탄 전야 때도 많은 분들과 함께 기도했습니다. 그런데 그날, 아기 예수님이 탄생하던 바로 그날, 입도 벌리지 못하는 분이 저에게 말을 걸어왔습니다. 나를 위해 기도하지 말고 여러분 자신을 위해 기도하라고, 나를 위해 기도하지 말고 이 나라를 위해 기도하라고, 나를 위해 기도하지 말고 자의든 타의든 물대포를 쏠 수밖에 없었던 사람들을 위해 기도하라고….

내면에서 일어나는 이런 울림은 '따스한 사랑의 향기' 덕분입니다. 그 향기는 탐욕과 분노, 집착과 두려움을 걷어 낸 마음으로부터 흘러나옵니다. 일반적으로 사람 몸에서 나는 냄새를 '향기'라고 표현하지는 않습니다. 기껏해야 '내음'이라는 말로 약간 공손하게 표현할 뿐입니다.

그런데 한평생을 공동선을 위해 힘든 가시밭길을 걸어온 분들에게서는 향기가 우러납니다. 마치 비바람을 견디며 한곳에 오래 뿌리내린 나무에게서 퍼져 나오는 향기처럼 말이죠. 비록 아무 말도 없이 병상에 누워 침묵하고 있지만, 침묵이 훨씬 더 많은 메시지를 전달하는 것도 바로 이 향기 때문입니다.

침묵이 주는 울림은 우레와 같습니다. 우레와 같은 침묵입니다. 빌라도 앞에 선 예수가 그랬고, 문수 앞에 선 유마가 그랬고, 병상에 누워 있는 농민이 그러합니다. 그분들이 걸어간 삶의 진실이 우리가 걸어가는 길 앞에서 번개를 치고 천둥소리를 울리기 때문입니다.

침묵만이 우레와 같은 울림을 주는 것은 아닙니다. 자기 이익과 이권에서 멀리 떨어진 마음으로부터 흘러나오는 말도 똑같습니다. 그런 말은 청각만 두드리는 것이 아니라 마음까지 두드립니다. 십자가를 지고 가는 길에서 통곡하는 여자들을 향해 던진 예수의 말이 그러합니다. "나 때문에 울지 말고 너희와 너희 자녀들 때문에 울어라."(루카 23,28)

예수가 건네는 말 한마디 한마디는 언제나 마음의 문을 두드립니다. 그 두드림에 대한 응답으로 많은 그리스도인들은 지난 2천 년 동안 끊임없이 이웃을 위해 눈물을 흘리며 기도해 왔습니다.

 말이나 침묵이 듣는 이의 내면에 아름다운 울림을 주는 까닭은 그분들의 삶이 사랑과 진실의 향기를 뿜어내기 때문입니다. 그 향기가 마음의 문을 두드립니다. 두드리는 소리가 크면 울림도 크고, 울림이 크면 되돌아오는 메아리도 선명한 법입니다.
 그렇다고 해서 말이나 침묵이 전하는 향기로운 메시지를 모든 사람들이 알아듣는 것은 아닙니다. 들을 귀가 있는 사람은 의외로 적으니까요.
 메시지를 듣긴 하지만 마음이 울리는 사람은 더욱 적습니다. 마음보다는 머리로 사는 사람들이 훨씬 많으니까요.
 마음이 울리긴 하지만 그 울림을 실제로 살아 내는 사람은 더더욱 적습니다. 가슴에서 손과 발까지의 거리가 상상 이상으로 머니까요.

 여태껏 우레와 같은 울림을 한 번도 느끼지 못한 이들을 위해 오조 법연五祖 法演이 한마디 거듭니다. "길에서 도道를 깨달은 사람을 만나면 말이나 침묵으로 대하지 말라." 그리고

묻습니다. "자, 말해 보라. 어떻게 대하겠느냐?"(무문관 제36칙)

우리들은 많은 경우 "그때 그 말을 하지 말았어야 했는데…."라며 후회하고, 또 많은 경우 "그때 그 말을 했었어야 했는데…."라며 후회합니다. 말을 해도 후회, 말을 안 해도 후회합니다. 왜냐하면 후회하는 말과 침묵 속에는 언제나 자기 이익과 이권이 곁에서 똬리를 틀고 있고, 그로 인해 탐욕과 집착과 두려움이 가득하기 때문입니다. 그래서 말이나 침묵이나 매한가지입니다.

진리를 깨달은 사람은 말도 침묵도 초월한 사람입니다. 그렇다고 말과 침묵을 전혀 사용하지 않는 것은 아닙니다. 그들은 그 어디에도 머무는 바 없이 마음을 내기에 말을 하건 침묵을 지키건 언제나 자유 그 자체입니다. 아무런 걸림이 없이 허공을 맘껏 뛰어다니는 큰 새처럼 그들에게는 길 아닌 길이 없습니다. 그래서 깨달은 사람에게도 말이나 침묵이나 매한가지입니다. 다만 그들의 말과 침묵에는 언제나 은은한 차 향기가 배어 있을 따름입니다.

길을 걷다 깨달은 사람을 만나면 우선 차부터 한 잔 마셔야 합니다. 깨달은 사람을 초대해서 함께 마시건 집으로 돌아와 혼자 마시건 상관없습니다. 정갈한 마음 담은 차 한 잔 앞에 두고 스스로에게 질문을 던질 수만 있다면 말입니다. "도道란 무엇인가?" "진리는 무엇인가?" "나는 누구인가?" "어떻게 살아야 하는가?"

답은 밖이 아니라 안에 있습니다. 답은 길에서 만난 깨달은 사람에게 있는 것이 아니라 자신에게 있습니다. 차 맛이 궁금하면 깨달은 사람에게 물어볼 것이 아니라 직접 차를 달여 마셔 보면 되듯이 말입니다.

빛과 어둠

"빛이 생겨라." 하시자 빛이 생겼다.
빛은 말에서 생기고
말은 침묵에서 생기고
말과 말 사이엔 언제나 침묵이 있으니
결국 빛은 말과 침묵에서 생기는 것
말이건 침묵이건
결국은 그 안에 담긴 마음이 가고
그 마음이 살릴 땐 빛이요

죽일 땐 어둠이라.

37

"많은 일을 염려하고 걱정하는데,
필요한 것은 한 가지뿐이다."

"뜰 앞의 잣나무!"

같은 공동체에 살았던 한 미국 신부가 말했습니다. 자기는 여행을 떠날 때마다 항상 책상 위에 있는 성모상을 가방에 넣고 다닌다고 말입니다. 왜 그러냐고 물으니, 그 성모상이 눈에 띄지 않으면 왠지 불안하다고 말했습니다. 그 친구 방에 가서 보니 다행히 성모상이 그리 크지는 않았습니다.

이런 말이 있습니다. 여행 가방의 크기는 주인의 불안감의 크기와 비례한다고 말이죠. 그러고 보니 어떤 사람은 자기 덩치만 한 가방을 들고 끙끙거리며 여행을 떠나고, 어떤 사람은 달랑 손가방 하나를 들고 여행을 떠납니다. 빈손으로 여행을 떠나는 사람은 거의 없습니다.

여행은 낯선 곳으로 향하는 모험입니다. 이미 가 본 익숙한 곳으로 떠나는 여행만큼 지루한 것도 없을 테니까요. 그러다 보니 여행에 대한 기대만큼 불안도 언제나 동행합니다. 기대와 불안을 함께 꾸려 크고 작은 가방 안에 넣고 우리 모두는 인생이라는 여행을 이미 떠났습니다. 여러분의 여행 가방은 어느 정도 크기인가요?

늦가을 청량리
할머니 둘
버스를 기다리다 속삭인다.
"꼭 신설동에서 청량리 온 것만 하지?"

유자효 시인의 '인생'이라는 시입니다. 신설동에서 청량리까지 가면서 뭐 그리 큰 가방을 들고 갈 것까지야 있겠습니까? 어쩌면 필요한 것은 한 가지뿐일지도 모르겠습니다.
예수가 말합니다. "마르타야, 마르타야! 너는 많은 일을 염려하고 걱정하는구나. 그러나 필요한 것은 한 가지뿐이다."(루카 10,41-42) 여러분에게 필요한 것 한 가지는 무엇입니까?

만약 여러분이 그리스도인이라면, 필요한 것 한 가지는 하느님이라고 말하는 분도 계실 겁니다. 아니라면 어쩔 수 없고요. 필요한 것 한 가지가 하느님이 아니라 다른 무엇이라면, 여러분의 신앙은 그 한 가지를 위해 하느님을 수단으로 이용하는 것입니다. 여러분에게 있어서 하느님의 존재 이유는 그 필요한 것 한 가지 때문입니다.

다행히 필요한 한 가지가 하느님이라면, 하느님을 발견하기 위해 여러분의 여행은 시작됩니다. 하느님을 어디에서 발견할 수 있을까요?

그리스도교의 영성은 창조주와 피조물의 관계, 곧 사람이 어떻게 하느님과 관계를 맺는가에 관한 것입니다. 영성은 우리가 하느님의 현존 속에서 어떻게 살아갈 것인가에 대한 실천적인 삶의 방식입니다. 영성은 애매모호하기보다는 구체적입니다. 그래서 영성은 말합니다. "만약 하느님을 찾고 있다면 주변을 둘러보십시오."라고.

우리 주변에서 하느님을 찾을 수 있도록 그리스도교 영성은 '활동과 관상'이라는 지도를 소개합니다. 그런데 많은 사람들은 활동이 따로 있고 관상이 따로 있는 것으로 생각합니다. 마치 바쁘게 주님을 섬긴 마르타의 활동과 여유 있게 주님의 발치에 앉은 마리아의 관상을 분리시키듯이 말이죠. 그래서 활동과 관상 사이에 어느 것이 더 우선적이고 우월한 것이냐는 질문이 예전부터 등장하기도 했습니다.

활동과 관상은 분리되어 있지 않습니다. 마치 새의 두 날개처럼 언제나 함께 움직입니다. 활동은 관상과 분리된 활동 자체가 아니라, 활동 자체가 바로 '관상적'입니다. 자신의 모든 활동, 곧 그것이 정신적인 것이건 육체적인 것이건 하느님의 현존 속에서 이루어질 경우, 어떤 종류의 활동일지라도 그것은 관상적일 수밖에 없습니다. 모든 활동이 하느님 체험이며 하느님과의 접촉이기 때문입니다. 이럴 경우 마르타의 활동은 바로 그 자체가 관상적인 것이며, 마찬가지로 마리아의 관상은 바로 그 자체가 활동적인 것입니다.

예수의 지적처럼 우리들 대부분은 많은 일을 염려하고 걱정하지만, 정작 필요한 것은 한 가지뿐입니다. 활동 중의 관상, 곧 마르타처럼 모든 것 안에서 하느님을 발견하는 것과 마리아처럼 하느님 안에서 모든 것을 발견하는 것, 그것이 필요한 것 한 가지입니다.

만약 여러분이 불자라면, 필요한 것 한 가지는 다름 아닌

'뜰 앞의 잣나무'라고 말하는 분도 계실 것입니다. 마치 누군가의 말을 흉내 내는 앵무새처럼 말이죠.

하루는 어떤 승려가 조주 스님에게 묻습니다. "조사서래의祖師西來意, 곧 달마가 서쪽에서 온 뜻은 무엇입니까?" 조주가 말합니다. "뜰 앞의 잣나무!"(무문관 제37칙)

달마가 중국으로 건너온 의도를 묻는 '조사서래의'는 불법佛法이나 선禪의 진수를 묻는 선문답의 정형구입니다. 선종의 역사를 통해 수많은 조사들이 이 물음에 각자 고유한 대답을 내보입니다. 그 대답들은 아마도 남에게 묻고 묻다 지쳐 스스로 태산처럼 앉은 끝에 마침내 내지른 탄성일 것입니다. '마른 똥 막대기'일 수도 있고, '삼 세 근'일 수도 있고, '차 한 잔'일 수도 있습니다.

그 어느 탄성이든 그것은 그들의 것이지 나의 것이 아닙니다. 뜰 앞의 잣나무든 뒷간의 똥 막대기든 그것은 그 사람에게 모든 것입니다.

'모든 것'이라는 말은 연인 사이에 자주 사용되는 말입니다. "그 사람은 나의 모든 것입니다." 모든 것이기에 그 둘은 더 이상 둘이 아닙니다. 그래서 모든 것 안에서, 모든 말과 활동과 생각 안에서 서로를 의식하고 서로에게 현존합니다.

아침에 눈을 뜨게 만들고, 저녁에 무얼 먹을지 고민하게 만들고, 주말을 어떻고 보낼지 설레게 만듭니다. 무슨 옷을 입을지 무슨 영화를 볼지, 모든 것은 온통 그 사람의 현존 속에서 이루어집니다. 사랑에 빠진 것입니다.

깨달음이란 진리와 사랑에 빠지는 것입니다. 사랑에 빠졌기에 진리를 자기 밖에서 대상으로 고찰하지 않습니다. 깨달음은 살아 생동하는 자기 안에서 진리와 하나 되어 춤추는 것입니다.

자기 안에서 만난 진리이기에 사람마다 부르는 애칭이 다릅니다. 조주는 '잣나무'라 부르고, 운문은 '똥 막대기'라 부릅니다. 무엇으로 부르든 그 사람의 모든 것이기에, 그래서 더 이상 둘이 아니기에 가능한 러브 스토리입니다.

하느님을 발견하는 것도 마찬가지입니다. 하느님과 사랑에 빠지면 더 이상 하느님을 자기 밖에서 내상으로 찾지 않습니다. 오히려 자기 안에서 하느님을 알아차립니다. 나의 모든 것에 영향을 끼칠 정도로 서로에게 깊이 현존합니다. 나의 모든 것이기에 모든 것 안에서 하느님과 함께 머물고, 하느님 안에서 모든 것과 함께 머물게 됩니다.

여행

여행길 나선 두 친구
경쟁하듯 큰 가방부터 챙긴다
한 친구는 추억과 선물로 채우려고
다른 친구는 추억과 선물로 비우려고.

38

"낙타가 바늘귀로…."

"머리도 몸도 통과했는데
어째서 꼬리는 통과하지 못하지?"

정작 필요한 것 한 가지를 발견하지 못한 사람들이 우리 주위에는 많습니다. 그중에 부자 한 명이 달려와 예수에게 묻습니다. "제가 영원한 생명을 받으려면 무엇을 해야 합니까?"

예수가 대답합니다. "너에게 부족한 것이 하나 있다. 가서 가진 것을 팔아 가난한 이들에게 주어라."(마르 10,21) 그 부자는 울상이 되어 슬퍼하며 떠나갑니다.

필요한 것 한 가지와 부족한 것 한 가지가 서로 다르면 좋겠지만, 만약 같은 것이라면 우리는 여전히 바늘귀를 통과하지 못한 낙타입니다. 낙타가 바늘귀로 빠져나가는 퀴즈는 사람들이 하느님 나라에 무사히 들어갈 수 있도록 돕기 위해 예수가 던진 화두이자 관문입니다. 이 관문을 통과하지 못하면 우리는 영원한 생명을 누릴 수가 없습니다.

어떤 사람들은 낙타가 어떻게 바늘귀를 빠져나갈 수 있겠느냐며 예수가 던진 이 화두는 잘못 전해진 것이라고 말합니다. 그래서 그들은 "밧줄"이라는 희랍어 'kamilos'와 "낙타"라는 희랍어 'kamelos'가 비슷해서 생긴 오역이라며, 따라서 낙타가 아니라 밧줄이 예수의 원래 의도라고 주장합니다.

또 어떤 이들은 고대 예루살렘 성곽에는 두 개의 문이 있었는데, 하나는 마차도 다닐 수 있는 커다란 성문이고 다른 하나는 주로 밤에 사람들이 다니는 '바늘귀'란 이름의 작은 문이라고 말합니다. 그래야 "부자가 하느님 나라에 들어가는 것보다 낙타가 바늘귀로 빠져나가는 것이 더 쉽다."(마르 10,25)는 예수의 말이 일리가 있게 된다고 주장합니다.

어느 주장이든 좋습니다만, 저는 돌을 쫓아가는 개보다는 돌을 던진 사람에게 달려드는 호랑이처럼 화두를 던진 예수의 마음속으로 달려 들어가 보고 싶습니다.

성경이나 불경 안에 모순되는 이야기들과 머리로 납득하기 어려운 이야기들 때문에 답답해서 믿음에 회의가 생긴다는 분들이 의외로 많습니다. 그분들에게도 말과 글을 쫓아갈 것이 아니라 말과 글을 던진 님에게로 달려드는 호랑이가 한 번 되어 보라고 권유하고 싶습니다.

예수는 물질적인 부가 하느님 나라에 들어가는 데 심각한 장애가 된다고 분명히 말합니다. 이것은 가난을 장려하기 위해서가 아닙니다. 가난하면서도 기꺼이 나누는 사람이 있는가 하면, 가난하면서도 나눌 줄 모르는 사람도 있습니다. 부자이면서 인색한 사람이 있는가 하면, 부자이면서도 나누기를 좋아하는 사람도 있습니다. 세상에는 가난해도 하느님 앞에서 목이 뻣뻣한 사람들이 있고, 부자이면서도 하느님 앞에서 겸손한 사람들이 있습니다.

재물을 어느 정도 가졌는가 하는 것은 그리 큰 문젯거리가 아닙니다. 하느님 나라에 들어가고 맛보기 위해 중요한 것은 내 마음이 얼마나 하느님과 이웃들에게 열려 있나 하는 점입니다.

그런데 저는 이 부자에게서 절망이 아니라 희망을 읽습니다. 이 부자는 예수의 초대에 울상이 되어 슬퍼하며 떠나갔기에, 바로 그 점 때문에 희망이 있습니다.

세상에는 예수의 가르침과 초대에 무관심한 사람이 얼마나 많습니까? "너는 떠들어라. 나는 내 길을 가련다."라고 비웃으며 콧방귀도 안 뀌는 사람들, 무시하고 눈 감고 귀 막아 버리는 사람들이 얼마나 많습니까?

그렇지만 부자는 그러지 않습니다. 예수의 초대가 가슴을 파고듭니다. 지금 당장은 재물이 아까워 떠나가지만, 부자는 자기 가슴에 비수처럼 꽂힌 예수의 한마디 말 때문에 한동안 힘들어하다가 결국은 되돌아와 무릎을 꿇을 것입니다.

예수의 초대를 무시하는 사람은 이 부자처럼 결코 울지도 슬퍼하지도 않습니다. 들을 귀도 볼 눈도 막혀 있기 때문입니다. 바늘에 있는 작은 구멍을 가리켜 영어로는 'needle eye'(바늘 눈)이라 부르고 우리는 '바늘귀'라 부르는 것도 다 이유가 있습니다. 들을 귀와 볼 눈이 막혀 있으면 그 구멍으로는 낙타는커녕 개미조차도 통과하지 못할 뿐 아니라 그 누구의 가르침도 들어가지 못합니다. 하지만 들을 귀와 볼 눈이 열려 있으면 낙타뿐만 아니라 코끼리와 고래마저도 우리 마음속을 유유히 지나갈 수 있습니다.

낙타와 코끼리는 물론이거니와 고래마저도 바늘귀로 빠져나간다는 말을 듣자 오조 법연이 덧붙입니다. "물소가 창을 통과함에 있어서 머리와 뿔, 그리고 네 다리는 모두 지나갔는데 어째서 꼬리는 통과하지 못하는가?"(무문관 제38칙)

머리와 몸통이 빠져나왔다면 꼬리에 연연할 이유가 없긴 합니다. 생명에 지장이 없으니 단칼에 잘라 버리면 그만입니다. 중요하고 핵심적인 것이 해결되었다면 지엽적인 것은 그리 문제될 것이 없기도 합니다. 그래서 사소한 것에 목숨 걸지 말라고들 합니다. 하지만 잊어서는 안 되는 것은 모든 일은 사소한 것에서부터 시작된다는 사실입니다.

얼마 전 고등학교 친구가 부인과 헤어지고 싶다고 찾아와서 소주 한잔했습니다. 이 부부는 젊은 시절 우연한 작은 인연으로부터 시작해서 결혼이라는 중요한 결정에 이르렀습니다. 그런데 또다시 작고 사소한 거짓말과 다툼으로부터 시작해서 이혼이라는 중요한 결정을 하려고 했습니다.

물론 지금부터라도 작고 사소한 일에 정성을 기울이면 다시 좋았던 시절로 돌아갈 수 있으리라는 것을 잘 알고 있습니다. 그런데 그게 생각처럼 쉽지가 않으니 어찌겠습니까?

마찬가지로 우리 주위에는 가진 것이 보잘것없다고, 시간이 조금밖에 없다고, 빵 다섯 개와 물고기 두 마리밖에 남은 것이 없다고 말하면서 나중에 여유가 생기면 기부도 하고 봉사도 하겠다는 사람들이 많습니다. 그것은 착각입니다. 결코 가능한 이야기가 아닙니다. 많이 가진 사람이 나누고 시간 넉넉한 사람이 봉사하는 것이 결코 아니기 때문입니다. 재물이든 시간이든 가진 것을 나누는 것은 사랑과 자비의 표현이기에 마음이 넉넉하지 않은 사람은 결코 나누지 못합니다.

작고 보잘것없고 사소한 일들이 모여서 인생이 됩니다. 작은 선택이 모여 인생을 선택합니다. 하루가 모인 것이 인생입니다. 일분일초가 모인 것이 인생입니다. 한 차례의 들숨 날숨이 모인 것이 생명입니다. 사소한 일들이 모여 정작 필요한 한 가지가 되고, 사소한 한 가지를 소홀히 하는 것이 곧 우리에게 부족한 것 한 가지입니다. 사소한 것에 목숨 거는 것, 말이 되는 소리입니다. 결국 인생에 목숨을 거는 것이니까요.

꼬리가 나오지 못하면 결국 나오지 못한 것입니다. 머리와 뿔만 소가 아닙니다. 꼬리도 소입니다. 꼬리가 없는 소만큼 볼품없는 것도 없습니다. 그러니 꼬리를 자를 생각일랑 하지 말고 작고 사소한 일도 마음 모아 주의 깊게 사랑해야겠습니다.

그렇다고 사소한 것에 너무 마음을 빼앗겨서도 안 됩니다. 그러다 보면 본질에 대한 탐구 없이 사소한 것에만 지나치게 집중하게 되니까요. 이를 트리비얼리즘trivialism이라 부릅니다. 나무는 보고 숲을 보지 못하는 것과 마찬가지입니다. 그러니 사소한 것과 큰 것에 대한 균형감 있는 삶의 태도를 놓쳐서는 안 될 것입니다.

한 가지

필요한 것 한 가지
부족한 것 한 가지
지금 여기서 맛을 못 보면
나중 거기서도 맛을 모를걸!

39

"기도할 때에 빈말을 되풀이하지 마라."

"말에 떨어져 버리니…."

점심을 먹고 집 앞 공원을 산책하다 벤치에 앉아 잠시 쉬고 있는데, 한 여인이 저에게 다가왔습니다. 얼굴 가득 미소를 머금고 말이죠. 그러고는 저에게 말을 붙였습니다. "선생님, 인상이 참 좋으시네요. 혹시 잠깐 시간을 내어 주실 수 있으신가요?"

제가 시간이 많다고 하자, 그분은 제 옆자리에 앉았습니다. 그러고는 교회에 다니느냐고 묻더군요. 그래서 가톨릭 신자라고 대답했습니다. 신부라고는 밝히지 않았습니다. 그랬더니, 참 잘됐다며 예수를 제대로 믿고 구원받아야 한다고 말했습니다.

가끔씩 제가 이런저런 추임새를 넣었더니 그분은 신이 나서 계속해서 말을 하고 또 말을 걸었습니다. 물론 저는 일방적으로 듣는 편이었습니다. 그분과 대화를 하면서 한 생각이 들었습니다. "예수를 제대로 믿는다는 것이 도대체 어떤 것인가?"

만약 우리 스스로 복음, 곧 기쁜 소식을 살아가지 못한다면, 제대로 믿는 것이 아닐지도 모릅니다. 복음에 대해 설명할 수는 있어도 복음을 보여 주지는 못하기 때문입니다. 그리스도라는 이름은 전할 수 있어도 그리스도 자체는 전할 수 없을 것입니다.

만약 우리가 복음을 살아간다고 하면서도 다른 사람을 판단하고 비판하는 데 몰두한다면 예수를 제대로 믿는 것이 아닐지도 모릅니다. 교회의 율법이나 계명은 전할 수 있어도 자비와 용서의 법은 보여 줄 수 없으니까요.

만약 우리가 주님을 믿고 사랑한다고 하면서 다른 것을 추구하는 데 더 많은 시간과 관심을 두고 있다면 예수를 제대로 믿는 것이 아닐지도 모릅니다. 이것은 이웃에게 또 다른 우상, 즉 물질과 권력과 명예라는 우상을 섬기고 있는 자신의 모습만을 보여 주는 것이니까요.

결국 우리 스스로 복음화되지 않은 상태에서는 다른 사람에게 결코 복음을 전해 줄 수 없습니다. 그러니 당연히 예수를 제대로 믿는다고 말할 수 없을 것입니다.

향기를 머금은 꽃들은 소리치지 않습니다. 향기를 소유하지 않고 아낌없이 나눌 뿐입니다. 자유 그 자체입니다. 나비와 벌들은 그 향기에 취해 먼저 다가옵니다. 향기로운 삶이 설교이고 복음입니다.

그렇다고 향기로운 사람이 되려고 너무 애쓸 필요까지는 없습니다. 우리는 이미 향기를 머금고 있는 다양한 종류의 꽃들이니까요. 향기를 더 모으려, 잃어버리지 않으려 애쓸 필요도 없습니다. 우리 안에는 마르지 않는 향기가 한가득하니까요. "하느님의 사랑이 우리 마음에 부어졌기 때문입니다."(로마 5,5)

어느 쪽 향기가 더 좋다며 우르르 몰려다닐 필요도 없습니다. 각자 고유한 향기를 품은 채 봄에 폈다 여름에 지고 가을이면 열매를 맺어 겨울에 잠시 쉬었다 다시 꽃을 피우니까요. 그러니 너무 애쓰지 말고 다만 뚜껑만 열어 두면 됩니다.

향기를 담은 마음 뚜껑을 열어 두는 방법으로 가장 좋은 것

중 하나가 바로 기도와 명상입니다. 그래서 예수의 제자들은 기도하는 법을 가르쳐 달라고 요청합니다. 예수가 말합니다. "너희는 기도할 때에 다른 민족 사람들처럼 빈말을 되풀이하지 마라."(마태 6,7)

 기도와 명상은 마음 운동입니다. 육체적인 근육을 키우기 위해 체육관에서 땀을 흘리며 운동을 하듯이, 마음속 근육을 키우기 위해서 하는 운동이 기도와 명상입니다. 마음 운동을 꾸준히 하다 보면 우리 내면에 고요함과 평온함, 그리고 청명함과 같은 정신적 근육이 자라게 됩니다. 이런 근육이 우리 내면에 자리하게 되면 일상의 삶에서 마주하는 웬만한 자극, 곧 오르막과 내리막에서도 평지처럼 쉬이 걸어 다닐 수 있습니다.

 물론 체육관에서 한두 차례 열심히 운동한다고 해서 하루아침에 초콜릿 복근이 생기지 않는 것처럼 마음 운동도 그러합니다. 처음엔 낯설고 지루하고 힘이 들지만 매일 조금씩 하다 보면 익숙해지고, 어느새 우리는 고요하고 평온하고 청명한 근육을 지닌 친절하고 행복한 사람이 되어 있을 것입니다.

 예수는 제자들에게 기도 하나를 들려줍니다. '주님의 기도'

로 알려진 이 기도는 예수 자신의 기도입니다. 때때로 홀로 산에 올라 하느님과 맺은 관계 속에서 자신의 언어로 탄성처럼 터져 나온 기도입니다.

예수가 자신의 기도를 일러 준 까닭은 이 기도를 앵무새처럼 흉내 내라는 의미가 아닙니다. 하느님과의 일대일의 관계 속에서 각자의 목소리로 자기 탄성을 내지르라는 초대입니다.

빈말을 되풀이하지 마라는 예수의 충고를 지나가다 엿들은 운문 스님에게 한 승려가 찾아와 묻습니다. "광명은 고요히 온 세상을 두루 비추고…" 한 구절이 채 끝나기도 전에 운문이 가로막습니다. "그것은 장졸 수재의 시가 아닌가?" 승려가 "예."라고 대답합니다. 운문이 말합니다. "화타話墮, 말에 떨어졌다."(무문관 제39칙)

비록 언어가 진리를 있는 그대로 드러내지 못한다하더라도, 자신이 체득한 진리와의 만남을 자신의 언어로 표현해야지 다른 사람의 깨달음을 자기 것인 양 인용하는 것은 헛된 말입니다. 다른 이의 말에 걸려 넘어져 종살이하는 것입니다. 남의 인생을 사느라 자기 인생을 허비하는 것입니다. 장졸 수재의 시가 아무리 멋들어지더라도 그것은 남의 시지 나의 시가 아닙니다.

운문이 어떤 사람입니까? 석가세존의 첫 일성인 '천상천하유아독존'天上天下唯我獨尊을 두고 "내가 그 자리에 있었더라면 입을 찢어 굶주린 개에게 던져 주었을 것"이라 했고, 부처가 무엇이냐는 물음에 "마른 똥 막대기"라고 잘라 말한 분입니다. 내가 누구인지 스스로 묻고 답하지 못하는 제자를 향해 "밥통 같은 놈"이라고 일갈한 분입니다. 그 운문이 남의 언어를 모방하는 것을 부끄러워하지 않는 우리들에게 오늘 또 다시 말합니다. "화타, 곧 말실수했다."라고 말입니다.

고등학교 시절 남의 글이나 시구를 베껴서 연애편지를 건네곤 했습니다. 등굣길에 마주친 여학생은 두세 번은 제 편지를 받아 주었습니다. 하지만 그 여학생도 알고 있었습니다. 그 글이 내 글이 아니라 남의 글이라는 사실을. 그러니 제 마음이 담기지 않은 빈말을 더 이상 받아 줄 이유가 없었던 것입니다.

남의 언어를 빌리는 것보다는 차라리 침묵 혹은 백지로 보낸 편지가 나을 것입니다. 마음이 담긴 말과 글, 또는 침묵에는 미묘한 향기가 배어 있으니까요. 마치 삶의 진창에 핀 한 송이 연꽃의 향기처럼 자기의 체험과 인생, 곧 만남과 추억,

도전과 실패, 슬픔과 기쁨, 놀람과 환희 등 자신의 고유한 역사가 담겨 있습니다. 이런 향기는 두고두고 여운을 남기고, 어쩌면 아름다운 울림을 선사할지도 모를 일입니다.

기도

사람이 기도를 바치는 것이 아니라
기도가 사람을 바친다네.
자신을 비우라고
자기 사랑과 이익과 이권으로부터.
자신을 채우라고
님의 비움과 버림과 기다림을.
그 기도의 힘으로
님을 사랑한 한 사내는 자신의 복음서를
님을 기다린 한 여인은 자신의 마니피캇을
향기 품은 꽃으로 피운다.

40

"죄 없는 자가 먼저 돌을 던져라."

"물병을 걷어차 버리든지."

몇몇 수도회 회원들이 함께 모여 저녁 기도와 성무일도를 드리고 있었습니다. 그런데 갑자기 정전이 되어 성당 안이 깜깜해졌습니다. 베네딕토회원들은 기도문을 다 외우고 있었기 때문에 아무 어려움 없이 그 자리에서 계속 기도를 드렸습니다. 프란치스코회원들은 성당 밖으로 나와 밤하늘에 가득한 별을 보며 형님인 태양과 누님인 달을 지으신 하느님께 찬미를 드렸습니다. 도미니코회원들은 복도로 나와 선 채로 어둠과 빛에 관해 신학적 토론을 벌였습니다. 예수회원들은 지하 창고로 내려가 두꺼비집을 손본 뒤 다시 성당으로 돌아와 기도를 마친 후, 각자의 일터로 흩어졌습니다.

우스갯소리로 전해져 내려오는 이야기입니다만, 여러분이라면 어떻게 하시겠습니까? 비록 저는 예수회원이긴 하지만 아마도 프란치스코회원들과 더불어 성당 밖으로 나와 담배 한 개비씩 권하며 하느님께 감사와 찬미를 드리지 않았을까 싶습니다.

똑같은 문제에 맞닥뜨렸는데도 어떤 사람은 '해결'에 초점을 맞추고 또 어떤 사람은 '해소'에 초점을 둡니다. 해결은 우리가 문제 삼고 있는 것들을 '밖'에서 어찌해 보려고 노력하는 것이고, 해소는 '안'에서 찾아 노력하는 것입니다. 그런데 문젯거리가 밖에만 있다고들 생각한다면, 어쩌면 그다지 희망이 없어 보입니다.

지난 일들을 돌이켜 보면, 해결된 문제보다는 해소된 문제가 더 많았다는 사실을 알게 됩니다. 구체적인 내용도 기억나지 않는 무언가를 두고 친구와 사생결단 말다툼을 벌였던 일들은 해결되었을까요, 아니면 해소되었을까요? 중간고사 기말고사 등 수없이 많았던 시험 앞에서 마음 졸이며 걱정했던 일들은 지금 어디에 있나요? 사랑하던 사람과 헤어지고, 미워하던 사람과 마주할 수밖에 없었던 일들은 해결되었나요, 아니면 해소되었나요? 그렇다고 쓰레기를 장판 밑에 감추듯, 문제를 감추고 외면하는 것이 해소라고 오해해서는 안 됩니다.

대부분의 일들은 대상이 지닌 문제라기보다는 주체, 곧 우리 각자가 만든 문제입니다. 밖에 있는 문제가 아니라 안에 있는 문제입니다.

싫어하는 사람과 식사 자리를 함께하게 되었을 때, 그 사람이 얼마나 나쁘고 사악한지에만 주의를 기울인다면 결코 문제가 해결되지 않습니다. 오히려 소화가 안 되어 문젯거리가 더 생기고 맙니다. 싫어하는 사람, 곧 밖이 아니라 안, 곧 나의 내면을 보아야 합니다. 문제를 자기 안에서 찾지 않고 자기 밖에서 찾으려고만 한다면, 해소는 고사하고 해결의 실마리조차도 발견할 수 없습니다.

하루는 사람들이 간음하다 붙잡힌 여자를 끌고 와서 예수에게 이 문제에 대해 해결책을 내놓으라고 요구합니다. 예수는 아무 말 없이 몸을 굽혀 땅에 무언가를 쓰기 시작합니다. 그들이 줄곧 요구하자 예수는 몸을 일으켜 말합니다. "너희 가운데 죄 없는 자가 먼저 저 여자에게 돌을 던져라."(요한 8,7)

그들은 이 말을 듣고는 나이 많은 이들부터 시작하여 하나씩 하나씩 떠나갑니다. 만약 예수가 "서로 용서하십시오."라든지 "서로 사랑하십시오."라고 말했더라면 어땠을까 생각해 봅니다. 모르긴 몰라도 사람들은 화를 내며 여자에게도 예수에게도 돌을 던졌을 것입니다. 왜냐하면 자기 자신을 되돌아볼 생각을 하지 못하고 언제나 자기 밖에 있는 대상에게만 문제가 있다고 생각하는 사람들의 귀에 그와 같은 예수의 말이 들어갔을 리가 만무하기 때문입니다.

"너희 가운데 죄 없는 자가 먼저 돌을 던져라." 이 말은 밖이 아니라 먼저 안을 보라는 초대입니다. 남 탓하기 전에 먼저 자기를 돌아보라는 부르심입니다. 미움과 분노의 원인을 밖에서만 찾을 것이 아니라 자기 안에서도 찾아보라는 애정 어린 충고입니다.

우리가 밖이 아니라 안을 바라볼 때, 그동안 문젯거리로 삼았던 것이 더 이상 문제로 의식되지 않을 수도 있습니다. 문제로 의식되지 않는다면, 나는 옳고 너는 그르다며 더 이상 시비를 가릴 필요도 사라집니다. 원천적으로 해소된 것입니다.

성경에는 나이 많은 이들부터 떠나갔다고 적혀 있지만, 자기 내면을 성찰하는 데는 나이가 많고 적음이 그다지 영향을 미치지 않습니다. 오히려 나이가 많아질수록 안도 밖도 바라보지 않는 경향이 점점 짙어집니다. 자기 내면의 변화도 귀찮지만, 자기 밖의 세상이 변하는 것도 성가시기 때문입니다. 그래서일까요? 나이가 들수록 보수적인 정당에 표를 던지는 확률이 높아지는 것이.

백장 스님도 두 제자 사이에서 누구에게 표를 던질 것인지 고민합니다. 새로 개창할 대위산大潙山의 주인으로 위산을 뽑을지 수좌를 뽑을지를 놓고 말이죠. 그래서 백장은 두 제자로 하여금 대중 앞에서 한마디씩 하게 하여 그들의 안목을 시험한 뒤 뛰어난 사람을 보내기로 합니다.

백장은 물병을 집어 바닥에 놓으며 묻습니다. "이것을 물병이라 불러서는 안 된다. 무어라고 부르겠느냐?" 수좌가 먼저 대답합니다. "나무토막이라 불러서는 안 됩니다." 그런데 위산은 물병을 발로 걷어차 버리고는 자리를 떠 버립니다. 백장이 웃으면서 말합니다. "수좌가 위산에게 졌구나!"(무문관 제40칙)

수좌는 뛰어난 답을 내놓습니다. 스승이 낸 시험 문제로부터 한 치의 벗어남도 없이 충실합니다. 어떤 이름이든지 그것은 분별과 차별의 소산이기에 나무토막이라 불러서 안 된다는 대답은 스승이 제시한 문제를 기가 막히게 해결한 셈입니다. 그렇지만 아무리 훌륭한 답이라 할지라도 그것은 '부처님

손바닥 안의 손오공'처럼 스승이 만들어 놓은 덫 안에서의 몸부림일 뿐입니다.

수좌가 문제의 해결책을 제시한 반면, 위산은 문제 자체를 완전히 소멸시켜 버립니다. 위산에게는 스승이 바닥에 놓은 물병을 달리 무슨 이름으로 불러야 하는지에 대한 쓸데없는 생각이 끼어들지 않습니다. 있는 그대로의 물병을 있는 그대로 볼 뿐, 아무런 차별도 분별도 없이 자유자재합니다. 스승이 파 놓은 덫을 무심한 듯 가볍게 뛰어넘어 버린 것입니다.

스승은 어떤 답을 기대하고 시험 문제를 낸 것이 아닙니다. 만약 스승이 답을 재촉했더라면, 아마도 위산은 스승의 뺨을 후려쳤을지도 모를 일입니다.

예수와 부처는 문제를 해결하기보다는 해소하는 것을 선호합니다. 크고 작은 문제들을 해결하기 위해서 이 땅에 왔다면 굳이 연약한 아기의 모습으로 오지 않았을 겁니다. 많은 사람들이 기대하듯이 '말씀 한마디'로 또는 '손가락 하나'로 인간이 지닌 모든 문제들을 한 방에 해결할 수 있는 '울트라 슈퍼맨'의 모습으로 왔을 겁니다. 그런데 그분들은 그러지 않았습니다.

경전에 실린 예수와 부처의 이야기들은 과거의 사건으로

그치는 것이 아니라 현재 우리 삶의 이야기에 빛과 희망을 던져 줍니다. 그래서 생명을 주는 '말씀' 또는 '가르침'이라 부릅니다.

자식을 잃은 여인과 마주친 예수와 부처의 이야기가 단적으로 그러합니다. 오늘도 예수는 우리의 내면에서 죽어 있던 아이를 다시 살리기 위해 애를 쓰고, 부처는 모든 사람은 반드시 죽는다는 사실을 일깨워 줌으로써 마음의 눈을 뜨도록 도웁니다. 우리의 문제를 해결해 주기보다는 우리로 하여금 스스로 문제를 해소할 수 있는 힘을 지니도록 말입니다.

회광반조 廻光返照

돌을 집어 힘차게 던진다
멀리 날아가지는 못하나
깊이 박혀
내 마음을 때리고
나를 죽이며
나를 살린다.

41

"무거운 짐 진 자 나에게 오라."

"이미 가벼워졌는데…."

해결과 해소가 다르듯, 치료와 치유도 다릅니다. 치료는 의학적 행위이지만, 치유는 의학적 행위를 포함한 훨씬 더 포괄적이고 영적인 행위입니다.

예수와 부처의 삶은 치료가 아닌 치유의 역사입니다. 상처로 고통받는 사람을 일으켜 다시 걷게 하는 사랑과 기다림의 역사입니다. 그분들의 제자인 우리들도 의심의 여지없이 치유자로 불림 받은 사람들입니다. 우리는 일상 속에서 치유 여행을 떠나야 합니다.

저는 여행을 그다지 즐기는 편이 아니라 가능하면 집에 머물러 있기를 좋아합니다만, 어쩌다 먼 길을 떠나야만 할 때가 있습니다. 그런데 여행을 자주 하지 않다 보니 짐 꾸리기가 여간 곤란하지 않습니다. 이것도 필요한 것 같고 저것도 필요한 것 같고 해서 여행 보따리가 한가득합니다. 산행 초보자의 배낭은 전문가에 비해 언제나 크고 무겁다는 사실이 저에게 꼭 들어맞습니다.

주로 기차를 타고 여행을 떠납니다. 그런데 기차 여행을 하면서 계속해서 짐을 지고 있는 사람이 있을까요? 가까운 곳이라면 혹은 짐이 가볍다면 그럴 수도 있겠다 싶습니다. 그렇지만 먼 길을 갈 때 기차를 탔으면 짐은 선반에 올려놓으면 됩니다. 짐을 올려놓았다고 해서 그것이 어디로 도망가지 않습니다. 굳이 내가 지고 있지 않아도 짐은 어느 순간 나와 함께 목적지에 도착합니다.

여러분은 인생이라는 여행길을 떠날 때 어떤 짐을 어떻게 꾸리시나요? 초보자인가요, 아니면 숙련된 전문가인가요? 그 짐을 선반에 올려놓나요, 아니면 바닥에 내려놓나요? 저도 전문가처럼 무애자재하게 바닥에 놓인 짐을 베고 한숨 자고 싶은데, 그 여유로움이 생각처럼 쉬이 되지가 않습니다.

오래전 산을 오를 때면 산장에서 필요한 생필품을 한짐 가득 매고 올라가는 짐꾼들을 심심찮게 보았습니다. 사람 키만 한 높이로 쌓아 올린 물품들을 매고 땀을 뻘뻘 흘리면서 산을 오르는 모습이 마치 경건한 수행자 같았습니다. 모르긴 몰라도 산장에 도착해서 짐을 내려놓은 그분들의 등과 마음은 솜털처럼 가볍기 그지없을 것입니다.

우리가 행복하지 못하고 편안하지 못한 것은 역설적이게도 너무 많이 가져서일지도 모릅니다. 너무나 크고 무거운 짐이라서 머리를 누이기에도 버거울 뿐입니다. 천근만근입니다. 마음의 짐, 감정의 짐, 생각의 짐 등 수없이 많은 짐을 무슨 필수품이라도 되는 듯이, 없으면 큰일이라도 날듯이 여행가면서 꼭 챙깁니다. 그리고 그 짐에 집착합니다.

선한 마음이든 악한 마음이든 짐이기는 마찬가지입니다. 기쁨이든 슬픔이든 똑같은 감정의 짐입니다. 이미 지나간 일에 대한 생각이든 아직 오지 않은 일에 대한 생각이든 무겁기는 매한가지입니다.

여행을 떠나면서 가방 하나 들지 않고 가는 사람은 없습니다. 가방 속에 들어 있는 짐의 종류는 다르겠지만, 크고 작은 고민 하나쯤은 모두 가지고 떠납니다. 필요한 것만 넣고 불필요한 것은 빼고 싶지만, 그게 말처럼 생각처럼 되지 않는 것이 우리 인생입니다. 생각하는 대로 넣을 수 있고 마음먹은 대로 뺄 수 있다면, 그것을 어찌 인생길이라 하겠습니까?

"고생하며 무거운 짐을 진 너희는 모두 나에게 오라."(마태 11,28)고 예수가 부릅니다. 그리고 "안식을 주겠다."고 덧붙입니다.

예수의 부르심을 듣고 안식을 얻기 위해 선반 위에 올려놓은 짐을 내리려 하는데 짐이 온데간데없이 사라졌습니다. 얼마나 난감하고 당황스럽든지 옆자리에 앉은 사람들에게 내 짐을 보지 못하였는지 물어보아도 전혀 도움이 안 됩니다. 한참을 소란스럽게 찾다 문득 떠올랐습니다. 애초에 짐 없이 기차를 탔다는 사실이. 본래무일물本來無一物입니다.

면벽 중이던 달마達磨에게 혜가慧可가 눈밭 속에 서서 자신의 팔을 자르고서는 말합니다. 자신의 팔을 단칼에 자를 만큼 구도의 열정이 사무쳤습니다.

"제 마음이 편하지 못합니다. 부디 편하게 해 주십시오."
"마음을 가지고 오너라. 그러면 편하게 해 주겠다."
"찾아보았으나 끝내 찾을 수가 없습니다."
"이미 편하게 해 주었다."(무문관 제41칙)

선반 위에 있는 짐을 찾아보았으나 끝내 찾을 수가 없었습니다. 애초에 짐 없이 기차를 탔을 수도 있지만, 가만히 보니 그 기차에는 원래 선반도 없었던 것입니다. 태어날 때 가지고 온 물건이 없듯이, 마음 또한 실체가 없는 것입니다. 마음이란 선반도 본래 없었던 것이죠. 어떤 인연으로 인해 왔다가 인연이 다하면 가버리는 것이 마음이니까요.

마음이라는 선반 위에 올려 두었던 여러 생각과 감정의 짐뿐만 아니라 마음조차도 원래 없었던 것입니다. 짐도 선반도 애초에 없습니다. 그저 잠시 동안 내가 보관하고 있을 뿐입니다.

선반 없는 기차가 훨씬 더 가벼운 법입니다. 선반은 반드시 있어야 하는 것이 아닙니다. 짐을 올려놓기 위해 부수적으로 만든 것입니다. 애초에 짐이 없다면, 선반도 필요치 않습니다. 짐도 없고 선반도 없는 본래무일물. 그래서 혜능惠能은 노래합니다.

보리는 본래 나무가 아니요菩提本無樹
명경 또한 대가 아니다明鏡亦非台.
본래 아무런 물건도 없는 것이니本來無一物
어디서 티끌이 일어나리何處惹塵埃.

예수가 약속한 안식과 달마가 준 편안함은 본래 우리가 잃어버린 적이 없어 새삼스레 찾을 필요도 없는 자신의 진실한 본모습입니다. 원래부터 존재하던 있는 그대로의 마음입니다. 그 마음은 원래 무無였습니다. 그랬던 마음에 살아가면서 이런저런 짐을 담고 흔적을 남깁니다. 깨달음과 어리석음을 분별하고, 좋고 나쁜 것을 구분하고, 온갖 색깔을 칠하고, 내 것 네 것으로 갈라놓습니다.

예수와 달마의 초대에는 죽음이 들어 있습니다. 크게 죽어야 다시 태어날 수 있습니다. 우리가 죽음의 초대에 응답한다면, 거기에는 언제나 내려놓음이 들어 있습니다. 죽음과 내려놓음은 우리 각자의 선택입니다.

물론 자기는 아무런 짐도 짊어지고 있지 않다며 당당하게 말하는 사람도 개중엔 몇 있을 겁니다. 그렇다면 그 마음마저 내려놓아야 합니다. 아무것도 짊어지고 있지 않은데 무얼 어떻게 내려놓을 수 있겠냐며 버틴다면, 그럼 계속 지고 갈 수밖에 어쩔 도리가 없습니다.

집착

비우고 비우고 또 비우나
더 무거워지는 마음이야
덜어 내고 덜어 내고 또 덜어 내나
자꾸만 채워지는 마음이야
비워야 한다는 생각과
덜어 내야 한다는 욕망이
이토록 무서운 집착일 줄이야.

42

"이 죄인을 불쌍히 여겨 주십시오."

"저는 어째서 그렇게 할 수 없나요?"

지금보다 젊었을 적엔 행복을 찾아 '밖'으로 돌아다닌 적이 훨씬 더 많았습니다. 파랑새를 찾아 나선 치르치르와 미치르 남매처럼 말입니다. 물론 지금도 여전히 '밖'으로 나다니지만 예전보다는 '안'을 조금 더 챙기는 편입니다. 왜냐하면 행복은 외적 요인이나 환경보다는 우리의 내적 상태에 의해 더 많이 좌우된다는 점을 알았기 때문입니다.

행복과 불행은 우리 '안'에도 있습니다. 그래서 종교의 유무에 관계없이 행복한 사람은 어디를 가든 행복할 것이고, 불행한 사람은 어디를 가든 불행할 것입니다.

가끔씩 신자분들이 저에게 묻곤 합니다. 왜 사제가 되었으며 사제 생활이 행복하냐고 말이죠. 저에게만 묻는 것은 아닙니다. 그리스도교 신자든 불교 신자든 구분 없이 성직자나 수도자들에게 이렇게 묻기를 좋아합니다. 아마도 결혼 생활을 하는 자신들의 삶과 독신으로 사는 그들의 삶을 비교하고 싶어서, 게다가 이왕이면 결혼 생활을 가꾸어 가는 자신들의 선택이 잘못되지 않았다는 것을 확인하고 싶어서가 아닐까 추측해 봅니다.

그런데 한 가지 진실이 있습니다. 비교야말로 불행의 문을 열어 주는 열쇠라는 진실 말이죠. 우리는 좋든 싫든 지금까지 자신과 타인을 비교하고, 또 비교당하며 살아왔습니다.

자기를 타인과 비교하기 시작하면, 어느새 가족 중의 누군가를 다른 사람과 비교하게 됩니다. 남편을 옆집 남편과, 아내를 친구 아내와, 자녀를 옆집 자녀와 비교하게 만듭니다. 비교는 자신만 불행의 문으로 들어가는 것으로 끝나지 않고 가족에게까지 확산됩니다.

누군가가 이런 말을 했습니다. 여름 휴가철이 되면 너나 나나 할 것 없이 다들 바다로 피서를 떠나는데, 이처럼 사람들이 바다를 좋아하는 이유는 모든 사람이 거의 다 벗고 있기 때문이랍니다. 벗고 있기에 다 똑같고, 그래서 비교할 게 없어서 바다로 휴가를 떠난다는 겁니다.

그런데 요즘은 몸짱 열풍이 불면서 벗고 있으면서도 비교하기 시작합니다. 불행의 문을 열어 주는 비교라는 열쇠를 휴가 중에도 버리지 못하는 것입니다.

타인과 비교하는 데 너무 신경을 쓰다 보면, 자기도 모르는 사이 그 타인은 경쟁 상대가 되어 버립니다. 언젠가는 반드시 극복하고 쓰러뜨려야 할 적이 됩니다. 내가 타인을 적으로 인식하면, 나도 똑같이 그 사람의 적이 될 수밖에 없습니다.

인간관계의 중심에 비교와 경쟁이 있으면, 우리는 불행의 문을 열고 그 안으로 들어갈 수밖에 없습니다. 어쩌면 이미 그 안에서 수많은 적들에게 둘러싸여 한순간도 긴장의 끈을 놓지 못하고 살고 있을지 모릅니다. 한 번 생각해 봅시다. 사방이 온통 물리쳐야 할 적으로 가득 차 있는데 어찌 행복할 수 있겠습니까?

예수는 비교의 열쇠를 버리지 못하고 불행의 문 앞에서 서성거리는 사람들을 향해 '바리사이와 세리의 비유'를 들려줍니다. 기도하러 성전에 들어와서는 자신이 행한 선한 일을 하느님께 열거하는 데 시간의 대부분을 사용한 바리사이는 성전 뒤에 서 있는 세리와 자신을 비교합니다. "오, 하느님! 제가 다른 사람들, 강도짓을 하는 자나 불의를 저지르는 자나 간음을 하는 자와 같지 않고 저 세리와도 같지 않으니, 하느님께 감사드립니다."(루카 18,11)

한편 세리는 감히 앉지도 못하고 성전 뒤에 서서 하늘을 향하여 눈을 들 엄두도 내지 못한 채 가슴을 치며 말합니다. "오, 하느님! 이 죄인을 불쌍히 여겨 주십시오."(루카 18,13) 예수는 분명히 말합니다. 바리사이가 아니라 세리가 의롭게 되어 집으로 돌아갔다고 말입니다.

타인과 비교하고 경쟁하는 것은 행복을 밖에서만 찾는 것입니다. 자신의 정체성과 가치를 타인과의 비교를 통해서 찾고 경쟁을 통해 확인하는 것은 행복의 주도권을 타인에게 넘겨주는 것이기도 합니다. 이런 삶은 자신의 인생을 사는 것이 아니라 결국 타인의 인생을 사는 꼴입니다. 그러니 얼마나 피곤하겠습니까?

또 다른 예가 바로 '탕자의 비유'에 나오는 큰아들의 경우입니다. 아버지는 두 아들을 똑같이 사랑하지만, 큰아들은 자신을 동생과 비교하며 아버지를 원망합니다. "저는 여러 해 동안 종처럼 아버지를 섬기며 아버지의 명을 한 번도 어기지 않았습니다. 이러한 저에게 아버지는 친구들과 즐기라고 염소 한 마리 주신 적이 없습니다. 그런데 창녀들과 어울려 아버지의 가산을 들어먹은 저 아들이 오니까, 살진 송아지를 잡아 주시는군요."(루카 15,29) 비교하기 시작하면 동생은 더 이상 동생이 아닙니다. 반드시 물리쳐야만 하는 '저 아들'이 되어 버립니다.

비교는 불행의 문을 여는 열쇠일 뿐만 아니라, 차별과 분별의 문을 여는 열쇠이자 무명無明의 뿌리, 곧 이기적 욕망입니다.

하루는 문수文殊 보살이 세존 옆자리에서 삼매에 들어 있는 여인을 보고는 묻습니다. "저 여인은 부처님 가까이에 있을 수 있는데 저는 어째서 그렇게 할 수 없습니까?" 부처가 말합니다. "그대가 이 여인을 삼매에서 깨어나게 하여 직접 물어보아라." 문수는 갖은 수를 동원했으나 여인을 깨어나게 하지 못합니다. 그런데 그 순간 땅에서 솟아오른 망명罔明 보살이 여인 앞에 이르러 손가락을 한 번 튕기니 여인은 곧바로 삼매에서 깨어납니다(무문관 제42칙).

그런데 과연 문수는 부처 곁에 가까이 있었던 적이 없었을까요? 문수는 지금까지 수없이 자기 안에 있는 부처를 보았고, 또 나름대로 그 부처를 보호해 왔습니다. 불교란 본시 타고난 것을 발견하는 돈오頓悟와 발견한 것을 보호하고 성숙시키는 점수漸修의 기나긴 여정이니까요.

지혜 제일이라 불리는 문수는 분별이 사라진 근본적인 지혜의 세계, 곧 부처의 경지를 상징합니다. 하지만 비교는 이기심을 바탕으로 나와 너를 차별하고 분별하는 것이기에 그 한 생각이 마음속에 일어나자 문수는 한순간에 중생의 나락으로 떨어집니다.

망명罔明이란 밝음이 없다는 뜻으로 있는 그대로의 세상을 보지 못하는 사람, 곧 평등의 경지에 이르지 못하고 차별 세계에 머무는 보살을 상징합니다. 이 망명이 불쑥불쑥 우리 마음속에서 솟아오릅니다.

그렇다고 해서 무분별 세계의 문수와 차별 세계의 망명을 따로 놓고 보아서는 안 됩니다. 문수와 망명은 둘이 아닙니다. 한 생각을 일으키면 곧 망명이요, 한 생각을 물리치면 문수이니까요. 마찬가지로 한 생각을 일으키면 바리사이이자 큰아들이지만, 한 생각을 돌리면 의롭게 되어 돌아간 세리이자 작은아들입니다.

부처 곁에서 삼매에 든 여인은 다름 아닌 화두를 붙잡고 일상을 살아가는 우리 자신입니다. 일체의 차별과 분별을 여의고 내 안에 있는 부처와 하나가 되는 순간 우리는 문수로 살아갑니다. 하지만 이기적 욕망으로 인해 비교의 열쇠를 손에 쥐는 순간 우리는 망명이 되어 우리 안에 있는 부처를 놓치고 평등일여平等一如의 세계에서 깨어나 차별의 세계 속에서 살아갑니다.

부처와 여인과 문수와 망명, 그리고 바리사이와 세리와 큰아들과 작은아들은 바로 우리 자신입니다.

잠시 멈추어 서서 우리가 걸어온 발자국을 살펴봅시다. 나의 인간관계는 비교와 경쟁의 끈으로 연결되어 있는지, 아니면 평등과 우정의 끈으로 연결되어 있는지를. 경쟁에서 이기면 나를 시기하는 사람이 생겨서 괴롭고, 경쟁에서 지면 속상해서 괴롭습니다. 이기든 지든 괴로운 법입니다. 나의 삶이 이기고 지는 살벌한 게임과 같은 것인지, 아니면 승패를 띠난 우정의 여정인지를 되돌아봅시다.

행복은 사람 사이人間, 곧 나와 너의 관계 속에 있습니다. 한 생각을 일으키면 '적'이지만, 그 생각을 돌리면 '벗'입니다. 한 생각을 돌리는 일은 각자의 선택이자 결단이지 예수와 부처가 결코 대신해 줄 수 없습니다. 생각과 결단과 선택이 우리 자신을 만듭니다.

게임

삶은 이기고 지는 게임이라는데
져도 함께여서 마주하며 웃고
이겨도 홀로라서 뒤돌아 우는
어느 게임장에 들어서야 할지.

43

"아버지의 아들이라 불릴 자격이 없습니다."

"그럼 무어라고 부르겠느냐?"

2016년 12월 31일의 서울 시내 풍경입니다. 추운 날 시청 앞 광장에 모인 몇 만의 무리는 태극기를 흔들며 '아, 대한민국'이라는 노래를 따라 부르고, 광화문 광장에 모인 몇 십만의 무리는 촛불을 켜고 '아름다운 강산'을 따라 부릅니다.

이 두 무리 사이에는 청계천이 가로놓여 있는데, 그 주위로 경찰들이 차벽을 세워 서로 건너가고 건너오지 못하게 막고 있습니다. 반면에 각종 음식을 펼쳐놓은 트럭은 건너가고 건너오는 사람들에게 따끈한 어묵과 각종 꼬치구이를 팔며 함께 섞이도록 열린 공간을 제공합니다.

이날 모인 사람들의 공통된 주제는 '대통령'입니다. 어느 무리에 속한 사람이라도 '그 사람'을 대통령이라 부르면 이름에 걸립니다. '그 사람'은 국민들이 대통령이라는 개념으로 약속하고 기대하고 있는 모습과는 완전히 다르게 살고 있으니까요. 그렇다고 '그 사람'을 대통령이라 부르지 않으면 사실에 어긋납니다. 어쨌든 '그 사람'은 국민들이 더 많은 표를 던져 선택한 대통령이니까요. 그렇다면 과연 '그 사람'을 무어라고 불러야 할까요?

선택의 기로에서 이러지도 저러지도 못하는 우리들에게 수산 화상이 죽비를 들어 보이며 말합니다. "이것을 죽비라 부르면 이름에 걸리는 것이고, 죽비라 부르지 않으면 사실에 위배된다. 자 말해 보라. 무어라고 부르겠느냐?"(무문관 제43칙)

설상가상입니다. 말을 해도 안 되고 침묵해도 안 된다니 수산은 죽비 하나로 사람을 옴짝달싹 못하게 만들어 버립니다. 그렇다고 물병을 걷어 차 버린 위산 스님처럼 죽비를 내던져 버리면 속이 시원해지겠지만, 그러자니 남 흉내 낸다고 한 소리 들을 건 뻔합니다. 이름에 걸리지도 않고 사실에 어긋나지도 않으려면 그놈의 죽비를 두고 무슨 꼼수를 부려야 할까요? 죽비가 눈앞에서 사라진다고 해결되거나 해소될 문제가 아닙니다. 우리는 여전히 우리가 만든 개념과 침묵의 새장에 갇혀서 거짓과 왜곡 속에서 살아갈 테니까요.

'그 사람'이 대통령 자리에서 내려오면 좋겠지만 물러난다고 해결되거나 해소될 문제가 아닙니다. 왜 태극기를 집어 들었는지, 왜 촛불을 켜고 있는지에 대한 성찰, 곧 우리 사회가 지향하는 바에 대한 깊은 고민 없이는, 무엇보다 삶의 가치관에 대한 뼈저린 반성 없이는 우리는 여전히 일상 속에서 거짓과 왜곡을 퍼뜨리고 차별과 불의와 폭력을 행사하면서 살아갈 테니까요.

'탕자의 비유'에 나오는 큰아들은 동생을 가리켜 '저 아들'이라 부르고, 작은아들은 자기 자신을 가리켜 "아버지의 아들이라 불릴 자격이 없습니다."(루카 15,21)라고 말합니다. '저 아들'이라 부르든지 '아버지의 아들'로 부르지 않든지 그 사람은 똑같은 그 사람이지만, 어떻게 부르느냐 하는 선택에 따라 그들의 인생도 달라집니다.

인생은 끊임없는 선택의 연속입니다. 우리의 모든 말과 행동, 그리고 생각마저도 우리가 내린 선택의 결과입니다. 그 선택이 우리를 만들고 우리의 삶을 이끌어 갑니다. 그런데 많은 경우 우리는 선택을 하고는 얼마 지나지 않아 후회를 합니다. 그래서 새로운 선택을 하고 또 후회합니다. 선택과 후회, 그리고 선택으로 이어지는 우리네 삶의 안타까운 순환 구조입니다.

선택을 한 뒤 곧 후회를 하는 까닭은 눈앞의 자기 이익과 이권을 위해 기계적 · 본능적으로 선택하기 때문입니다. 이러한 선택은 기계론적 세계관에 젖어 있는 사람들, 즉 눈앞에 펼쳐진 물질적 세계만을 인정하고 영적인 세계와는 아무런 상관이 없는 것처럼 살아가는 사람들이 주로 합니다.

그런데 영적인 세계관을 지닌 사람들 중에도 많은 이들이 본능적으로 선택을 하며 살아갑니다. 왜냐하면 눈에 보이고 만져지는 세계가 훨씬 더 자극적이고 매력적이기에 때때로 그곳에 마음을 빼앗기기도 하기 때문입니다.

선택을 하고 후회를 하지 않으려면 철학을 해야 합니다. 아니, 후회 없는 삶을 어찌 인생이라 부르겠습니까? 후회하지 않을 수는 없기에 가능한 한 적게 후회하려면 철학을 해야 합니다.

철학은 어렵고 고리타분한 말장난과 같은 학문이 아닙니다. 만약 철학이 강단에서 '지식'만을 다루는 학문이라면 그럴지도 모릅니다. 그것은 이미 죽어 버린 사람들이 남기고 간

말과 글의 찌꺼기를 가져다가 자신이 얼마나 많은 찌꺼기를 모아 두었는지 뽐내는 알음알이 소꿉장난일 뿐입니다.

  철학은 지식을 다루는 것이 아니라 지식이 발효된 '지혜'를 익히는 수련입니다. 많이 보고 많이 읽어서 알게 된 지식이 자기 삶 속에서 드러나지 못하면, 그것은 배 속에 꽉 차 있는 똥이나 마찬가지입니다. 밖으로 나오지 못하는 똥은 아무리 많이 축적되어 있다고 하더라도 건강한 삶을 위협할 뿐입니다. 그래서 지식은 사색과 숙고와 성찰이라는 효소로 발효되어 지혜로 성숙되어야 하며, 일상의 삶을 통해서 밖으로 배출, 즉 표현되어야 합니다.

  우리네 삶의 진정한 문제는 이것저것 많이 아는 것이 아닙니다. 내가 아는 것을 토대로 삶의 자리에서 어떤 방식으로 존재하고 어떤 방식으로 살아가느냐 하는 선택의 문제입니다. 철학은 스스로 선택하고 결단하는 삶의 방식, 곧 일상 속에서 삶을 사랑하며 중만하게 살아가는 지혜를 다룹니다. 따라서 철학을 한다는 것은 무엇보다도 삶에 대한 특정한 선택을 하는 것을 의미합니다.

  우리들 각자는 삶에 대한 특정한 선택을 이미 했습니다. 그리스도인들은 예수 그리스도의 삶과 죽음을 선택했고, 그 삶의 방식에 따라 살고자 하며, 그렇게 살기 위해 몸과 마음을 단련시킵니다.

불자들은 석가세존의 삶과 죽음을 선택했고, 마찬가지로 그렇게 살기 위해 수행합니다. 프랑스 철학자 피에르 아도의 "진정한 철학이란 영적인 훈련, 곧 영신수련이다."라는 주장은 그래서 진실한 통찰입니다. 영적인 훈련인 철학은 예수처럼 부처처럼 진리 속에서 살도록 자극하고 격려하고 가르치기에 이기심에 기초한 자기중심적인 선택으로부터 우리를 지켜 줍니다.

동생을 동생이라 부르지 않은 큰아들의 선택과 스스로를 아버지의 아들이라 부르지 못한 작은아들의 선택은 우리가 일상 속에서 늘 하는 선택 방식 중 하나입니다. 우리는 자주 하느님을 무시하고 선택합니다. 선택의 과정에 하느님이 소외되어 있기에 작은아들은 진즉에 집을 떠나 길을 잃고 방황하고, 큰아들은 계속 집에 있으면서도 길을 잃고 방황합니다.

우리는 자주 진리를 잊어버린 채 선택합니다. 선택의 과정에 진리가 소외되어 있기에 태극기를 들던 촛불을 들던 일상으로 돌아와서는 여전히 차별하고 억압하며 예전의 삶을 답습할 뿐입니다.

그리스도교에서 하느님이 소외된 선택의 대표적인 예가 '선악과 사건'입니다. 사람이 선과 악을 알게 되는 것에 무슨 잘못이 있는 것은 아니지만, 그 과정에 하느님이 무시되고 있다는 것은 위험합니다. 하느님에 의해 창조된 사람이 그들의 자유를 사용해서 하느님과의 본질적인 관계로부터 떠나 독립적으로 선과 악을 식별하고 선택하려 한다면, 이는 이기심에 기초한 자기중심적인 행동이고 이웃을 향한 폭력입니다.

하느님의 선악 판단과 인간의 선악 판단은 언제나 다르고 또 달라야 합니다. 하느님은 언제나 비이기적으로 자신을 펼치고, 인간은 이기적 사랑으로 자기 안으로 굽어 있기 때문입니다. 그래서 시인 유안진의 노래를 귀담아 들어야 합니다.

값비싼 화초는 사람이 키우고
값없는 들꽃은 하느님이 키우시는 것을
그래서 들꽃 향기는 하늘의 향기인 것을
그래서 하늘의 눈금과 땅의 눈금은
언제나 다르고 달라야 한다는 것을
들꽃 언덕에서 알았다.

탕자의 귀환

딱 딱 딱
죽비 소리에 집을 떠난다.
사랑을 거부하고 부정해 집 밖으로
사랑을 비교하고 원망해 집 안에서
집을 떠나 하세월!

딱 딱 딱
죽비 소리에
작은아들이 먼저
큰아들이 뒤따라
사랑 찾아 집으로 돌아온다.

44

"지팡이 외에는 아무것도 가져가지 마라."

"있으면 주고 없으면 뺏겠다."

문득 이런 생각이 들었습니다. 내가 완전히 사라질지라도, 연기처럼 흔적조차 남기지 않을지라도, 나에 대한 아무런 기억조차 없을지라도, 그럼에도 불구하고 아무런 조건 없이 사랑하는 삶이 무$_無$ 아닐까? 우주가 텅 비어 있기에 삼라만상이 다 들어가듯, 비어 있지만 충만한 삶이기에 무$_無$ 아닐까? 이 삶은 스스로 체험하거나 살지 않으면 어느 곳에서도 찾을 수가 없기에 무$_無$ 아닐까? 이 삶은 자기 안에서 찾지 않으면 자기 밖에서 도무지 찾을 수 없는 것이기에 무$_無$ 아닐까? 그래서 텅 빈 충만의 무$_無$는 스스로 살아야 하는 것이 아닐까?

어떻게 하면 텅 비어 충만하게 살 수 있을까요? 비우고 버리겠다며 마음을 먹고 각오를 다지면 살 수 있을까요? 파초 스님이 대중을 향해 말씀하십니다. "너희가 지팡이를 가지고 있다면 내가 너희에게 지팡이를 주겠다. 너희가 지팡이를 가지고 있지 않다면 내가 너희에게서 지팡이를 뺏겠다."(무문관 제44칙)

불교에서 지팡이 또는 주장자拄杖子는 불성佛性 혹은 본래면목本來面目을 깨달아 살아가는 사람을 상징합니다. 그래서 지팡이를 가지고 있다는 것은 깨달은 사람, 즉 스스로 붓다(Buddha, 부처)가 되었다는 것을 의미합니다. 물론 지팡이를 지니고 있다고 모두 다 진실하게 깨달은 것은 아닙니다. 삶이 진실 여부를 증명해 주니까요.

그리스도교에서도 지팡이 또는 목장牧杖은 하느님께 가까이 다가간 사람, 곧 주교나 아빠스에게 주어지는 상징입니다. 이 지팡이는 권위의 상징이지만, 권위는 지팡이 때문에 생기는 것이 아닙니다. 주어진 권한을 제대로 행사할 때 생기는 미덕이 권위이지만, 권한을 제대로 행사하지 못할 경우엔 권위주의라는 악덕이 생기기도 합니다. 양 떼를 모는 목동처럼 사목자로서 길 잃고 방황하는 사람들을 하느님의 품으로 인도하고 악의 세력으로부터 자녀들을 안전하게 돌보는 것이 주교와 아빠스에게 주어진 권한입니다.

이런 지팡이를 갖고 싶다는 생각과 텅 빈 충만을 살고 싶다는 생각, 그리고 열심히 돈 벌어 부자가 되겠다는 생각은 분명 다릅니다. 그렇지만 이러한 생각들에 너무 머무르면 이 세 가지는 모두 집착입니다. 깨달음과 충만한 삶에 대한 집착이나 재물에 대한 집착이나 마음을 뺏는 점에서는 똑같기 때문입니다.

지팡이에 대한 집착을 내려놓아야 합니다. 지팡이를 가지고 있다는 생각과 가지고 있지 않다는 생각 속에는 똑같이 지팡이에 대한 집착이 담겨 있습니다. 있는 것에 대한 집착과 없는 것에 대한 집착 역시 똑같은 집착일 뿐입니다. 그래서 파초 스님은 깨달음에 집착하는 자들을 향해 지팡이를 휘두릅니다. 지팡이의 유무有無에 집착하는 마음을 내려놓고 어디에도 걸림이 없이 무애자재하게 살아가라고 초대하는 것입니다.

저에겐 그림자처럼 따라다니면서 문득문득 저를 부끄럽게 만드는 사건이 하나 있습니다. 일명 '손톱깎이 사건'입니다. 오래전 평소 저와 친했던 한 형제가 제 방을 노크하더니 손톱깎이를 빌려 달라고 했습니다. 그 순간 제 머리에 떠오른 것은 그 형제가 무좀 때문에 고생하던 분이라는 사실이었습니다.

그래서 없다고, 나는 공동 물품 방에 있는 손톱깎이를 사용한다고 거짓말을 하고 말았습니다. 그 형제가 돌아가고 난 뒤, 저는 "휴" 하고 한숨을 내쉬었지만, 채 몇 초도 지나지 않아 후회가 되고 마음이 아파오기 시작했습니다.

그 조그만 사건은 한동안 끊임없이 저를 괴롭혔습니다. 무엇보다도 그 형제의 눈을 똑바로 쳐다볼 수가 없었습니다. 저는 손톱깎이에 집착했고, 또 형제로부터도 자유로울 수 없었습니다. 그런 집착의 시간이 흐르면서 저는 중요한 사실 하나를 온몸으로 깨닫게 되었습니다. "내가 손톱깎이를 소유한 것이 아니라, 손톱깎이가 나를 소유하고 있구나!"라는 사실입니다.

10년이 훨씬 지났지만 저는 아직까지 그 손톱깎이를 사용합니다. 그리고 손톱이나 발톱을 깎을 때마다 그 녀석과 눈을 마주치며 대화를 나눕니다. "내가 네 거니, 네가 내 거니?"

물질이든 사람이든 생각이든, 그것을 가지려는 소유욕에는 한정도 없고 휴일도 없다던 법정 스님의 말씀은 거짓이 아닙니다. 소유가 마치 범죄처럼 여겨진다던 간디의 고백은 진실합니다. 깨달아 부처가 되겠다는 생각도 지나치면 집착입니다. 텅 빈 충만의 삶을 소유하겠다는 생각도 집착입니다. 마치 손톱깎이를 나만 소유하겠다는 집착과 하등 다를 게 없습니다. 방하放下, 곧 일체의 집착을 내려놓아야 합니다. 어떻게?

예수는 제자들을 파견하면서 "지팡이 외에는 아무것도, 빵도 여행 보따리도 전대에 돈도 가져가지 말라."(마르 6,8)고 당부합니다. 예수가 허락한 지팡이는 보잘것없는 나무 막대기가 아닙니다. 그것은 하느님의 돌보심과 보호를 상징하는 '하느님의 영'입니다. 이스라엘 백성을 이집트 노예살이로부터 해방시키기 위하여 모세 할아버지가 들었던 것이 바로 그 지팡이입니다.

모세는 그 지팡이로 나일 강을 핏물로 만들어 파라오를 놀라게 했고, 그 지팡이로 홍해를 갈랐으며, 전쟁에서 승리하기 위하여 지팡이를 높이 들었습니다. 시편 23장에도 이런 노래가 있습니다. "주님은 나의 목자, 아쉬울 것 없어라. 제가 비록 어둠의 골짜기를 간다 하여도, 재앙을 두려워하지 않으리니, 당신의 지팡이가 저에게 위안을 주기 때문입니다."

지팡이를 24시간 365일 들고 다닐 수는 없습니다. 모세도 그렇게 하지 못했습니다. 왜냐하면 지팡이는 소유할 수 있는 물건이 아니기 때문입니다. 우리가 하느님의 영을 소유할 수는 없습니다. 다만 하느님의 영이 우리를 소유할 뿐입니다. 그 순간 우리는 하느님의 영에 사로잡히고, 우리를 사로잡은 영은 우리를 다그칩니다. 텅 빈 충만의 삶으로 초대하는 것입니다.

우리의 착각 중에 우리가 하느님에게 기도를 드린다는 착각만큼 큰 것도 없습니다. 우리가 기도를 하느님에게 드리는 것이 아닙니다. 기도가 우리를 하느님에게 드립니다. 기도는 우리를 텅 빈 충만 자체인 하느님에게 바칩니다. 기도는 우리를 진리 자체인 하느님에게 인도합니다.

우리가 하느님의 영의 소유가 되고, 하느님께 인도될 수 있는 이유는 그곳이 본래 우리의 본향이기 때문입니다. 우리는 원래 비어 있었고 충만했습니다. 불성佛性을 깨닫는다는 것도 우리가 부모의 몸을 빌려 태어나기 전의 본향인 본래면목本來面目을 깨달아 지금 여기서 살아감을 의미합니다. 그러니 지팡이를 소유하기보다는 스스로 지팡이가 되어야 합니다. 나와 지팡이는 원래부터 하나이기 때문입니다.

지팡이

꼬부랑 할머니가 된 어머니 곁엔
어느새 지팡이가 새 짝이 되어
감히 내가 끼어들 틈이 없다.
아무렴,
지팡이보다 못하니 어쩔 수 없지.

지팡이는 어머니 뜻에 따라
길을 나설 때도
쉴 때도
잠잘 때도
기뻐 춤출 때도
슬퍼 눈물 흘릴 때도
언제나 곁을 지키지만
어쩌다 생각날 때 가끔씩 들리는 나는….

"나에게 의심을 품지 않는 이는 행복하다."

"석가와 미륵이 그의 종이니…."

한겨울에는 잘 모릅니다. 죽은 나무인지 살아 있는 나무인지를. 봄이 되면 알 수 있습니다. 비쩍 마른 가지들 사이로 하나둘 잎들이 돋아나야 비로소 살아 있음을 알 수 있습니다.

그런데 사람은 정반대입니다. 봄에는 잘 모릅니다. 세상이 주는 기쁨과 평화 속에 젖어 있을 때, 그리고 자기 계획이나 뜻대로 일이 잘 풀릴 때는 모릅니다. 그 사람이 진리에 뿌리를 두고 있는지 세상에 뿌리를 두고 있는지를. 겨울이 되어야 비로소 알 수 있습니다. 어려움이 닥치고 거대한 산과 같은 장애물이 생겼을 때, 그리고 미래에 대한 전망이 어두울 때 우리는 그 사람이 어디에 속한 사람인지를 알 수 있습니다.

세상에 뿌리를 두고 세상에 속한 사람들은 이렇게 기도합니다. "하느님! 제가 원하는 것을 하지 마시고 아버지께서 원하는 것을 하십시오. 그러나 아버지께서는 무엇이든 하실 수 있으시니, 이 잔을 거두어 주십시오."

어디서 많이 들어본 기도이지만, 앞뒤가 뒤바뀐 기도입니다. 자신의 계획이나 욕구를 충족시키기 위해 하느님을 조종하려는 기도입니다. 하느님은 어디까지나 수단일 뿐입니다.

세상에 뿌리를 두되 세상에 속하지 않는 사람들은 자기 사랑과 이권과 의지를 비우고 텅 빈 그 자리에서 하느님께서 자유자재로 활동하실 수 있도록 자신을 허용합니다. 세상에 뿌리를 두는 이유는 세상이 곧 하느님의 거처요 진리가 일하는 곳이기 때문입니다. 그래서 이들은 겟세마니의 예수처럼 기도합니다.

"아버지! 아버지께서는 무엇이든 하실 수 있으시니, 이 잔을 저에게서 거두어 주십시오. 그러나 제가 원하는 것을 하지 마시고 아버지께서 원하시는 것을 하십시오."(마르 14,36) 이 기도가 우리를 하느님께 바칩니다. 그래야 삶의 진창 속에 핀 한 송이 연꽃처럼 맑고 청아한 진리의 향기가 내 삶을 통해 세상으로 퍼져 나갑니다.

십자가에 못 박히기 직전, 겟세마니에서 예수가 한 기도는 본질적으로 내맡김의 표현입니다. 예수는 자기 자신을 하느님의 섭리에 내맡기기로 선택한 것입니다. 십자가는 내맡기는 믿음이 어떤 것인지를 명확하게 보여 주는 하나의 도구입니다. 왜냐하면 십자가 형벌이 다른 일반적인 형 집행 방법과 구별되는 한 가지 특징은 아무도 자기 스스로에게 형을 가할 수 없다는 점에 있기 때문입니다.

　예수가 제자들에게 자기 십자가를 지고 당신을 따라오라고 초대한 것은 온전히 내맡기는 삶의 태도를 지니라는 부르심입니다. 십자가의 근본 의미는 자신을 온전히 하느님의 손에 내맡기는 것이고, 부활의 영광 역시 하느님의 손길에 철저하게 내맡겨져 있음을 고백하는 것입니다.

　하느님의 섭리에 철저하게 내맡긴다고 해서 아무것도 하지 않는 것을 의미하지는 않습니다. 내맡기기 위해서는 무엇보다 신뢰가 있어야 합니다. 신뢰는 친밀함을 통해 성장하고 친밀함은 자신을 투명하게 개방할수록 깊어집니다. 그래서 아담과 하와는 처음에는 알몸이면서도 서로 부끄러워하지 않았던 것입니다.

　그렇지만 하느님을 향해 자신의 느낌이나 생각을 감추고

표현하기를 주저한다면 친밀함에는 뭔가 문제가 있는 것입니다. 친밀함에 문제가 있는데 어찌 신뢰할 수 있겠습니까?

하느님에게 투명하게 자기를 표현하는 것이 핵심입니다. 꾸밀 필요가 없습니다. 내세우고 싶은 것과 부끄러워 숨기고픈 것을 구분할 이유도 없습니다. 그분은 우리가 생각하는 것보다 훨씬 더 좋은 분이니까요. 있는 그대로의 나를 있는 그대로 드러내는 순간, 우리는 그분과 한결 친밀해짐을 맛보게 될 것이고 삶을 온전히 내맡길 만큼 신뢰가 커짐을 느낄 것입니다.

만약 하느님과 더욱더 가까워지고 싶은 분이 계시다면, 자기에게 익숙한 것을 포기하라고 권하고 싶습니다. 아브라함처럼 고향과 가족에 대한 익숙한 경험을 포기하는 것뿐만 아니라, 그동안 안주해 왔던 익숙한 믿음으로부터도 떠나라고 권합니다. 디디고 있는 계단을 포기하지 않으면 발은 더 높은 계단으로 올라가지 못합니다. 그러니 익숙한 믿음의 계단을 과감히 뛰어넘어 의심하고 질문해야 합니다.

예수가 "나에게 의심을 품지 않는 이는 행복하다."(마태 11,6)고 말했다고 해서 의심을 터부시해서는 안 됩니다. 예수가 왜 이런 말을 했는지를 먼저 이해해야 합니다.

우리 삶을 온전히 내맡길 수 있는 분에 대한 근본적인 회의라는 의심과 그분이 어떤 분인지에 대한 궁금함이라는 의심은 완전히 다릅니다. 우리의 영적 여정은 이 궁금함에서 출발하여 "당신은 누구신가요?"라는 목마른 질문을 던집니다. 우리의 믿음 역시 의심과 궁금함에서 출발하여 "당신은 저를 사랑하시나요?"라는 인격적인 질문으로 성장합니다.

의심은 믿음의 쌍둥이 동생입니다. 성숙한 믿음은 의심을 성가셔하거나 두려워하지 않습니다. 언제나 함께 길을 걸으며 서로에게 양보하고 서로를 보살핍니다. 그러다 어느 순간 하느님을 향한 투명함과 친밀함이 깊어지면, 무한한 신뢰 속에서 자기 자신을 온전히 내맡깁니다. 그러니 우리가 경계해야 할 것은 의심이 아니라 무관심과 무감각입니다.

믿음을 성숙시키기 위해 그리스도 신자들이 선사들로부터 배워야 할 점이 많이 있지만, 그 가운데 가장 절실한 것은 의심을 품고 부화할 때까지 견디는 힘입니다. 한 달이라도 좋고 일 년이면 더 풍요합니다. 그래서 동산의 법연 스님이 한 수 가르쳐 줍니다. "석가와 미륵이 모두 그의 종이다. 자, 말해 보라. 그는 누구인가?"(무문관 제45칙)

불교는 '그'를 만나러 가는 길이자 여정입니다. 비록 그가 본래면목이니 주인공이니 불성이니 법신이니 진리니 하여 여러 가지 이름으로 불리는데다가 그를 만나러 가는 길도 여럿이지만, 반드시 챙겨야 하는 것 하나는 자나 깨나 의심을 품고 다녀야 한다는 점입니다.

아침에 눈을 뜨자마자 의심부터 챙기고, 잠자리에 들면서도 의심을 품습니다. 아침을 먹으면서도, 차 한 잔 마시면서도, 누굴 만나서도 의심을 놓치지 않습니다. 기분이 좋으면 좋은 대로 나쁘면 나쁜 대로 의심을 잊지 않습니다. 한 생각이 과거에 머물던 미래에 머물던 상관없이 언제나 현재의 의심으로 되돌아옵니다. 그리고 조용히 되뇝니다. "이 뭣고?"

"이 뭣고?"와 "그는 누구인가?"는 생사生死의 전쟁터에 몸뚱이 하나 들고 태어난 이 물건이 도대체 무엇인가라는 질문입니다. 이 몸뚱이를 끌고 다니며 과장 되고 차장 되고 부장 되고 사장 되려고 발버둥 치다가 결국은 송장이 되고 마는 이 물건이 과연 무엇인가 하는 의심으로부터 솟아 나오는 용암과 같은 질문입니다.

우리는 이 물건을 잘 알고 있는 듯 보이지만 실상은 아는 것이 별로 없습니다. 모양은 어떠하며 색깔은 어떠한지 아무도

이 물건을 본 사람이, 그의 모습을 본 사람이 없기 때문입니다.

결국 우리는 우리 자신을 모르고 한평생 살아갑니다. 그러니 내가 나를 모른다는 사실을 자각한 사람은 당연히 의심을 일으킬 수밖에 없습니다. 나에 대해 아는 것이 하나도 없다는 기막힌 탄식으로부터 터져 나오는 것이 '큰 의심'입니다. 이 의심으로부터 분심憤心, 곧 억울하고 원통하여 분한 마음이 일어납니다. 이 분심은 진리를 향한 목마름과 갈망에 다름 아닙니다. 반드시 나를 알고야 말겠다는 다짐이기도 합니다. 그래서 '큰 분심'이 됩니다. 그러다 마침내 이 분심으로부터 신심信心, 곧 믿음이 생깁니다. 나도 깨달을 수 있다는 확고부동한 믿음이자 자신감입니다. '큰 믿음'입니다.

의심이 믿음을 키웁니다. 하느님을 향한 근본적인 거부와 '그'에 대한 회의를 의심이라고 착각해서는 안 됩니다. 그것은 의심이 아니라 무감각입니다. 의심은 믿음의 또 다른 이름입니다. 그러니 의심을 두려워해서는 안 됩니다. 의심은 믿음이 성장할 수 있도록 돕는 자양분입니다. 동시에 의심하는 자리가 곧 성불하는 자리이기도 합니다.

대화

플라스틱 물병에 꽂힌
한 송이 꽃에게 말을 건넨다
이토록 심하게 꺾이고 잘리고도
왜 여전히 화사하게 웃고 있냐고.
"니가 있으니까!"

십자가에 매달린
신에게 질문을 던진다
이토록 심하게 못 박히고도
왜 그렇게 가만히 계시냐고.
"니가 있으니까!"

46

"나는 포도나무요 너희는 가지다."

"온 세계가 너와 하나다."

 농사를 지으시던 큰아버지는 매일 아침저녁으로 논과 밭에 나가셨습니다. 매일 밖으로 나가는 큰아버지 등 뒤에서 하루는 큰어머니가 쓴소리를 던지셨습니다. 별 할 일도 없는데 왜 나가냐고 말이죠.
 큰아버지는 아무런 대꾸도 없이 또 논과 밭으로 나가셨습니다. 저녁 식사를 마친 뒤에 궁금해서 큰아버지께 물었습니다. 할 일도 없다는데 왜 나가시냐고. 그랬더니 큰아버지께서 말씀하셨습니다. "농작물은 농부의 발걸음 소리를 듣고 자란단다."
 농부이신 하느님도 매일 아침저녁으로 우리 곁을 찾아오십니다. 당신의 발걸음 소리를 들으며 당신의 현존 속에서 무럭무럭 자라라고 말입니다. 물론 누구나 그 발걸음 소리를 듣는 것은 아닙니다. 어쩌면 듣지 못하는 사람이 훨씬 더 많을지도 모릅니다. 그렇지만 하느님은 변함없이 우리 곁에 오시고 또 머무르십니다.

매일 우리 곁에 오시지만 하느님이 유능한 농부가 아닌 것은 분명합니다. 아무 땅에나 씨를 뿌리는 농부를 보고 유능하다고 할 수는 없으니까요. 유능한 농부라면 당연히 좋은 땅을 골라 비료도 듬뿍 주고 난 뒤에 씨를 뿌릴 테지만, 하느님은 그렇게 하지 않습니다. 길에도 돌밭에도 가시덤불 속에도 씨를 마구 뿌릴 뿐입니다.(마태 13,1-9)

농부이신 하느님은 왜 아무 데나 씨를 뿌리실까요? 창세기에 기술된 창조 이야기는 하느님이 아담 한 사람을 위해 얼마나 많은 수고를 쏟아부었는지 들려줍니다. 하느님은 오로지 한 사람만을 위해서 달과 별을, 온갖 동물을, 산과 바다를 만들었을 뿐만 아니라 아름다운 정원도 가꾸고 짝까지 손수 배려해 줍니다. 당신 손수 만드신 인간, 당신의 모습대로 빚어 생명의 숨결을 불어넣은 사람을 향한 무한한 애정과 신뢰 때문에 씨를 아무 곳에나 뿌리는 것입니다.

씨를 뿌리는 땅은 하느님이 생명의 숨을 불어넣으셨던 바로 그 장소, 곧 우리들의 '마음 밭'입니다. 하느님은 이 마음 밭에 포도나무도 한 그루 심으시고는 아침저녁으로 물을 주시고 하루 24시간 늘 곁에 머물고 계십니다.

농부이신 하느님에게는 아들이 하나 있는데, 아버지의 마음을 그 누구보다 잘 아는 아들이 우리에게 말합니다. "나는 포도나무요 너희는 가지다."(요한 15,5)

포도나무와 가지는 한 몸입니다. 나무가 가지더러 "너는 나에게 필요 없는 존재야. 내게서 떨어져 버려."라고 말하지 않습니다. 너와 나의 차별이 없습니다. 더군다나 농부는 자신이 심은 모든 작물을 자식으로 여깁니다. 농부와 작물 사이에는 주객主客의 구분과 대립이 없습니다. 말 그대로 하나입니다.

"나는 포도나무요 너희는 가지다."라는 표현을 바오로는 살짝 다른 버전으로 바꾸어 소개합니다. "머리이신 그리스도, 지체인 우리!"

머리가 손이나 발에게 "난 네가 필요 없어. 나에게서 떠나 버려."라고 말하지 않습니다. 손이 발에게 "아이고 더러워. 저리 치워."라고 소외시키거나 배척하지 않습니다. 엄지손가락이 새끼손가락더러 "넌 왜 그리 가늘고 작니. 너랑 같이 못 있겠어."라며 판잔하지도 않습니다. 예수와 내가 한 몸인 것처럼, 너와 나는 한 몸입니다.

사회 복지 시설을 운영하는 수녀님들로부터 가끔 듣는 이야기입니다. "우리가 그들을 먹이는 것이 아니라, 오히려 그들이 우리를 먹입니다." 이렇게 말하는 수녀님들은 복지 시설에 계신 분들을 '대상자'라 부르지 않고 언제나 '식구'라고 부릅니다. 식구들 덕분에 자신들이 더 잘 얻어먹게 된다며 그분들에게 감사하는 마음을 잊지 않습니다. 모두가 한 식구입니다.

모두가 한 몸이자 한 식구라는 말에 덕이 높은 옛 스님이 얼씨구나 어깨춤을 추며 한마디 덧붙입니다. "백 척의 장대 끝(백척간두, 百尺竿頭)에 앉는 것이 깨달음을 얻은 것이긴 하나 아직은 멀었다. 그 끝에서 한 걸음 더 내딛어야 시방세계에 온 몸으로 나타나리라."(무문관 제46칙)

백척간두진일보百尺竿頭進一步는 일상의 삶에서 자주 쓰이는 말입니다. 어떤 목표에 도달했어도 거기에서 멈추지 않고 더욱더 노력함을 뜻하기도 하고, 나태함을 경계하기 위해 긴장의 끈을 놓지 않는다는 뜻으로도, 해결하거나 손쓸 수 없을 정도의 막다른 곤경 또는 절체절명의 상황에서 벗어나기 위한 극단의 방편으로도 사용됩니다.

그런데 선禪에서는 더 이상 오를 곳이 없는 최고의 깨달음의 경지를 백척간두라 표현하고, 그 백척간두에서 한 걸음 더 나아가라는 화두로 사용합니다. 이미 최고의 경지에 도달했는데, 또 다시 어디로 진일보하라는 말일까요?

깨달음의 세계로 건너간 뒤에 수행이 끝나는 것은 아닙니다. 건너온 곳, 즉 일상의 세상 속으로 다시 건너가야 합니다. 그래야 비로소 처음 건너온 것이 의미를 지니게 됩니다.

결국 우리에게는 최소 두 번의 건너가기가 필요한데, 통상적으로 첫 번째 건너가기를 깨달음을 향해 위로 나아가는 '향상'向上, 두 번째 건너가기를 다시 세상 속으로 돌아오는 '향하'向下라는 방향성으로 구분합니다. 때로는 평등의 세계인 '정'靜과 차별의 세계인 '동'動이라는 논리로, 때로는 윤회의 세계로부터 점차 벗어난다는 점에서 '원심적'이고 윤회의 세계로 다시 되돌아온다는 점에서 '구심적'이라고 표현하기도 합니다. 물론 반야(지혜)를 여성으로 방편(자비)을 남성으로 하는 두 가지 원리로 구분 짓기도 하고, 또 자리自利와 이타利他라는 새의 두 날개에 비유하기도 합니다.

이렇게 구별 짓는 것은 단순한 이유 때문입니다. 지혜와 자비가 한자리에 있는 것이 진짜 깨달음이라는 것을 보여 주기 위함입니다. 마치 등과 등불처럼 무형의 지혜가 자비라는 형상을 통해 세상 속에서 드러나기에 상구보리 하화중생上求菩提下化衆生, 곧 위로는 깨달음을 구하고 아래로는 중생을 이롭게 하는 공비불이空悲不二의 삶의 태도가 우리 모두가 걸어가야 할 진실한 길이라는 것을 깨우쳐 주기 위함입니다.

지혜와 자비는 한 몸입니다. 지혜와 자비를 상호 이질적인 두 개념의 틀 속에 가둬 놓고 보면 직접적인 관계가 없는 것처럼 보입니다만, 개념의 틀을 벗기고 보면 지혜와 자비는 똑같은 실재를 표현하는 두 용어입니다. 다만 그 실재를 비인격적 관점에서 '지혜'라고 부르고, 인격적 관계 속에서 '자비'라고 부르는 차이가 있을 뿐입니다.

지혜는 진리에 대한 사랑이고, 그 사랑으로부터 자비가 저절로 흘러나옵니다. 그리고 자비의 실천을 통해 지혜의 꿀맛을 어렴풋이 맛볼 수 있습니다. 그러니 어떤 지혜를 깨우쳤다면 동시에 이웃에 대한 자비심을 느껴야 하고, 이웃을 향해 자비심을 지니려면 지혜를 체득해야 하는 것입니다.

사람들이 자비라는 실재를 '자비'라는 개념의 틀 속에 가둔 것도 다 이유가 있습니다. 너와 나의 인격적 관계 속에서 주고받는 자비의 모습을 지칭하기 위해 고대 인도인들은 그것을 'karuṇā'라고 불렀습니다. 'karuṇā'의 어원은 '√kṛṛ'와 '√kṛ'인데, '√kṛṛ'는 "흘러내리다, 흩어지다"의 의미를, '√kṛ'는 "만들다, 수행하다, 성취하다, 시행하다"의 의미를 지니고 있습니다.

따라서 'karuṇā'는 "지혜가 중생을 위해 흘러내리다"의 의미를 지니고, 또한 "지혜가 중생을 위해 무언가를 수행하다"의 의미를 지닙니다. 지혜가 지혜로서만 머물지 않고 건너온 세상으로 다시 건너가 활동하는 것, 곧 중생을 위해 흘러넘치거나 수행하고 성취하는 것이 '자비'라는 개념의 틀에 녹아들어 있는 자비의 실제 모습인 것입니다.

이것은 마치 하느님과 친밀한 사랑의 관계를 맺은 사람이 그 사랑에 완전히 취하고 사로잡혀 이웃에게 사랑이 흘러넘치도록 내적인 다그침과 자극을 받는 것과 같습니다. 그래서 바오로도 "그리스도의 사랑이 우리를 다그칩니다."(2코린 5,14)라고 말하는 것입니다.

지혜와 자비의 힘으로 내적인 자극과 다그침을 받는 순간, 나와 너의 차별은 사라지고 당연히 시비 분별도 사라집니다. 나와 산의 차별도 사라지고, 나와 고양이의 분별도 사라집니다. 온 세계가 전부 나와 한 몸이 됩니다.

아버지

나는 무능한 아버지가 좋다.
정확히 재고 따지며
조건을 두고 사랑하는 아버지보다
길가에도 돌밭에도 가시덤불 속에도
마구마구 씨를 뿌리고
한없이 기다려 주는
무능한 농부 아버지가 좋다.

47

"이미 늙은 사람이 어떻게 또 태어날 수 있겠습니까?"

"지금 어떻게 죽겠느냐?"

하루는 존경하는 스님이 말씀하셨습니다. 일일일야 만사만생 一日一夜 萬死萬生이니 하루 밤낮에도 수만 번 태어나고 죽는다고. 이것이 '살아 있는 윤회'의 참모습이고 '설레는 윤회'라고 말씀하셨습니다. 사실 저는 누군가가 태어나서 죽고 그리고 다시 태어나는데, 개로도 태어나고 고양이로도 태어나는 것은 어쩐지 '박제된 윤회'이고 '지루한 윤회'라고 생각하던 터였습니다.

불자들 중에 박제된 윤회를 믿지 않는 사람들이 있는 것과 마찬가지로 그리스도교 신자들 중에는 부활을 믿지 못하는, 아니 믿지 않는 사람들이 있습니다. 예수의 부활은 믿지만,

자기 자신의 부활은 믿지 않는 사람들도 있습니다. 예수의 부활과 우리의 부활을 차별하는 것입니다.

아마도 그 스님이 이 소식을 들으시면, 역시나 일일일야 만사만생 一日一夜 萬死萬生이니 이것이 '살아 있는 부활'의 참모습이고 '설레는 부활'이라고 말씀하실지도 모르겠습니다.

부활을 믿지 않고 믿지 못하는 이유는 일상에서 부활의 실상을 온몸으로 살아 내지 못하기 때문일 겁니다. 윤회와 마찬가지로 부활에는 반드시 전제되는 것이 있으니 곧 죽음입니다. 죽어 보지 않고서 어찌 부활을 알 수 있겠습니까?

만약 일상의 삶 속에서 부활을 경험하지 못했다면, 스스로에게 심각하게 질문을 던져야 합니다. 단 한 번이라도 죽어 본 적이 있는지를. 죽은 척한 것이 아니라 진짜로 죽은 적이 있는지를 자문해야 합니다.

우리는 오랫동안 태어나는 일에만 몰두해 왔습니다. 처음으로 태어나든, 다시 태어나든, 새롭게 태어나든 우리 마음은 늘 태어나는 일로 꽉 차 있었습니다. 죽는 일보다는 태어나서 사는 일이 더 흥미롭고 설레니까요. 그래서 니코데모라는 바리사이도 예수에게 하소연합니다. "이미 늙은 사람이 어떻게

또 태어날 수 있겠습니까? 어머니 배 속에 다시 들어갔다가 태어날 수야 없지 않습니까?"(요한 3,4)

이 하소연에 도솔 스님이 불쑥 끼어듭니다. 태어나는 일에만 몰두하지 말고 죽는 일에도 마음을 쓰라며 "죽음이 닥칠 때 어떻게 생을 벗겠느냐?"(무문관 제47칙)고, 즉 "어떻게 죽겠느냐?"고 단도직입 화두를 던집니다.

몇 년 전에 소꿉친구가 폐암으로 고생하다 저 먼 나라로 떠났습니다. 친구들과 함께 장례식장에서 그 친구와의 추억을 떠올리다 문득 이런 생각이 들었습니다. "나도 언젠가는 죽을 텐데…."

저에게 남은 시간은 얼마나 될까요? 10년, 20년, 50년. 10년은 좀 짧은 것 같고 50년은 너무 긴 것 같습니다. 우리가 얼마나 더 살 수 있을지 아무도 모릅니다. 죽음의 가변성입니다. 언제 죽을지도 모릅니다. 죽음의 예측 불가능성입니다. 어디에서 죽을지도 모릅니다. 죽음의 편재성입니다. 하지만 한 가지 분명한 것은 언젠가는 죽을 거라는 사실입니다. 죽음의 필연성입니다.

어느 묘지 입구에 적혀 있다는 '오늘은 내 차례, 내일은 네 차례'라는 구절은 진실입니다. 그렇다면 나는 어떻게 죽을 것인가?

어떻게 죽을 것인가라는 질문은 병으로 죽을 것인지 교통사고로 죽을 것인지, 또는 편안하게 죽을 것인지 고통 속에서 죽을 것인지를 묻는 것이 아닙니다. 우리 모두는 이미 잘 알고 있습니다. 그 사람이 어떤 사람이든, 어디에서 살든, 나이가 많든 적든, 부자든 가난하든, 직업이 무엇이든 그가 사는 모습 그대로, 그가 지닌 마음 그대로 죽는다는 사실을 말이죠.

우리는 모두 평소 실력대로 죽습니다. 어제의 삶이 오늘의 삶으로 이어집니다. 오늘의 삶이 내일의 삶과 죽음으로 이어집니다. 어제의 삶과 오늘의 삶이 별반 다르지 않은 것처럼 내일의 삶과 죽음 역시 오늘의 삶과 별반 다르지 않습니다. 누구나 자신이 살아왔던 방식 그대로 죽게 마련입니다. 죽음과 삶은 같습니다. 그래서 '나는 어떻게 죽을 것인가?'라는 물음은 '나는 어떻게 살 것인가?'라는 물음입니다.

죽음과 삶이 같은 것처럼, 죽음과 부활도 그러합니다. 성경에는 '쌍둥이'라 불리는 토마스라는 인물이 등장합니다. 토마스는 앞장서서 "우리도 스승님과 함께 죽으러 갑시다."(요한 11,16)라고 할 만큼 스승 예수와 함께라면 죽음도 두려워하지 않은 용기 있는 제자이자 그 누구보다 예수를 사랑한 제자입니다. 그렇지만 그의 신앙은 죽음에만 머물러 있었습니다. 예수와 함께 기꺼이 죽으려고 했지만, 그 죽음 뒤에 부활이 있다는 사실을 알지 못합니다.

우리 주위에는 쌍둥이들이 많습니다. 쌍둥이 형제나 자매를 보면, 그 모습이 같은 것 같으면서도 다르고 다른 것 같으면서도 같습니다.

죽음과 부활도 마찬가지입니다. 죽음과 부활은 같은 것 같으면서도 다르고, 다른 것 같으면서도 같습니다. 토마스의 이름 앞에 항상 '쌍둥이'라는 수식어가 붙는 것은 바로 이 때문입니다. 죽음과 부활이 '다른 것 같으면서도 같다'라는 사실을 이해하지 못한 토마스를 쌍둥이라는 상징적인 용어로 표현하고 있는 것입니다. 그런데 죽음과 부활이 쌍둥이라는 것을 이해하지 못하는 것은 오늘을 살고 있는 우리들의 모습이기도 합니다.

죽음으로부터 부활한 예수가 제자들이 모인 자리에 나타납니다. 그날따라 토마스는 그 자리에 없었습니다. 예수는 두려움에 떨고 있는 제자들에게 "평화가 여러분과 함께!"라고 인사한 뒤, 자신의 두 손과 옆구리에 난 상처, 자신을 죽음으로 이끈 고통스런 상처를 드러내 보여 줍니다.

예수는 왜 말끔히 나은 손과 옆구리를 보여 주지 않고 못 자국이 선명한 손과 창에 찔린 옆구리를 보여 주었을까요? 예수는 왜 상처에서 완전히 벗어난 영광스런 모습을 보여 주지 않고 고통에 찌든 모습을 보여 주었을까요?

상처를 본 제자들은 비로소 알게 됩니다. 예수의 몸에 난 상처는 분명 죽음의 표지이기도 하지만, 그와 동시에 부활의 표지이기도 하다는 것을. 게다가 죽음과 부활이 쌍둥이라는 것을 알게 됩니다. 하지만 그 자리에 없었던 토마스는 여전히 의심하고 믿지 못합니다.

죽음과 삶이 같기에 죽는 것이 사는 것입니다. 크게 죽으면 크게 삽니다. 대사일번 절후소생大死一番 絕後蘇生입니다. 그래서 윤회가 있고 부활이 있습니다. 머리를 굴려서 관념적으로 죽어서는 윤회도 없고 부활도 없습니다. 온몸으로 온 마음으로 죽어야 합니다.

지금까지 모든 것 안에서 자기 사랑과 자기 이권을 찾는 삶을 살았다면, 그런 자기로부터 철저히 죽어야 합니다. 지금까지 자기 사랑과 자기 이권 안에서 모든 것을 바라보았다면, 그런 자기를 철저히 끊어 버려야 합니다. 철저히 끊고 죽어야 새로운 생명으로 태어날 수 있습니다.

　철저히 죽고 다시 태어나는 것은 온몸이 눈이 되고 귀가 되어 몸 전체로 깨닫는 것입니다. 영적인 눈과 귀를 가지게 되는 것입니다. 일상을 보는 눈이 뜨이고, 자신과 이웃을 보는 눈이 변하고, 삶을 대하는 태도가 달라집니다. 바로 그 순간 우리는 우리가 태어난 목적, 즉 일대사인연一大事因緣에 눈을 뜨게 되고, '새 창조'(갈라 6,15)의 영역 안으로 들어가 '새로운 피조물'(2코린 5,17)이 됩니다.

　이런 변화는 자기 안에서 생기는 엄청난 규모의 지진입니다. 지금까지 안주하고 있던 모든 것이 무너지는 체험입니다. 그렇지만 자기 밖의 세상은 여전히 평온하고 어제 그대로입니다. 깨달음이란 존재하지 않았던 무언가를 새롭게 발견하는 것이 아닙니다. 다만 이미 존재하던 것을 새롭게 볼 수 있는 눈을 가지는 것입니다.

죽음 연습

　먼저 떠난 친구가

숙제 하나 주었다
아무리 바빠도 밥은 챙겨 먹듯이
죽음도 챙겨 준비하라고.

죽음의 신 타나토스와 잠의 신 히프노스가
쌍둥이 형제이니
잠을 통해 죽음을 연습해야지
죽음이라는 긴 잠에 들 때
뒤척이지 않고 잠들 수 있도록.

"나는 길 잃은 양들에게 파견되었다."

"그 길이 어디에 있습니까?"

봉쇄 수도원에 동생 수녀를 만나러 갔습니다. 오라비이지만 예외 없이 철창을 사이에 두고 만날 수밖에 없었습니다. 그래도 얼굴을 마주하며 실컷 이야기를 나눌 수 있으니 얼마나 기쁜지 모릅니다. 이런저런 이야기를 나누다 동생에게 불쑥 물었습니다. 좁은 울타리 안에 갇혀 있으니 답답하지 않느냐고. 이런 질문을 많이 받아 보았다는 듯이 빙그레 웃으며 동생이 말했습니다. "오빠가 갇혀 있지!"

내색하지는 않고 껄껄 웃었지만 무언가로 제대로 한 방 맞은 기분이었습니다. 집으로 돌아오는 길 위에서 묻고 또 물었습니다. "동생 눈에 내가 갇혀 있는 것처럼 보이나?" "무엇에 갇혀 있지?" 꽤 오랜 기간 동생이 던진 한마디가 제 마음을 떠나지 않았습니다.

이기심의 노예! 그렇습니다. 제 삶을 지배하며 저를 속박하고 감금해 온 것은 모든 방향에서 전개되어 온 철저한 이기심입니다. 나를 제외한 모든 것을 있는 그대로 존중하며 '관조하기'보다 나의 이익을 위해 '이용하고 착취'하려는 이기심에 철저하게 갇힌 채 살고 있습니다.

넓게는 내가 속한 공동체의 이익이 항상 최우선입니다. 그것이 지역 공동체건 이익 공동체건 종교 공동체건 그러합니다. 좁게는 나의 이익과 이권이 언제나 우선적입니다. 공동체 내의 다른 모든 것은 나를 위해 존재하고, 나 중심으로 돌아가야 합니다. 그러다 보니 당연히 타인과 다른 피조물들과의 관계뿐 아니라 심지어 하느님과의 관계마저 악화된 것입니다. 이런 삶의 태도를 아우구스티노는 한마디로 요약합니다. '자기 안으로 굽어 있는 인간'homo incurvatus in se, 다시 말해 인간은 자기밖에 모른다는 것입니다.

이기심의 노예 상태는 신적인 펼침과 완전히 정반대입니다. 신은 외로워서 사람을 만든 것이 아닙니다. 신이 "우리와 비슷하게 우리 모습으로 사람을 만들자."(창세 1,26)고 말한 것은 사랑의 펼침, 곧 성삼위가 나누는 사랑의 관계를 더욱더 확장하기 위한 신의 열망입니다. 사랑은 언제나 비이기적인 펼침이자 확장이니까요.

반면 이기심에 눈이 가리면 자꾸만 자기 안으로 굽어 들어갑니다. 자기가 최고의 기준이자 가치입니다. 모든 것을 자기중심적으로 바라봅니다. 그러다 어느 순간 이기심이라는 거짓 자아의 껍질에 완전히 둘러싸이게 되면, 자기 자신마저도 거짓 자아의 이익과 이권을 위해 이용하고 착취하기 시작합니다. 자기 안에 있는 이기심의 폭정과 압제에 사로잡혀 그로부터 도저히 벗어날 길이 없습니다.

어느 날 손님이 찾아온다는 스승의 말에 제자의 걱정이 태산입니다. 왜냐하면 밥 짓는 솥이 2인분이기 때문입니다. "세 사람이 먹을 밥을 짓기에는 솥이 너무 작습니다."라고 제자가 투덜거립니다. 그러자 스승이 말합니다. "서로 먹겠다고 다투면 두 사람에게도 부족하고, 서로 양보하면 천 명이 먹고도 남는다."

빵 다섯 개와 물고기 두 마리로 오천 명을 배불리 먹인 적이 있었던 예수는 "나는 오직 이스라엘 집안의 길 잃은 양들에게 파견되었을 뿐이다."(마태 15,24)라고 말합니다. 여기서 말하는 '길 잃은 양들'을 '잃어버린 한 마리 양'(루카 15,1-7)과 같다고 오해해서는 안 됩니다. 이 두 부류의 양은 완전히 다릅니다.

배불리 먹은 사람이 오천 명이나 되었다는 것으로부터도 알 수 있듯이 대부분의 사람들은 우르르 몰려다닙니다. 이 학원이 좋다는 소문이 있으면 이 학원으로 몰려다니고, 그 제품이 좋다고들 하면 너나 할 것 없이 그 제품을 사러 몰려다닙니다. 이 길이 돈이 된다면 이 길로 몰려다니고, 그곳이 용하다는 소문이 나면 그곳으로 몰려다닙니다. 많은 사람들이 몰려다니기 때문에 길은 널찍하고 문은 넓습니다. 아흔아홉 마리의 양들도 풀이 무성한 곳으로 몰려다닌 것입니다.

무리를 떠난 한 마리 양은 모험에 나섭니다. 남들이 가지 않은 길을 찾아서 말이죠. 그래서 길은 좁고 문은 작습니다. 거짓 자아의 껍질을 과감히 깨어야 하고 관계를 파괴하는 기만적인 이기심으로부터 해방되어야 하기 때문에 매우 험난한 길입니다. 그 길을 걷는 사람이 별로 없기에 주위를 둘러봐도 길벗을 만나기가 쉽지도 않습니다. 그럼에도 불구하고 자기 정체성과 가치를 찾기 위해 새로운 길을 향해 위대한 여행을 떠난 사람, 그가 바로 한 마리 양입니다.

새로운 길은 어디에 있을까요? 길을 잃은 양은 정녕 누구일까요? 한 가지 분명한 사실은 예수는 이 한 마리 양을 절대 포기하지 않는다는 것입니다. 위대한 모험 여행에 끝까지 동행합니다. 물론 나머지 아흔아홉 마리도 결코 포기하지 않습니다.

새로운 길을 찾아 길을 나선 한 마리 양이 우연히 건봉 화상을 만나 묻습니다. "시방바가범 일로열반문時方薄伽梵 一路涅槃門, 즉 세상의 모든 부처들은 한 길로 열반에 이른다고 합니다. 도대체 그 길은 어디에 있습니까?" 건봉 화상은 지팡이를 들어 허공에 휙 선 하나를 긋고 말합니다. "여기에 있다."(무문관 제48칙)

여기는 도대체 어디일까요? 많은 사람들이 하늘에서 빛나는 별을 보기 위해 몇 시간씩 차를 달려 깊은 시골로 찾아들어 갑니다. 시골에 도착해서도 별을 더 잘 보기 위해 집 안 불빛을 모두 끄고 평상에 누워 기다립니다. 그 순간 마구 쏟아지는 별빛에 놀라 자기도 모르게 "아!" 하고 짧고 긴 탄성을 내뱉습니다.

우리는 하늘에 있는 별을 보기 위해 이토록 많은 시간과 노력을 쏟아붓습니다. 그런데 내 안에 있는 별을 찾고 또 보기 위해서 얼마나 많은 시간과 노력을 기울이는지 모르겠습니다.

내 안에도 크고 작은 많은 별들이 반짝거리고 있지만, 진짜 별은 거짓 자아와 이기심으로 오염된 별이 아닙니다. 본래면목本來面目, 곧 태어나기 이전부터 본래 있는 모습 그대로 빛나고 있는 별입니다. 진짜 별과 오염된 별을 식별하는 것 역시 만만찮은 모험이지만, 자기 밖으로만 난 길을 찾던 여행을 멈추고 비로소 자기 안으로 난 길로 돌아섰다는 것만으로 엄청난 진보입니다. 길은 결국 마음 안에 있으니까요.

그런데 마음의 길을 따라 걷다 보면 자연스레 온갖 별들의 달콤한 속삭임을 듣게 됩니다. "어느 별이 가장 밝아 보이니?" "넌 똑똑하니? 아니면 부자니?" "돈이 많다면 널 사랑할 텐데." "네가 똑똑하다면 명예와 권력을 더 가질 수도 있을 거야."

이런 속삭임들은 이기심에 사로잡힌 마음의 다양한 작용입니다. 이런 속삭임들에 귀를 기울이고 따라가다 보면, 올바른 것을 찾아 나서긴 했지만 엉뚱한 곳에서 찾고 있는 어리석은 사람 꼴이 되고 맙니다. 그러다 어느새 점점 더 심하게 중독되어 거짓 자아가 파 놓은 이기심이라는 함정에 완전히 갇히게 되고, 또다시 마음 밖으로 난 길을 따라 내달리기 시작합니다.

한 마리 양이 찾아 나선 길, 그 양을 뒤쫓아 예수가 언제나 동행하는 길, 세상 모든 부처들이 걸어간 열반에 이르는 길, 곧 진리는 우리를 자유롭게 할 것입니다. 그 길은 좁고 험난해 대부분의 사람들이 외면하지만, 그래서 더 가치 있고 소중합니다. 그 길! 여러분과 길동무 되어 함께 걷고 싶은 길입니다.

좁은 문, 무문無門

길 잃은 한 마리 양
좁고 험한 길 헤매다
문득 깨달았네.
아, 이 길엔 원래 문이 없구나!
그래서 모든 곳이 문이구나!
지금 여기가 길이자 문이고
모든 곳이 문이기에 오히려 좁고
모든 곳이 길이기에 험하구나!